埼玉学園大学研究叢書　第11巻

ZHANG Yingli
The Relationship
between Organization and Individual
among the Chinese Companies

中国企業における
組織と個人の関係

張　英莉　著

八千代出版

はしがき

　現代は高度に組織化された時代であり、社会である。われわれは常に何らかの形で、何らかの組織に属している。個人は組織に所属することによって、金銭的収入、社会的地位、心理的満足を得て、人生を送っている。しかし、組織構成員である個人は、組織との一体感・帰属感、組織への貢献意欲・忠誠心、組織に残留する意思（継続的に組織に貢献する思い）を持っている場合もあれば、組織と対立し、葛藤し、組織への貢献を止める場合もある。「人間とは何か、組織における個人とは何か」を問い、組織と個人との対立を解消し、両者の共存の道を探求したのがテイラーであり、メイヨー／レスリスバーガーであり、バーナードである。

　本書は中国企業における組織と個人の関係を考察したものである。中国の経済・経営に関する研究につき、経済政策論、地域開発論などのマクロ経済分析、中国の企業制度、企業の所有構造、経営戦略などに関する論著は豊富であるが、組織論、比較経営論の観点から、中国の企業組織で働く個人に焦点を当て、組織と個人の関係を検討した研究蓄積は少ない。しかし、組織と個人の関係が現代社会における重要な問題であることを考えれば、今後はさらにこのテーマを深く論じる必要があろう。

　本書は2部（10章）から構成されており、それぞれの内容は次のとおりである。第Ⅰ部「組織・管理の基本原理と伝統的理論における人間観の変遷」では、まず技術的な管理体系としてのテイラー・システムを概観し、テイラーが問題視した「怠業・生産制限」問題を取り上げ、彼の人間観・労働者観、さらにテイラリズムにおける組織・個人関係の考え方を論じている（第1章）。次にテイラーの科学的管理法のアンチテーゼとして提起された人間関係論の展開過程を検討した。特にメイヨー／レスリスバーガーらが主張している感情の論理、インフォーマル集団の発見にスポットを当てて分析し、同理論の意義と限界を指摘している（第2章）。科学的管理法と人間関係論を統

合したのはバーナードの人間観である。バーナードは協働体系、組織を分析する予備考察として人間論を展開しているが、本書との関連から「経済人」「社会人」を統合した「全人」仮説、人格的存在としての人間の特性理論、そして人間的行動の「有効性」と「能率」について考察している（第3章）。以上の古典派、新古典派、近代派の人間観の変遷過程の考察から視点を変え、第4章では日本と中国で展開されてきた儒教的行動原理を取り上げ、日中の組織・個人関係の思想的源流を探った。この中では特に儒教の日本での変容過程に注目し、その変容が日本人の組織・個人関係の考え方にいかなる影響を与えているかを論じている。

第Ⅱ部「中国企業における組織・個人関係の実証的考察」では、まず改革・開放前の国営企業の特徴を明らかにし、企業による社会保障制度、党委員会による企業指導体制、精神主義と悪平等などが、中国の企業組織が機能不全に陥った主な原因であり、この時代の組織・個人関係を決定づけたと指摘している（第5章）。そして中国独特の組織形態である「単位」について、その概念、成立要因と機能、人事管理制度などについて考察を行い、改革・開放前の国営企業における組織・個人関係を検証した。従業員の単位組織に対する社会的・経済的依存、経営側に対する政治的依存、上司に対する人格的依存というワルダーの主張を支持しながら、その問題点を指摘している（第6章）。組織・個人関係を表す一つの形態は組織内の権威・服従関係である。筆者は独自の調査結果に基づいて、2000年代の中国の組織機構における権威・服従関係の実態の解明を試み、中国人の権威観を提示している（第7章）。組織・個人関係を論じるに当たって、企業組織で働く従業員個人の「意識」がきわめて重要である。第8章では質問紙調査、聞き取り調査の結果に対する検証を通じて、中国人従業員の勤勉意識（労働観）、帰属意識（組織コミットメント）の一端を明らかにした。回答者がおおむね健全な労働観を持っており、仕事からの満足感・達成感も高いが、主体的・能動的な働き方に対して否定的な態度を示している事実を示唆した。

補章Ⅰ・Ⅱでは、中国の戸籍管理制度の成立・改革過程を検討している。長期間にわたって実施されていた戸籍管理制度によって、中国社会では二重

構造が作り出され、都市戸籍を有する企業従業員が農村住民に比べ就職、教育、医療などの面で優遇され、福祉施設としての機能を担う企業組織に対して、強い依存関係にあったことを強調した。

　本書の内容と既公表論文との対応関係は以下のとおりである。なお、補章Ⅰ・Ⅱは大幅な加筆修正、編集を加えている。
　第2章「ホーソン実験と人間関係論の展開」第2節：　自己心理学研究会編『自己心理学』第6巻（2014年12月）「ホーソン実験と人間関係論の展開」
　第5章「中国国有・国営企業の形成と特徴」第2節の一部、第3節：　『埼玉学園大学紀要 経済経営学部篇』第13号（2013年12月）「中国国有・国営企業の形成――その過程と特徴」
　第6章「中国の企業単位における組織と個人の関係」第1節の一部、第3節の一部：　政策科学学会編集『政策科学学会年報』第3号（2013年3月）「中国の企業単位における組織と個人の関係――改革・開放前の企業単位を中心に」
　第7章「中国の組織機構における権威と服従の様相」：　奥山忠信・張英莉編著『現代社会における組織と企業行動』社会評論社（2012年11月）所収
　補章Ⅰ「新中国の戸籍管理制度――戸籍管理制度の成立過程」：　『埼玉学園大学紀要 経営学部篇』第4号（2004年12月）「新中国の戸籍管理制度（上）――戸籍管理制度の成立過程」
　補章Ⅱ「新中国の戸籍管理制度――戸籍管理制度の改革過程と現状」：　『埼玉学園大学紀要 経営学部篇』第5号（2005年12月）「新中国の戸籍管理制度（下）――戸籍管理制度の改革過程と現状」
　第2章、第8章は文部科学省科学研究費補助金・基盤研究（C）、研究課題名「企業組織における権威勾配の自律的労働への影響――日中企業の比較研究」（課題番号：24530790、研究代表者：古澤照幸）の研究成果の一部である。
　本書は埼玉学園大学研究叢書の一巻として出版されたものであり、大学より出版助成金をいただいた。ここに記して深く感謝したい。また、本書の出版に当たり、出版状況の厳しい中、快く引き受けてくださった八千代出版の

森口恵美子社長、きめ細かな編集校正を進めていただいた井上貴文さんに衷心より御礼を申し上げたい。

2015年9月

張　英莉

目　次

はしがき　i

第Ⅰ部　組織・管理の基本原理と伝統的理論における人間観の変遷

第1章　科学的管理法の基本原理とテイラリズム ── 3
第1節　技術的な管理体系としてのテイラー・システム　5
　　1　テイラーの経歴と彼が理解する工場管理の問題点　5　　2　課業管理（task management）　7　　3　差別出来高給制度　9
第2節　テイラーの「組織的怠業」論　13
第3節　テイラーの労働・労働者観と組織・個人関係の考え方　17
　　1　テイラーの労働・労働者観　17　　2　テイラーの「機械的人間観」　23　　3　マン・パワーの強調と労働者集団への否定　25

第2章　ホーソン実験と人間関係論の展開 ── 29
第1節　ホーソン実験の概要　29
　　1　前実験としての「照明実験」　29　　2　ホーソン実験の内容と結果　31
第2節　人間関係論の理論と主張　44
　　1　感情の論理に導かれる新しい人間観の発見　45　　2　インフォーマル集団の発見　47　　3　経営組織における三大人間問題の提示　50
第3節　人間関係論の意義と限界　53

第3章　バーナードの人間観 ── 57
第1節　科学的管理法と人間関係論の限界　57
　　1　テイラーの人間観とその限界　57　　2　人間関係論の人間観とその限界　59
第2節　バーナードが描いた人間像　60
　　1　個人とは何か　60　　2　人間（個人）の特性　62
第3節　バーナード理論における「有効性」と「能率」　64

第4章　日中の組織・個人関係の思想的源流 ―― 69
第1節　「仁」中心――儒教の根本的原理　70
1　仁とは他者愛である　70　　2　他者愛義務の相互性　71　　3　他者愛義務の道義的責任　74　　4　朱子学以後の仁　76
第2節　「孝」重視――儒教の中国での展開　77
1　孝とは仁の出発点である　78　　2　孝の社会道徳的側面――『孝経』の孝　80　　3　父子天合――孝重視の根拠　84　　4　孝の唱導と孝の法律化　87
第3節　「忠」優先――儒教の日本での変容　90
1　日本における「孝」　91　　2　日本における「忠」　95　　3　日本における「仁」　100

第Ⅱ部　中国企業における組織・個人関係の実証的考察

第5章　中国国有・国営企業の形成と特徴 ―― 109
第1節　政治運動を伴った経済建設　109
1　経済建設の初期条件　109　　2　ソ連モデルの導入過程　110　　3　経済発展を阻害した政治運動　112
第2節　公有制の確立と国有・国営企業の形成　114
1　新民主主義社会の経済構成体　114　　2　国民党官僚資本と外資系企業の接収・国有化過程　115　　3　私企業の国有化と公有制の確立　118　　4　国有・国営企業の経営管理方式の確立　119
第3節　国営企業の特徴　125
1　企業としての機能の欠如　125　　2　企業による社会保障システム　128　　3　党委員会による企業指導体制　131　　4　精神主義と平等主義　133

第6章　中国の企業単位における組織と個人の関係 ―― 139
第1節　中国独特の組織形態――「単位」　139
1　単位の概念　139　　2　単位の成立要因　141　　3　単位の機能　143
第2節　企業単位の人事管理制度　145
1　企業単位の人事制度　147　　2　単位組織の管理・支配手段――「档案」制度　151
第3節　企業単位における党組織の強い権限　153
1　企業党組織の権限強化の過程　154　　2　個人に対して絶対的優位に立つ企業党

組織　160
第4節　企業単位における組織と個人の関係　163
　　1　ワルダーの3つの従属論　163　　2　企業単位における「組織圧力」とその解消方法　167

第7章　中国の組織機構における権威と服従の様相 ── 179
第1節　先行研究の考察──権威論、組織行動論の観点から　180
　　1　ミルグラムの服従実験　180　　2　バーナードの「権威の理論」　181　　3　三隅二不二のPM理論と凌文輇のCPM理論　182
第2節　中国における伝統的権威・服従スタイル　185
　　1　中国人は権威的パーソナリティを持っているか　185　　2　中国人（華人）社会における伝統的権威・服従スタイル　186
第3節　中国の組織成員の権威観と権威・服従に関する考え方
　　　　──アンケート調査の結果を踏まえて　189
　　1　調査対象企業・機関の概要　189　　2　アンケート回答者のパーソナリティ　191
　　3　調査結果の検証　192

第8章　中国人従業員の労働観と帰属意識
　　　　──西安市・上海市の企業を事例として ── 201
第1節　調査目的・調査方法と企業概要　201
　　1　調査目的・調査方法　201　　2　調査対象企業の概要　203　　3　アンケート回答者の属性　209
第2節　中国人従業員の労働観と帰属意識──アンケート調査結果の考察　211
　　1　調査結果に基づいた中国人従業員の労働観・帰属意識の概観　213　　2　性別・年齢別・学歴別・職位別による労働観・帰属意識の考察　218
第3節　ヒアリングから読み取る中国人従業員の労働観と帰属意識　233
　　1　中国人従業員の労働観と職務満足　234　　2　中国人従業員の帰属意識と忠誠心　242

補　章

補章I　新中国の戸籍管理制度──戸籍管理制度の成立過程 ── 251
　　1　新中国建国初期の国内外情勢　252　　2　戸籍管理制度の初級段階　253　　3

都市人口の急増と政府規制の開始　255　4　1958年戸口登記条例の内容と特徴　260　5　1960年代都市から農村への人口移動政策　262　6　戸籍管理制度の問題点　265

補章Ⅱ　新中国の戸籍管理制度——戸籍管理制度の改革過程と現状 ── 271

　1　戸籍管理制度改革の背景　271　2　戸籍管理制度改革の開始と進展　273　3　個別地域における戸籍管理制度改革の内容と特徴　283　4　2010年以降の戸籍管理制度改革　287

引用・参考文献　293

索　　引　305

第 I 部

組織・管理の基本原理と伝統的理論における人間観の変遷

第1章

科学的管理法の基本原理とテイラリズム

　経営学のパイオニアの一人であるテイラー（Taylor, F. W. 1856-1915）は、効率的経営管理法――科学的管理法（Scientific Management）を考案・実践し、近代マネジメントを生み出した人物として、その名が広く知れ渡っている。しかし、テイラーに対する評価は必ずしも一辺倒ではなく、毀誉褒貶が相半ばし、また同一の評者であっても、彼への一方的な称えまたは貶めはほとんどない。テイラーへの称賛の例として挙げられるのは、例えば、科学的管理法は「人と仕事についての唯一の体系的なコンセプトである。まったくのところ、それは『ザ・フェデラリスト』以来、西洋思想に対する最も強大にして不朽の貢献である」（ドラッカー著、上田訳 2006：128）、テイラーは「近代マネジメントを生み出し、経済におけるマネジメントの重要性を高めた最大の功労者」であり、「世界中の経営者やマネジャーは、テイラーを知的な意味での師として公然と仰いでいた」（Hoopes 1952, 有賀訳：64-65）。またテイラーの主な考え方は広く受け入れられ、それは「科学的管理法の技法ではなく、その社会思想が一般的な経営イデオロギーの一部分となっていったのである」（Bendix 1974, 大東ほか訳：408）、科学的管理法は「テイラーを二〇世紀に最も影響を与えた人物の一人にした……今日でも、彼の影響は世界の多くのビジネスに強く残っている」「マネジメントについて言えば、テイラーの重要な貢献は、科学としてのマネジメントを発明したことである。テイラーは仕事場に分析的な力を持ち込んだ。テイラー以前は、誰も仕事の性質を科学的に分析していなかったが、テイラーは仕事場に精密さと規律を持ち込んだ」（Crainer 2000, 岸本ほか訳：12, 16）、「テイラーによって創始せられた科学的管理の発展こそ、二〇世紀最大の出来事であり、その帰趨が問われるのが二一世紀である」（三戸 2000：7）などがある。

一方、テイラー・システムは「苦い汗を絞り出す科学的方式」であり、「機械による人間の奴隷化である」(レーニン)[1]、科学的管理は経営の機械化と規律化の最終的帰結であり、この管理法が能率性・機能性を追求すればするほど、実はそこで働く人々にとっては耐えがたい「隷従の容器」(ウェーバー著、中村ほか訳 1965：329)とならざるを得ない、テイラーの考えでは「動作研究の目的はけっして労働者の能力を向上させることでも、より多くの科学的知識を労働者に集中させることでも、技術の向上に伴う労働者の向上を保証することでもなかった。そうではなくて、目的は、労働者の訓練を短縮し、彼の産出高を増大させることによって、労働者を低廉化することに置かれていた。……ほとんどの労働過程が科学的性格をますます強めていき、複雑性を増していくのに、労働者のほうはこの成長を共有することが許されなかったために、労働者にとっては自分たちがそこで働いている労働過程を理解することがますます困難になってしまったのである」(Braverman 1974, 宮澤訳：132)と指摘されている。さらに、テイラーの理論の欠点は「彼が倫理より効率性を優先した」「科学的管理法は、信頼の欠如、個々人の価値、機知、知性への尊敬の念の欠如の上に築かれている」(Crainer 2000, 岸本ほか訳：20, 22)、「テイラーは冷徹なマネジメント・パワーの象徴」であり、彼は「労働者をあたかも心を持たない機械であるかのように作業へと駆り立て、あらん限りのエネルギーを搾り取ろうとした」(Hoopes 1952, 有賀訳：64)など、厳しい評価も少なくなかった。これらの批判は主にテイラーの労働者観に集中し、働く労働者を無感情な機械や部品のように扱うテイラーの認識に対して、異議を唱えたのである。

しかし、テイラーにどのような評価を下すにしろ、世界のビジネスに浸透し、組織内の労働形態、労働過程、管理手法の枠組みの基本を規定しているテイラリズム(テイラー主義)は現在も生き続けていることは間違いないだろう。ブレイヴァマンはテイラー主義と人間関係論(第2章参照)を比較して次のように述べている。「テイラー主義は生産の世界を支配しており、これに対して、『人間関係』と『産業心理学』の実務家たちは人間機械の保全要員になっている。テイラー主義が今日自立した一学派として存在していないと

すれば、それは、その名称の評判の悪さを除けば、テイラー主義が、その基本的教理がすべてのワーク・デザインの基底をなすようになって以来、もはや一学派の所有物ではなくなっているからである」[(2)]。

　本章では、科学的管理法とは何かを改めて問い直すために、技術的な管理体系としてのテイラー・システム、すなわちテイラーが考案し、実践しようとした生産管理の諸手法を概観し、彼が問題視していた「怠業・生産制限」について検討する。そのうえでテイラーの労働・労働者観を再考し、テイラリズムにおける組織・個人関係の考え方、組織における労働者のあり方について考察する。

第 1 節　技術的な管理体系としてのテイラー・システム

　本節では、テイラーの経歴に触れながら、彼が認識している工場管理の問題点と改善策、言い換えれば、彼が考案し、実践しようとした生産管理の諸手法について概観し、同管理法の画期的意義と矛盾点を指摘する。

1　テイラーの経歴と彼が理解する工場管理の問題点

　1874 年、18 歳になったテイラーはハーバード大学法学部に合格したにもかかわらず、健康が原因で入学を断念し、フィラデルフィアにある小さなポンプ製造工場に入り、無給の徒弟として修行を始めた。そこで彼は見習の木型工、機械工として 4 年間働いたが、この時の経験は 20 年後の科学的管理の理論の展開に大いに役立つことになった[(3)]。1878 年末、テイラーは一未熟練工としてミッドベール・スチール社に就職したが、機械工、旋盤工を経て、組長（23 歳）、職長（24 歳）、主任技師（31 歳）へと瞬く間に昇進していった。ミッドベール・スチール社ですごした 12 年間は、科学的管理を構想するうえで非常に重要な時期であり、「特に、科学的管理の基礎的アイディアは同社で彼が直面したさまざまな問題、中でも工具による組織的怠業との格闘の中から生まれたものであった」（中川 2012：9）。この間テイラーは時間研究（time study）をスタートし（1881 年）、「差別出来高給制度」（率を異にする

出来高払制度，differential piece-rate system）をミッドベール・スチール社の機械工場で初めて適用させた（1884年）。

　ミッドベール・スチール社を退職したテイラーは、繊維会社の総支配人、コンサルタントの開業、ベスレヘム・スチール社顧問などを経験するが、特許などの収入で生活が安定するようになり、科学的管理を導入・普及するための調査研究、著述、講演、後継者の育成に全力を注ぐようになった。「出来高払制私案──労働問題解決の一歩」（A Piece Rate System, 1895）、『工場管理法』（*Shop Management,* 1903）、『科学的管理法の原理』（*The Principles of Scientific Management,* 1911）といったテイラーの主要論文、著作は、この時期に刊行されたものである。1910年の東部鉄道運賃率事件(4)をきっかけに、テイラーおよび科学的管理法は名声が高まったが、労働組合や社会主義勢力から激しい反発と攻撃を受けている。

　ところで、テイラーが考える工場管理の問題点は次のとおりである。当時、工場の製造現場の管理はすべて「万能職長」に任せており、それは経験と勘に頼る「成行管理」（drifting management）であった。雇用者も現場監督の職長も、労働者の1日に行うべき適正な作業量、および作業を完了するための所要時間がよく分かっていなかった。一方、労働者は、能率を上げていつもの倍の生産をすれば、仲間の半分が要らなくなり、工場から追い出されてしまうと思い込んでおり、また精を出して働けば、より高いノルマが設定され、賃率（工賃単価）が下げられ、自分たちに不利益がもたらされると信じていたため、せっせと働いているフリをするだけで、わざと仕事を遅らせる工夫をこらし、生産量を制限し、仕事中の「あらゆる機会を利用して楽をしようとする」のであった。テイラーから見れば、こうした労働者による「怠業」（soldiering）、特に組織における非公式の人間関係（informal organization）から生まれた「組織的怠業」（systematic soldiering）が、生産上の主な障害であり、「労使ともに迷惑している最大の害悪」である。この最大の害悪である「組織的怠業」さえ除去すれば、労使対立が解消し、「高賃金・低労務費」（high wages and low labor cost）という管理の理想な状態が可能となり、「最高能率・最高生産性」も実現し、したがって、労使ともに最大の幸福と繁栄を実現す

2　課業管理（task management）

　組織的怠業を防止し、なすべき「公正な一日分の仕事」（a fair day's work）を決めるために、まず作業時間を明確にしなければならないが、そのための具体的な方法は、「成行管理」に代わって課業による管理を実施することであり、これが仕事の基本的部分に関する唯一最善の方法（one best way）であるとテイラーは考えた。彼は課業の設定を、これまでのように言い伝えの知識、熟練度、経験や勘、時には「幾分の想像」に頼るのではなく、時間研究、動作研究（motion study）を通して科学的に行わなければならないと主張した。この課業管理がテイラー・システムの最も大きな特徴である。

　テイラーは課業設定の原則を以下の5点としている。

　　「①大なる一日の課業――会社にいる人はその位置の上下に関わらず、毎日なすべき課業をはっきりしておかなければならない。この課業は絶対に漠然不定のものであってはならない。その内容と輪郭とをはっきりしておかなければならない。また課業の達成がやさしすぎてもいけない。

　　②標準条件――各人にはその課業として十分な一日分の仕事を与える。同時に労働者のためには標準化した条件と用具とを与え、確実に課業の達成ができるようにしてやる。

　　③成功したら多く払う――各工員が、課業を達成したら必ずたくさん払ってやらなければならない。

　　④失敗すれば損する――失敗すれば早晩そのために損を受けなければならない。会社の組織が十分に発達を遂げたならば、多くの場合次のような第五の要素を追加するがよい。

　　⑤課業は一流の工員でなければできない位難しいものにする」（Taylor 1903, 上野訳：91-92）。

　課業を設定するための時間研究、動作研究を行うために、「シュミット」（銑鉄運びの労働者で、実名は Henry Knolle といった）のような肉体的・精神的に最適の労働者、すなわち「一流の労働者」（first-class man）が選抜され、彼ら

の要素動作が細かく分解され、各動作の所要時間がストップ・ウォッチで計測され、研究された結果、最も無駄のない合理的な動作と作業道具が採用され、仕事の基準とされた。この基準に基づいて、「労働者の健康に無害な程度の速さ」と「過労にならないような」作業量が、1日に完成すべき標準課業として設定されたのである。

さらに、テイラーは課業管理を確実に実施するために、計画と執行を分離する原則を打ち出し、機能別職長制 (function foreman system)、指導票 (instruction card) 制度、差別出来高給制度を考案し、生産現場での実践を重ねた。当時の工場では軍隊式組織 (the military type of organization) になっており、軍隊で司令官からの命令が将校、下士官を経て兵卒に伝達されるように、企業における経営者の命令が、工場長、職長、副職長、組長を経て労働者に伝えられていた。しかし、職長や組長の仕事がきわめて多様であり、彼らは自分たちの役割をすべて果たすことが困難なため、作業の割り振り、手順の決定、労働者への監督や訓練、作業量、作業速度、品質、賃金の調整などにおいて満足に職務の遂行ができず、グループごとに大きなばらつきがあった。テイラーは効率的経営を実現するために、軍隊式の組織管理をやめ、計画部門を執行部門から分離・独立し、機能別職長制を導入しなければならないと考えた。この考えのもとで、新たに計画部または企画部 (planning department) が設置され、従来、「万能職長」が独りで取り仕切っていた直系組織の代わりに、8人の機能的職長が分担するようになり、それぞれが専門的な役目を担うこととなった。

具体的には、計画部門には①手順係 (Route clerk, 仕事の正しい順序を決定する)、②指導票係 (Instruction card clerk, 指導票に記入されている仕事内容や作業完了時間、賃率を労働者に指示・説明する)、③時間・原価係 (Time and cost clerk, 労働者に労働時間と原価を記録させ、報告させる)、④工場訓練係 (Shop disciplinarian, 従順に働かず、仕事を怠けたり、遅刻・欠勤したりする労働者に対して適切な対策をとる) が置かれ、また執行部門には①準備係 (Gang boss, 労働者のなすべき仕事を準備し、標準時間内で仕事が完成できるように指導・監督する)、②速度係 (Speed boss, 最短の時間内で労働者が立派に仕事を仕上げるように指導する)、③検査係 (Inspector, 品

質検査を行う）、④修繕係（Repair boss，機械のメンテナンスや整理整頓を監督し、指導する）が置かれた（Taylor 1903, 上野訳：122-125）。これによって1人の職長が数人の労働者をまとめて管理する従来の自律的・固定的・持続的な作業集団が解体され、労働者にとっては1人ではなく、複数（8人）の専門的職長のそれぞれに対して指示・命令を受けなければならないシステムに変わった。このように、機能的職長制の導入によって、「組織的怠業」の基盤となっていた職場秩序・職場集団を崩壊させ、「このような作業集団の解体による個々の労働者の孤立化が、個人別刺激賃金の導入とそれによる労働者間における個人的競争・対立の醸成とのための基盤として意図されている」のであった（中村 1976：155、大梶 1984）。

3 差別出来高給制度

　一方、賞罰を明確にし、労働者のモチベーションを向上させるための手段として、差別出来高給制度が採用された。1895年6月、テイラーはアメリカ機械技師協会（ASME, American Society of Mechanical Engineers）デトロイト大会において「出来高払制私案」と題する論文を発表した。後にテイラー・システムと呼ばれるようになった彼の主張に対して賛否両論があり、大きな議論を巻き起こしたが、労働問題を解決する一つの提案として注目を浴びた。この論文の「緒論」では、テイラーは「差別出来高給制度」を実施する目的と意義について次のように述べている。「普通の出来高払制では、資本家と労働者とは永久的に相対立しなければならない素質をもっており、また高い能率を発揮する工員は必ずある程度の罰を受けねばならないようになっている。……しかしながら私が案出した制度は、理論的にも、その結果からみても、ともに正反対である。この制度のもとにおいては、各工員の利害と雇主の利害とを一致させ、高い能率をだすものにはよけいな割増金を払う。したがって工員たちは日々の仕事について、最も品質のよいものをできるだけよけいに生産することは、自分たちにとって永久的な利益であるということをすぐに認めてくる」（Taylor 1895, 上野訳：3）。

　また、テイラーは差別出来高給制度と普通の（従来の）出来高払制度との

違いを次のように説明している。すなわち、普通の出来高払制度では、労働者が生産量を増やすとかえって賃率（賃金単価）が減らされるのに対して、新しい賃金制度では、同一の仕事に対して２種類の異なった賃金単価が設定されている。仕事を最短時間に完了し、かつさまざまな条件をクリアした場合に高率の賃金が支払われるが、時間が長くかかったり、仕事の内容や品質に問題があったりした場合には低率の賃金が支払われる。テイラーは新しい賃金制度の効果として次の６点を挙げている。

「①製品が今までよりも安く生産されると同時に、工員は普通よりも余計に賃金が得られる。

②単価を決定するに……正確な知識をもって行うから、工員が仕事を控えるとか、『怠業』するとか、あるいは仕事に要する時間について雇主側をごまかすとかいうような気風がまったくなくなってしまう。したがって、管理者側と工員側との間に、感情が険悪になったり、闘争が起こったりするようなことがまったくなくなる。

③請負単価並びに日給を決めるべき基礎は正確な観察に基づくものであって、普通の制度のもとで常に行われているような偶然やごまかしが入っていないから、工員はみな均等に公平に扱われることになり、したがって、仕事をより一層よく、多くしなければならないという責任を感じてくる。

④日々の仕事について、品質を最善に、生産高を最大にするために、あらゆる方面にわたって協力することが、管理者と工員とに共通した興味になる。

⑤各機械および工具の最高生産能力を発揮するのに、ほかの制度では長い間かかるが、この制度では早い。

⑥この制度は各作業に対して、最も良い工員を自動的に選択し、また引き付ける。もしもこの制度を採用しなかった場合には、仕事の遅い不良工員としてすんでいたものも、この制度のために一流工員となるものが多くあるし、同時にとうてい救うことのできないような怠けものや劣等者の意気をくじいて、ついには追い出してしまうことにもなる」

(Taylor 1895, 上野訳：5)。

　テイラーは、こうした新制度の効果からくる主な利益の一つが、「工具と雇主との間に非常に親しい感情を作り出し、ひいて労働組合やストライキなどは全く不必要になってしまうことである」と説いた (Taylor 1895, 上野訳：6)。

　以上では、技術的な管理手法としてのテイラー・システムを、主に当時の工場管理の問題点、課業管理制度、差別出来高給制度を通じて見てきた。テイラーが考案したこうした管理理論の工場での実践は、ASME デトロイト大会で発表する 10 年以上も前からすでに始められていた。テイラーは従来の目分量方式 (rule-of-thumb methods) による仕事の割り付け、成行管理、場当たり的経営など経験的な管理手法を収束させ、現場での観察、測定に基づいた、より客観的・実証的な管理法を提唱し、推進した意義が大きい。テイラーが自ら述べているように、新しい管理法を導入したフィラデルフィアにあるミッドベール・スチール社の工場では、1884 年から 10 年間、きわめて好成績を挙げ、そのうえ一度もストライキが発生したことがない (Taylor 1895, 上野訳：6)。テイラーが開発した管理技法は、その後アメリカ全土に広がり、さらにヨーロッパにも導入され、世界の生産性の増大に大きく寄与した。計画と執行の分離、作業方法・時間・道具の標準化、分業と大量生産システムの確立、業績給による労働意欲の刺激など、今日の経営管理、生産管理、組織管理の源流のほとんどがテイラー・システムから見い出すことができる。まさにクレイナーが述べたとおり、テイラーは 20 世紀に最も影響を与えた人物の一人であり、その影響は今日でも世界の多くのビジネスに強く残っているのである (Crainer 2000, 岸本ほか訳：11-12)。

　しかし、一方では、テイラーの新しい管理方法には問題点や矛盾点がないわけではない。テイラーは独自の労働・労働者観を持っているため、課業管理、差別出来高給制度の基準を科学的・客観的・合理的に設定することには限界があり、そこには明らかに労働者が労働力商品として使用され、消耗されるという資本の論理が貫徹されているといわざるをえない。テイラーは「高賃金・低労務費」が管理の理想な状態と認識し、それが労使双方の利益になると強調し、本来なら相対立し、矛盾するこの目標を実現するために

「一流の労働者」を基準とする競争メカニズムを作り上げ、これを問題解決の手段としたが、並外れた体力を持つ「非常に少数の者が緊張状態においてだけ維持しうるような速度」(Braverman 1974, 富澤訳：108) が標準時間として設定されているため、テイラー・システムは「一流の労働者」ではない普通の労働者が決して容易に達成できない過酷なシステムであるといわれている。

テイラーが製鋼工場で実践した課業は「わざと標準を高くして、五人のうち一人ぐらいしか合格しないように、あるいはもっと高い程度に決めてあった」(Taylor 1903, 上野訳：82) というものであり、「できるなら一流の工員だけについて時間を観測した方がよい。一流の工員が全力を出して仕事をしている時の時間を測定すべきである」(Taylor 1903, 上野訳：178) としている。「一流工員が全力をあげないとできないところに課業を決め」なければならない (Taylor 1903, 上野訳：184) とテイラーは繰り返し強調した。彼は「一流工員の最高スピードと平均工員の現実スピードとの差はかなり大きなものである」(Taylor 1903, 上野訳：184) と認識しているにもかかわらず、労働者の「個人的な発奮心を刺激し」、彼らを競争させ、少数の「一流の労働者」の高賃金と、大半の「平均的労働者」の低賃金によって、また「一流の労働者」（例えば「シュミット」のような人）の場合でも、作業量3.75倍増と賃金1.61倍増の差によって、「高賃金・低労務費」を実現しようとしたのである。これについて三戸公は次のように述べている。「シュミットは……銑鉄運搬に最適な労働者として、多くの労働者の中から十分な調査によって選出されたテイラーのいわゆる〈一流労働者, first class man〉である。そして、シュミットは動作研究・時間研究によってつくり上げられた標準作業の方法を標準的な手順と時間配分によって、標準作業量＝課業を教育・訓練によって、指示通りに遂行し達成する毎日を送るのである。その結果、従来の作業方法では一日平均12.5トンを運んでいたのを、シュミットは毎日47トンを運搬し、それまで平均1.15ドルの賃金を稼いでいたのを毎日1.85ドル稼ぐことになった。シュミットはこれまでより、作業量を3.75倍増加して賃金にして1.61倍多く受け取ることになった。ここに高賃金と低労務費の秘密があり（傍点引用者）、高賃金・低労務費を実現することとなった」（三戸 2000：78）。当時のアメリ

カ労働総同盟（AFL, American Federation of Labor）委員長のゴンパーズは、1911年1月『アメリカン・フェデレイショニスト』において「生きている機械を完成させる機械化」との論説を発表し、テイラーが挙げたシュミットの事例を引用しながら、「高速度鋼の自動機械を作っている労働者は40％の賃金をあげるために、400％の生産高を増大させなければならないのであろうか」と怒りを爆発させ、「現場で労働している最終労働者に原材料を供給する機械の体系化はことさらに真新しいものではないが、しかし熟練機械工を理論的にもっとも有用な仕事につかせるために、肉体的・精神的にかれらを科学的につくりあげ、築きあげ、たたきあげ、みがきあげ、そして迅速に仕事をさせようとすることは、われわれをして心そのものまでをも魔法にかけてしまうものである」と激しく反論している[5]。労働組合が科学的管理法を「科学という名の労働強化」であると批判し、同管理法の採用禁止を求めた背景と理由は、まさにここにある。

第2節　テイラーの「組織的怠業」論

　テイラーは一貫して工場における怠業・生産制限を問題視し、これが科学的管理の最大の課題であり、「あらゆる労働者の賃金と繁栄と生活とに影響し、かつ一国内の各産業会社の繁栄にも影響する重大問題である」（Taylor 1911, 上野訳：231）と認識している。そして、彼は『工場管理法』『科学的管理法の原理』などの著書で労働者の怠業・生産制限を再三再四批判し、怠業を工場から追放するための科学的管理の必要性・正当性・科学性を主張し続けたのである。

　本節では、テイラーが理解する「怠業」「組織的怠業」の定義、発生メカニズムと発生原因について検討する。

　テイラーは「怠業」を次のように定義している。すなわち、怠業とは「故意に仕事をのろくやって一日分の仕事が上がらないようにすること」である。「多くの者は当然なすべき一日の分量の1/3または1/2位に止めようとする」のだが、このような意図的に作業速度を落とす行為すなわち怠業は、アメリ

カでは soldiering といい、イギリスでは hanging it out というが、それがほとんどすべてのアメリカの工場に共通する現象であり、生産効率の向上に逆行する「害悪」である（Taylor 1911, 上野訳：229-230）。

怠業には2種類があり、「第一、人間生まれつきの本能および傾向として楽をしたがるからである。これは自然的怠業ということができる。第二、他人との関係からいろいろ細かい思慮をめぐらした結果として怠けるもの、これは『組織的怠業』と称することができる」。もちろん、なかには精力と活力と野心を持ち、せっせと働く人もいるが、きわめて少なく、むしろ例外にすぎない（Taylor 1903, 1911, 上野訳：62-63, 235）。

テイラーは2種類の怠業の中では特に後者の「組織的怠業」が何よりも重大な問題であると考えている。「人間生まれつきの怠けもよくないが、労使ともに迷惑している最大の害悪は組織的怠業である。……これはすべて工具が、自分たちの利益を守るために熱心に研究して得た結果なのである」（Taylor 1903, 上野訳：64）。「もし全力を尽くして一日分最高の生産をなすようなことがあれば、仲間のものから非常な非難を受けることになる」（Taylor 1911, 上野訳：230）ので、一個人だけでは怠業を止めることができない。

テイラーから見れば、組織的怠業の発生メカニズムは次のとおりである。

組織的怠業のやり方で最も多いのは、どれだけの速さで仕事ができるかを、雇用者に知らせないようにすることである。「ほとんどすべての工場の工具はこういう目的で怠けていると言ってもよい。日給制、出来高払制、下請制その他普通の制度でやっている大工場では、仕事をのろのろし、しかも相当の速さでやっているように雇主に思わせる方法を研究するのに憂き身をやつしていない有能な工具は、一人もいないと言ってもよいのである」。こうなった原因は、雇用者は労働者の一日の収入を「せいぜいこの位だろう」と自分の経験で決めてしまい、一方、労働者の方も「今までよりももっと多くの仕事ができるということが雇主の方に分かれば、早晩何とかしてそれだけの仕事をさせ、しかも賃金の方はほとんど増やさずにおく方法を見出すに相違ない」と思い、「過去の記録が精一杯である、これ以上速くはできないというようにするのが自分たちの利益」であり、もし精を出して働き、新しい

記録を作る人がいれば、その人だけは一時賃金が増えるかもしれないが、新入りの労働者はもとのままの賃金で余計に働かねばならないことになるので、圧力をかけて新記録を出させないようにすべきだと考えていることにある（Taylor 1903, 上野訳：65-66）。要するに、これまで管理の理想な状態——「高賃金・低労務費」の実現を妨害する最大の原因は、労働者の意図的な怠業（怠け）、特に職場のインフォーマルな人間関係に基づく組織的怠業にあるが、仕事の内容に関する雇用者や職長の無知によって組織的怠業が放置され、また労働者の「一生懸命に働くとかえって損をする」という誤った考えが、長い間生産効率の低下をもたらしている。科学的管理法の導入によって解決しなければならない最大の問題は組織的怠業の問題である、とテイラーは考えている。

テイラーはさらに失業問題や管理制度の欠陥と関連づけて、組織的怠業発生の原因として以下の3点を挙げている。

第一は、労働者の間に浸透している誤解である。大多数の労働者は自分が出来高を増やせば、多くの仲間が失業してしまうと考えているが、これは古くからの誤解である。歴史的に見れば、作業方法が改善されたり、新機械が導入されたりするたびに、失業者が生じるどころか、一層労働者が必要となっているからである。

第二は、雇用者の無知によって生じた管理制度上の問題である。雇用者は作業に必要な時間を把握していないため、労働者に任せ、彼らの知識・経験・努力に期待する以外にない。労働者は所定の時間内に仕事を遅らせた方が自分の利益になり、また、賃金が同じなら、精を出して働けば損すると考えている。古い制度のもとでは出来高を増やせばかえって賃率が下げられるので、労働者たちは意図的に生産を制限し、働きすぎないように組織的怠業を行ってきた。

第三は、一日の作業量の決定が労働者の経験に頼ってなされていることである。旧式の管理法すなわち目分量方式のもとでは、作業方法に関する最終責任は労働者にあり、労働者は自分が最善と思う方法で仕事をする。各職人は自分の経験に基づいて仕事のやり方や時間を決め、言い伝えの知識は彼ら

の「所有物」または「財産」になっている。そのため、工場は管理者によってではなく、労働者によって運営されている。これが怠業を放任させる原因となっている。したがって、科学的方法（課業管理）を通じて作業時間・作業内容を把握し、管理者と労働者との責任分担を明確にしなければならない[6]。

「組織的怠業」を解決するための手段が課業管理であり、機能別職長制であることは前述のとおりであるが、テイラーは労働者の自律的集団を解体し、個々の労働者を競争に駆り立てることによって、「組織的怠業」を解消しようとしたのである（大梶 1984）。

以上ではテイラーが認識した「怠業」および「組織的怠業」について概観した。一方では、労働の観点から見れば、科学的管理生成期（19世紀末～20世紀初）の労働実態、労働慣行、熟練労働者による作業現場の労働統制は、果たして「怠業」という言葉で片づけられるかどうかの問題が存在している。例えば、中川誠士は次のように指摘している。「労働者による作業現場の自治の下では、労働者が納得のできる品質と作業スピードを維持しながら彼らの間で取り決めていた量だけを生産することが慣行となっていた。この慣行を当時の労働者達は stint（生産制限）の名で呼んでいた。そしてこの stint とその基礎であるところの労働者の自治が、利潤を拡大するために生産能率を急激に高める必要のあった使用者の要請に応えようとしたテイラーの意識には、克服されねばならない障害、すなわち『組織的怠業』(systematic soldiering) として映ったのである」。「怠業」(stint) は「作業現場を支配していた当時の労働者にとっては、きわめて当然の行為、『公正な一日の労働には公正な一日の賃金を』(a fair day's work for a fair day's pay) という労働者の理念を実現しようとする行為」であった。「このstintが、労働者の知識と熟練を奪うことによって労働者による作業現場の自治を破壊し管理者による直接的統制を確立することを意図したテイラーの意識にのぼった時、『怠業』という軽蔑的な言葉にいい換えられたのであろう」と述べられている（中川 1983）。

第3節　テイラーの労働・労働者観と組織・個人関係の考え方

　本節では、テイラーの経歴に触れながら、彼が認識している工場管理の問題点と改善策、言い換えれば、彼が考案し、実践しようとした生産管理の諸手法について概観し、同管理法の画期的意義と矛盾点を指摘する。

1　テイラーの労働・労働者観

　ブレイヴァマンは科学的管理の本質について次のように述べている。「いわゆる科学的管理は、急成長を遂げている資本主義的企業のなかでますます複雑化していく労働統制の問題に科学の方法を適用しようとする試みである。それは、その仮説が生産諸条件にかんする資本家の見解の反映以外のなにものでもないがゆえに、真の科学の特質を欠いている。それは、時おり逆の意見が表明されるけれども、人間の視点から出発するものではなく、資本家の視点から、すなわち、敵対的な社会関係という枠組みのなかで御し難い労働者群をどのように管理するかという視点から出発するものである。……それは労働一般を研究するものではなく、資本の欲求への労働の適応を研究するものである。それは、科学の代表としてではなく、科学の装いで仮装した管理の代表として職場に入ってくる」(Braverman 1974, 富澤訳：95)。まさに「御し難い」労働者たちをどう管理するかが、テイラーにとっての一番の関心事であり、科学的管理の出発点でもあったが、ブレイヴァマンが指摘したとおり、それは資本側の立場に立って、雇用者の欲求への労働の適応を求めるものであり、人間の視点を欠くものであった。またベンディクスは、経営イデオロギーの視点から次のように指摘している。「労働組合を攻撃するにあたって、アメリカの雇用者は企業内の経営権限の絶対性を中心的な主張としたので、イデオロギーのうえでは、労働者の従順性の方が独立性や自発性よりもはるかに重要な価値となってきたのである。科学的管理法は、この方向にさらに一歩を進めた」(Bendix 1974, 大東ほか訳：401)。

　テイラーの目に映っている当時の工場労働者像は次のようなものである。

すなわち、人間は生まれつきの怠け者なので、労働者も当然怠ける傾向にあり、きちんと管理しなければ働かない。彼らはわざとのらりくらりと働き、作業を遅らせ、それが自分たちの利益になると信じ込んでいる。どこの工場にも見られるこうした労働者の怠け（怠業）は、長い間の慣行であり、悪習となっているため、この悪習を改め、所定の時間内で精一杯働かせる科学的方法を考案しなければならない。テイラーが用いる「怠業」という言葉が多分に労働者への軽蔑的な意味合いで使われていることは、上述の中川誠士が指摘したとおりであるが、テイラーの労働者観の基底には「労働者性悪説」というべきものが存在し、そこには労働は賃金と引き換えに苦痛、疲労、従順を伴うとの前提があり、賃金をもらっていながら楽しく能動的に働くことはありえないという認識があった。また、労働意欲については、労働者の個々人が「経済人」(homo economicus)——何よりも経済的利害によって動かされ、その論理的能力を利己のためにのみ使う人——のごとく経済的刺激にのみ反応するものであり、職場組織における人間関係はマイナス面の影響こそあるものの、モチベーションへのプラス効果がまったくないと想定された。

　このような労働者観を持つテイラーの著作には労働者を軽蔑する言葉や言い回しが散見され、また公の場においても労働者に対する不適切な発言が度々なされたと指摘されている。例えば、合衆国労使関係委員会の公聴会の席上において、テイラーは「労働者の課業に必要な知識は、最上の言語を用いない動物のそれと同程度のものである」と言い放ち、またシャベルによる積載量への科学的アプローチに言及する際にも、「われわれが研究しようとする場合に、適切な馬を使用するのとまったく同じように、われわれは適当なけだもののような人間 (human animal) を使用するのである。……もしも石炭の運搬について研究しようとするならば、われわれは小馬 (a pony) を用いてそれを研究するのではなく、荷車をひく馬 (a dray horse) を使用するであろう。それと同じような方法で、そのシャベルに適している人を使用するのである」と述べている。こうした労働者を侮辱しているとも受け止められる発言は、当然ながら、労働組合から激しい反発を招いている[7]。

　ところで、テイラーは標準作業量を設定するために時間研究、動作研究に

精を出し、特に「一流の労働者」の選抜に神経を尖らせた。では、テイラーが「一流の労働者」をどう定義し、「一流」と「二流」の違いをどう説明しているのかについて見てみよう。

科学的管理法を調査するためにアメリカ議会では特別委員会が開かれた[8]が、1912年1月30日の諮問委員会において、証人として呼ばれたテイラーと委員会のウィルソン議長との間に、テイラーがいう「一流の労働者」とは誰か、「一流ではない労働者」はどうなるのかについて、激しいやりとりが展開された。やや長文だが、テイラーの労働・労働者観をよく表しているので、議長の質問とテイラーの応答の速記録を引用しておきたい。

「テイラー　　私の経験によると、合衆国において普通の場合には優良な工員が五日以上も失業するということはめったにありません。普通の場合には腕のある工員ならいつでも雇い手があります。……よい工員に対しては必ず需要があります。……

議長　　しかし優良でない工員、その優良でないことが本人の責任であると言えない場合、そういう人たちも優良な工員と同様に生活の権利があるのではないですか。

テイラー　　……すべてこの世の中にすむ人たちは働くと怠けるとにかかわらず、平等によき生活をする権利があったわけなのですが、事実はそのとおりになっていません。

議長　　……科学的管理法においては工員として一流のものでなければ世の中に住む場所がない――何か特別のことにひいでているものでなければ、こわしてとりのけてしまうというわけなのですか。

テイラー　　さて私が今一流の馬について申し上げたことは、すぐ一流の工員にもあてはまります。荷馬車ウマが石炭車を引くのに適しているのと同じく、力のある大きな男は重い仕事をするのに適しています。ですから私はこの重い仕事をするのに一流の男にわざわざ軽い仕事をさせて二流扱いにしたくないのです。軽い仕事ならば子どもにでもできる、子どもがやれば一

流である、逆に子どもに重い仕事をやらせるのも一流を二流に使うことになる。どんな人でも使いどころによっては、一流になるものです。この点は特に明らかにしておきたいと思います。よく捜しさえすればそれぞれ適当した仕事が必ず見つかるものです。……さて議長、私は『二流』の工具に二種の区別があることを明らかにしておいて、これからあなたの質問に答えることができます。ひとつは仕事をする力はあるがしようとしない人、今ひとつはその身体または精神がその仕事に適していない、またはその仕事をするだけの心的才能をもっていない人たちです。

議長　　それではある種の仕事に対して一流でない人たちは科学的管理法でどう処置しようとするのですか。

テイラー　やめます。

議長　　科学的管理法ではそういう人たちをいれる場所がない？

テイラー　歌えるくせに歌おうとしない鳥などは科学的管理法に用はありません。

議長　　鳥のことをいっているのではありません。

テイラー　働けるくせに働こうとしないものは科学的管理法で使えません。

議長　　働けるくせに働こうとしない人のことを問題にしているのではありません。あなたの定義に従って、ある仕事に一流でない人をどうするかを問題にしているのです。

テイラー　そういう仕事があろうとは思いません。……

議長　　この調査会においてはある馬や歌う鳥のことを論じているのではありません。社会の一部である人のことを論じているのです。社会は人の利益のためにできているものです。そこであなたのいわゆる「一流」の工具という定義にあわない人は科学的管理法で使いみちはないかどうかを聞きたいのです。

テイラー　私の定義した『一流』の中にはいらない人はすべて働けるくせに働かない人たちだけです。……

議長　それならば社会はきわめてよく平衡がとれていて、ある仕事にちょうど適している人の数だけに相当する仕事があると委員会で主張されるのですか。

テイラー　そうではありません。……高級の仕事をするのに適した人は非常に不足であります。……

議長　あなたは私の考えていることを誤解しています。ですからその誤りを正します。ひとりの工員が一日分の仕事としてどれだけの労働をなすべきか、それを任意に決定する権利は使用者にもなければ、ほかの誰にもないと、私は考えている。もしその工員以外の人たちがそれを決定する場合には、その工場の工員全体とその使用者との間で協定すべきであります。その使用者が科学的管理法を採用したために、どんな精神上の変化が起こっても、使用者自身が勝手にそれを決めてはいけないと考えている」(Taylor 1912, 上野訳：452-461)。

以上のように、テイラーは執拗なほど、労働者を「一流」と「二流」に区別することにこだわっていたが、これは彼の考え方の根底にある「人は生まれつき平等ではない。それを平等にしようと試みるのは自然の法則に反しており、失敗するにきまっている」(Taylor 1903, 上野訳：199) と相通じるものがあると考えられる。

このような考えのもとで、テイラーは差別出来高給制度によって「二流労働者」を排除し、「とうてい救いようのない怠け者や劣等者」を追い出すべきだと繰り返し主張した。例えば、ズク（銑鉄）運びに適する労働者として、テイラーは次のような人を挙げている。「ズク運び人夫の第一の資格は鈍くて粘液質で、その精神状態がむしろ牡牛に似ていることである。心性が鋭く知力が発達している人には適しない。そういう人にはたえられないくらい単調な仕事だからである。したがってズクを運ぶことに適した人には、この種

の仕事の仕方を示すほんとうの科学がわからない。『パーセンテージ』とは何のことやらわからないほどばかなのであるから、自分よりもわけのわかった人に教育してもらって、この科学の法則にしたがって働くくせをつけなければ、人夫として成功することはできない」(Taylor 1911, 上野訳：268)。すなわち、牡牛のように身体が頑丈で、単調な仕事を辛抱強くこなせるが、頭脳が鈍く知力が劣っていて、「パーセンテージとは何か」でさえ分からない「バカな人」が、理想の労働者とされている。こうした基準に適った「精神のにぶい男」シュミットが、一流の労働者として選ばれたのである。

『科学的管理法の原理』には、多くの経営学著作に引用されている「選ばれたシュミットを説く」という有名な一節がある。これはシュミットに1日47トンのズクを運ばせ、1.85ドルの報酬を与えるためのやりとりである(Taylor 1911, 上野訳：257-258)。テイラーはこの問答の詳細を紹介したうえ、シュミットに対する言い方は「多少人を馬鹿にした言い方である。教育ある機械工はもちろん、多少頭のある労働者にはこんな言い方をするわけにはいかない」と認めながらも、「シュミットのような精神のにぶい男に対しては、こういう言い方をする方が適当であって、けっして不親切ではない」(Taylor 1911, 上野訳：258) と言い切った。しかし、テイラーが自ら述べたように、シュミットは朝元気に急ぎ足で工場にやってきて、夕方また元気に家へ帰っていき、彼はすでに少し土地を買い込んでおり、出勤前と退勤後に自分で小さな家の壁を作っていた。また彼はかなりの「しまり屋」であり、お金を何よりも大切にしている男であった。シュミットは必ずしもテイラーがいうような「反応が鈍くて知力のないバカな人」ではなかったのである。にもかかわらず、「この労働者がもともと愚鈍であったと信じ込むことは、管理者側にとってどうしても必要なことである。さもないと、管理者側は、自分たちが愚鈍さを重んじ奨励する大規模な企てにかかわっているということを認めざるをえなくなるであろう」とブレイヴァマンは指摘している (Braverman 1974, 富澤訳：122-123)。

一方、テイラーの著述には、労働者に対して「適当な敬意をもって」接すべきであり、良好な労使関係を構築するために労使間のコミュニケーション

が必要だとする主張も見られる。例えば、「出来高払制私案」において、労働者は管理者との会話を望んでおり、管理者（職長）に怒鳴られても「人間味と慈愛の感情がこもってさえいるならば」「かえってそれを嬉しく思うものである。反対に毎日毎日一言も話しかけられもせず、いわば機械の一部のように取り扱われているよりは、その方がずっとましである」。工場長が部下の労働者たちのいうことによく耳を傾け、かつ敬意を持って接していれば、労働組合やストライキの原因もすべてなくなるはずであるとテイラーは述べている（Taylor 1895, 上野訳：36）。ただしテイラーがここで対象にしているのは、差別出来高給制度を実験的に導入し、成果を挙げたミッドベール・スチール社の労働者の例であり、彼らは管理者の命令やマニュアルに忠実であり、「劣等工具」のように怠けることをせず、労働組合に加入すれば「優等工具」の賃金が減ることをわきまえているので組合にも加入せず、さらにストライキに一度も参加しなかった、ごく一部の理想的な「一流の労働者」である。そして、これらの「一流の労働者」に対する「適当な敬意」は、必ずしも彼らの人間としての価値、知性、彼らへの信頼を意味しないことは明らかである。

2　テイラーの「機械的人間観」

　科学的管理法の中心内容は課業管理であるが、課業の実施に当たっては「計画と執行の分離」（the divorce of planning from doing）が原則となっている。この原則のもとでは、課業の設定、作業方法・手順、作業時間の決定、用具の選択、労働者の選別・教育・訓練といった「頭の労働」（Kopfarbeit）は管理者が担当し、他方、労働者はもっぱら「手の労働」（Handarbeit）に従事し、何も考えずにただ管理者の指示に従って働けばよいとされ、人間的要素である創意・工夫は不要となり、熟練も無意味なものとなっていく。要するに、労働者は機械の歯車のようにひたすら労働することだけが求められ、彼らが働く動機はただ経済的報酬を得るためであると見なされている。

　テイラーのこのような労働観は、後の人間関係学派などにおいては「機械的人間観」（machine model）であるとして批判され、またアメリカ労働総同盟

は科学的管理法が「労働を細分化・専門化してしまうため、熟練を消滅させ、熟練労働を未熟練労働者の地位に押し下げて」しまい、「熟練と創意を破壊し、人間的要素を無視し、労働者を機械として取り扱うものである」として、同管理法に強く反対している[9]。

上述のとおり、テイラーの生涯を通じての最大の関心事は労働統制にあり、そのためには、いかに労働過程を労働者の技能、熟練、知識から引き離し、独立させ、また労働者から頭脳労働を取り除き、肉体労働のみに限定し、労働者を無感情の人間機械として働かせるかにあった。計画と執行（＝頭脳労働と肉体労働）との分離について、テイラーは「工員はもちろん、組長にも職長にもできるだけ計画する仕事をさせないことにする。多少でも事務的なことは一切させないことにする。頭脳的な仕事に属することは全部工場からとりさり、これを計画課または設計課にあつめてしまい、職長と組長とには実行的な仕事だけをさせる。計画室で計画し指導した作業が、工場で迅速に実行されているかどうかをみていくのが、かれらの役目である」(Taylor 1903, 上野訳：120-121) と強調し、「工員がはじめてこの制度の下で働くようになると、『どうしたというんだ、自分で考えたり動いたりしようとすると、必ずだれかが干渉する、もしくは自分の代りにそれをしてしまう』といってこぼす。しかし近代の分業組織に対しては、すべてこれと同じ批評と反対とが向けられる。たとえばアメリカ初期の植民者に比べて、近代の外科医は狭い融通のきかないことしかできないでくのほうであるとはいえない」(Taylor 1903, 上野訳：322) と説く。

ブレイヴァマンはテイラリズムの原理を次の3点にまとめ、労働過程からの労働者参画の排除のプロセスを明示している (Braverman 1974, 富澤訳：126-136)。

第一原理は、労働過程からの労働者の技能の分離である。すなわち、これまで労働者たちが持っていた伝統的知識をすべて集め、この知識を分類し、集計し、規則・法則・公式にまとめることが管理者の任務となる。労働者の技能を労働過程から分離し、労働過程を熟練、伝統および労働者たちの知識から独立させ、労働者の能力ではなく、管理者側の実践に依存させることが

テイラーの目的である。

　第二原理は、頭脳労働の労働現場からの分離、すなわち精神労働と肉体労働との分離、構想と実行との分離である。頭脳労働を可能な限り職場から取り去り、これを計画部または設計部に集めなければならない。この原理は、①テイラーの「作業科学」が、決して労働者によってではなく、常に管理者によって発展させるべきであること、②管理者による動作研究などを通して、労働者の訓練を短縮し、彼の産出高を増大させることによって労働力を低廉化させること、を意味する。したがって、管理者側の統制を保証するためにも、労働力を低廉化するためにも、構想と実行とは別々の職務とされねばならず、この目的のために作業過程の研究は労働者側ではなく、管理者側のものとされなければならない。研究の結果は単純化された指令の形で労働者に伝達され、労働者たちは何も考えず、技術的理由やデータに対して理解することもなく、ただ指令に従うことだけが労働者の義務とされる。

　第三原理は課業の観念である。テイラーは課業を科学的管理において最も顕著な要素の一つとして位置づけ、科学的管理が課業を作成し、実行させることを主な内容としていると述べている。

　ブレイヴァマンは以上の3原理を次のようにまとめている。すなわち、第一原理は労働過程に関する知識を収集し、それを発展させることであり、第二原理はこの知識を管理者側に排他的に集中させることであり、第三原理は知識に対する独占を、労働過程の各段階とその遂行様式を統制するために用いることである（Braverman 1974, 富澤訳：134）。しかし、労働側の立場に立って見るならば、「労働過程が科学的性格をますます強めていき、複雑性を増していくのに、労働者のほうはこの成長を共有することが許されなかったために、労働者にとっては自分たちがそこで働いている労働過程を理解することがますます困難になってしまったのである」（Braverman 1974, 富澤訳：135）。こうした労働過程からの労働者参画の排除は深刻な労働疎外をもたらした。

3　マン・パワーの強調と労働者集団への否定

　テイラーは一貫して労働者を組織・集団の一員としてではなく、バラバラ

に切り離された個人として扱うべきだと主張している。彼は個々の労働者の能率＝マン・パワーを最大限に発揮することができれば、その結果として全体の生産能率も向上すると考えたのである。テイラーから見れば、職場における熟練労働者を中心とする非公式な労働者集団は、「組織的怠業」の形で「働きすぎ」に対して牽制し、これが生産能率の向上を阻害する最大のマイナス要因となっているので、これを取り除かなければならない。そのためには労働過程から熟練や経験による支配を排除し、1日の作業量を明確にし（課業管理）、差別出来高給制度を行い、労働者を競争させるシステムを職場に導入しなければならないと認識している。

　テイラーはその著作において次のように述べている。「科学的管理法においては、労働者を一人ずつ別々に取り扱うことを原則とすべきである。何となれば労働者には各特別の能力があり、限度があり、各人を発達せしめて最高度の能率と繁栄とをもたらすのが目的であって、労働者を集団として取り扱おうとしているのではないからである」（Taylor 1911, 上野訳：256）。「個人個人の価値によって賃金を支払い、それによって工員の野心を刺激するほうがよい」（Taylor 1903, 上野訳：195）。「工員を個人として取り扱わず、これを団体の中にいれてしまうと、かれらは野心と精進心を失ってしまう。これはかれらの日々の仕事に影響を及ぼす動機を科学的に研究してみて明らかになったことである。仔細に分析してみると、組の中の一人として取り扱うと、個人個人の野心を刺激する場合に比べて、能率が非常に劣ることが明らかになってきた。かれらが一団となって働くと、その集団の中で一番低い標準のところまたはそれ以下のところまで、個人の能率が下っていくものである。すなわち多人数をいっしょにしておくと、引きあげられずにかえって引きずりおろされてしまうのである」（Taylor 1911, 上野訳：278）。集団の中の一員として働く労働者は、刺激＝競争意識がないために、たとえ成績のよい労働者であっても、「だんだんその歩調をゆるめて、能率の低い、成績の悪い工員に近よっていくものである。……数日間怠けものといっしょに働」けば、自然と怠け者になるだろう、というのがテイラーの論理である（Taylor 1911, 上野訳：235-236）。

職場におけるインフォーマルな人間関係が能率に大きな影響を及ぼしていることは、ホーソン実験によって初めて発見されたとされている（第2章参照）が、テイラーはすでに労働者集団と生産能率との関係を強く意識し、「組織的怠業」を問題として捉えていた。ただし、労働者の自律的集団の解体と「個々の労働者の孤立化」を問題解決の手段としていた点では、テイラーとメイヨーらとは基本的に異なっており（大梶 1984）、また労働者を集団としてよりも個人として取り扱うテイラー・システムは、労働組合を否定する性格を持っていると捉えられ、労働組合が同管理法に強く反対する一因となった。

　本章では、テイラーの科学的管理法の基本原理と生産管理・労務管理に関する考え方を見てきた。現代社会に対する科学的管理法の大きな貢献は経済・経営の効率性と生産性の向上であり、生産管理制度の確立である。しかし、一方では、テイラー主義は「人間の行為としての労働から徹底的に『意味』を奪いさって」しまい（鈴木 1997：135）、労働者の人間性、自主性、創造性を排除しようとしたのである。そうした労働力の商品化・物化＝労働の非人間化からくる労働疎外感、労働意欲の喪失、生産性の低下は社会問題として指摘され、今日に至ってもなお解決されていない。

　1914年に第一次世界大戦が勃発すると、アメリカはヨーロッパへの物資の供給基地となり、生産の増強が強く要請されることになった。この状況のもとで、効率の向上を主張する科学的管理法は社会ニーズにマッチし、また労働組合の態度の軟化も相まって、同管理法の普及は加速化していった。フォード自動車は他企業に先んじて、1908年にテイラー・システムを導入し、作業の標準化などを実践することによって、製品を迅速に、効率よく、低コストで大量生産することが可能となった。日本では、トヨタ自動車がテイラー・システムとフォード・システムを基盤として、大量生産の利益と効果を多品種少量生産の中に取り入れるため、トヨタ生産方式（JIT）を開発し、大きな成功を収めたのである（佐久間ほか 2013：72-75）。

注:

(1) ただし、レーニンは1918年、ソ連共産党機関紙『プラウダ』において、テイラー・システムのロシアへの導入の必要性を強調している。三戸公(2000)「レーニンの科学的管理観」『科学的管理の未来』未来社を参照。

(2) Braverman 1974, 富澤訳:96。

(3) 木型制作は熟練工の仕事の中でも特に知性、熟練さ、創造力が要求される仕事であるため、テイラーはこの仕事を通して熟練労働者に対する尊敬の念が生まれると同時に、だからこそ熟練労働者たちの知識を奪わなければマネジメントは確立しないという発想にもつながったと指摘されている。中川 2012:8、小関智弘(1999)『ものづくりに生きる』岩波書店、105-114頁を参照。

(4) 1910年、東部鉄道会社が人件費の上昇を理由に、運賃の値上げを州際通商委員会に申請したが、利用者の荷主たちは強く反発し、「人民の弁護士」ブランダイスを担ぎ出して応戦した。ブランダイスは、鉄道会社がテイラーの経営管理手法を導入して経営効率を上げれば、運賃値上げは不必要になると反論し、値上げを却下するよう求めた。翌年、鉄道会社の申請が却下され、運賃問題は終結するが、そこに至る論戦は新聞・雑誌によって詳しく報じられ、科学的管理法は一躍その名が知られるようになった。

(5) Mckelvey 1952, 小林ほか訳:34。*American Federationist*, 1911, p.117.

(6) Taylor 1911, 上野訳:232-242, 246。百田義治(2012)「テイラーの怠業・生産制限論と科学的管理生成期の労働問題」中川誠士編著、経営学史学会監修『テイラー』文眞堂を参照。

(7) Mckelvey 1952, 小林ほか訳:46-47。*U.S. Report of Commission on Industrial Relations*, Vol.1. 1916, p.778.

(8) 科学的管理法に対する労働組合の反対がますます激しくなっていく中で、1911年8月、ウォーター・タウン兵器廠の大規模なストライキが起きた。このストライキは一つの社会問題として捉えられ、議会もこの事態を重く受け止め、下院に「テイラー・システムおよび他の工場管理の制度を調査する議会特別委員会」を設置した。委員会は1912年1月25日から30日まで続けられ、テイラーは科学的管理法の意義や効果について証言を行った(佐久間ほか 2013:68)。

(9) 稲葉 1991:223。詳しくは『ホクシー・レポート』(Hoxie, R. F. *Scientific Management and Labor*, T. M. C. Press, 1984.)を参照。

第2章

ホーソン実験と人間関係論の展開

　第1章では、科学的管理法の基本原理とテイラリズムについて、テイラーが考案、実践した生産管理の諸手法を概観し、「組織的怠業」問題、テイラーの労働・労働者観、テイラリズムにおける組織・個人関係の考え方や組織における労働者のあり方について考察した。そうしたテイラーの労働者観のアンチテーゼとして提起されたのが人間関係論である。人間関係論はその名のとおり、社会的存在としての人間、および人間関係に光を当て、人々が他人との社会関係の中で働き、その関係を通して精神的均衡を維持しているため、作業能率や生産性を社会的要因との関係の中で解釈しなければならないと主張している。いわば人間性の発見である。これをきっかけに、社会的存在としての人間が、初めて経営学研究の表舞台に登場した。人間関係論は伝統的組織論と近代組織論の懸け橋とも称され、メイヨー（Mayo, G. E. 1880-1949）、レスリスバーガー（Roethlisberger, F. J. 1898-1974）などが参加した一連の実験と実験結果に対する分析は、初期の人間関係論の理論的基礎を築き上げ、経営組織における人間問題の理解と対処に新たな視点と手法を提供した。

　本章では、ホーソン実験を概観したうえで、人間関係論のパイオニアであるメイヨー、レスリスバーガーの理論と主張を探る。

第1節　ホーソン実験の概要

1　前実験としての「照明実験」

　人間関係論がホーソン実験（Hawthorne Research）を基礎としていることは周知の事実である。ホーソン実験とは、アメリカのシカゴにあるウエスター

ン・エレクトリック社（the Western Electric Company）ホーソン工場において、1927年4月から32年5月にかけて行われた一連の実験のことである。ただメイヨーらの実験に先立って、アメリカ国立科学アカデミーの決定に基づき、ある調査研究が1924年11月から27年4月まで行われていた。この調査は「照明実験」（Illumination Experiments）と呼ばれ、広義ではホーソン実験に含まれている。

　照明実験の目的は「照明の質と量が作業能率とどう関係するか」、すなわち労働条件、作業環境が従業員の労働にどのような影響を与えるか、を明らかにすることにあった。照明のほかに、測定結果に影響を及ぼすと考えられる他の要因、例えば部屋の温度や湿度なども考慮され、さらに監督方法も工夫されていた（後に作業時間、休憩時間、賃金の支払い方法などが新しい変数として実験に加えられた）。

　照明などの物理的な労働条件、作業環境は能率を左右する最も大きな要素であり、そうした条件や環境を従業員にとって好ましい状態に設定していれば、当然生産能率は高まり、従業員の疲労も軽減できると実験開始前に考えられた。実験の最終的な目的は、照明などの作業条件を最も理想的・合理的な状態に改善し、作業の標準化を実現することであるが、これは基本的にはテイラーの科学的管理法と同じ着想である。

　照明実験には2つの作業グループが選出され、一つは一定水準の照明のもとで作業させるグループ（コントロール・グループ）、もう一つは、日光と電燈を併用したり、燭光を増減させたりして明るさをさまざまに変化させる中で作業させるグループ（テスト・グループ）である。両グループ間で競争心が起こらないように被験者が別々の建物の実験室に入れられた。そして、実験開始後から両グループの生産高が克明に記録され続けた。

　しかし、実験の結果は当初の予想に反して意外なものであった。生産性はいずれのグループもほぼ同程度に上昇していたのであり、実験は当初の仮説を支持しない結果に終わったのである。照度を変化させたテスト・グループは、照明が0.06燭光（月明かり程度）に落とされ、作業が困難になる時に初めて能率が低下したものの、それ以外は上昇し続けたのである。

照明実験から導き出された結論は、次の2つであった。①照明は従業員の生産高に影響を及ぼすマイナーな要因の一つにすぎない。②一つの変数の影響を測定する試みは成功しなかった。その理由には、さまざまのコントロールされていない要素が作用したこと、かなり大きなグループを対象としたことが挙げられている。照明実験の失敗（fiasco）から多くの反省がなされ、例えば「小グループの作業者を対象に隔離された部屋で実験を行う」という発想が生まれ、またその後の実験では「部屋のなかで起こったあらゆることについて注意深い記録がなされる」ようになった（進藤1978：14）。そういう意味では、照明実験は当初想定されていなかった問題を実験者らに突きつけ、能率を規定するものは何なのかが改めて問われることとなり、人間関係問題がより徹底的に調査される刺激となったのである。

2　ホーソン実験の内容と結果

　広義のホーソン実験は6種の実験ないし調査が含まれているが、この中で特に重要と目されるものは以下の3つである。
　①　継電器組立作業テスト・ルーム（Relay Assembly Test Room）。
　②　面接計画（Interviewing Program）。
　③　バンク配線作業観察室（Bank Wiring Observation Room）。
　この3つの実験では①によってホーソン効果（Hawthorne Effect）[1]が発見・提示され、②によって人間関係論の重要な命題である人の感情について新たな視点が生まれ、また③によってインフォーマル集団（informal group）が発見・解明されたことで、ホーソン実験の三大事績と称えられている（大橋・竹林2008：7）。以下ではこの3つの実験を個別に概観しよう。

(1) 継電器組立作業テスト・ルーム

　1) 実験方法の設定と実験内容　　この実験は1927年4月から32年5月まで約5年間、23期に区分して実施されたが、実験的価値を見い出せたのは13期（1929年6月）までであり、これ以降の実験の中心は面接調査に移っていった[2]。メイヨーは28年4月に初めてホーソン工場を訪れ、この時から本格的にホーソン実験に関与するようになったが、27年4月実験開始時

のテスト・ルームの責任者は、照明実験の推進者だったホーソン工場技術部門長のペンノック（Pennock, G. A.）であった。ペンノックらは周到な準備・計画をしたうえで、労働条件の変化が作業能率にどのような影響を与えるかを解明するために、以下の6つの問題を設定した（Roethlisberger and Dickson 1939：28）。すなわち、

① 従業員は本当に疲れ切っているのか。
② 休憩（rest pause）は望ましいのか。
③ 時間短縮（shorter working）は望ましいのか。
④ 従業員の仕事や会社に対する態度はどうか。
⑤ 作業設備の変更は作業にどのような影響を与えるか。
⑥ なぜ午後になると生産量が落ちるのか。

これらの問題に対する解答を得るため、実験者は労働時間（作業時間・休憩時間・土曜出勤）、賃金の支払い方法などの労働条件をさまざまに変化させ、それが作業に与える影響を注意深く観察し、記録することとした。照明実験の反省から、観察者の目が行き届くように女子作業員5名、世話役（layout operator, 仕事の割当て、部品の確保が任務）1名、計6名の少人数グループに限定し、隔離された実験室で行うこととなった。彼女たちの作業内容は、電話交換機用の継電器（リレー）の組み立てで、35の部品を器具に取りつけ、4つのねじで締め、継電器に仕上げていくというものだが、1個当たりの所要時間は約1分であり、1日の平均生産高は1人当たり約500個であった。以下では各期の作業条件や実験内容をやや詳しく見てみよう。

1927年4月から29年6月まで行われた13期の実験は、内容によって3つの部分に分けることができる。すなわち、1～3期は導入期、4～7期は休憩に関する実験、8～13期は労働時間短縮に関する実験である。各期のポイントは次のとおりである。

導入期（1～3期）：　1期はテスト・ルームに移る前の時期であり、基礎的データを取得するため、被験者らに知らせずにそれぞれの生産高を測定した。また、実験の性格、目的を作業員たちに詳しく説明した（例えば、生産を押し上げるのではなく、適切な作業環境を見つけ出すのが目的であること、労働条件を変化さ

せる場合、必ず事前に作業者たちと話し合ってから行うことなど)。

　第2期より実験室へ移動した。新しい環境への適応期間と考え、作業方法、労働時間は基本的に従来のまま(週48時間労働)とした。第2期の労働時間などに関するデータは、その後の実験の基礎的データとなり、重要であった。

　第3期には集団出来高給が導入された。約100人を単位とする集団賃金が、6人のグループの集団出来高給に変更され、賃金インセンティブ(wage incentive plan)が大きな関心事となった。

　休憩に関する実験(4～7期): 　この段階の実験は、休憩の挿入が作業者の疲労を軽減し、生産の増大をもたらすだろうとの予測のもとに進められた。休憩時間を1日に5分×2回(4期)、10分×2回(5期)、5分×6回(6期)、午前15分、午後10分(7期)のように変化させ、生産量への影響を観察した。また、7期から飲み物やサンドイッチなどの軽食が会社側より提供された。

　労働時間短縮に関する実験(8～13期): 　8～13期の実験は、①時間短縮をメインとする8、9、11期と、②作業条件をもとに戻して検証する10、12、13期の2つの部分に分けられる。8期は作業終了時間を5時から4時半に短縮し、9期はさらに4時に短縮し、11期は土曜休日の週休2日制が試みられた(土曜日午前の作業は有給)。10期は検証のためのテストに切り替え、作業条件をすべて7期に戻したが、1日・1週間の生産量はいずれも高水準を維持した。12期は3期の条件に戻し、軽食・休憩時間・週労働日数の短縮はすべて廃止となり、被験者の態度と行動が注目された。しかし、こうした労働条件の著しい悪化にもかかわらず、生産量は下落するどころか、12週間を通じて過去最高を記録した[3]。13期は7期、10期と同じタイム・スケジュールとしたが、ランチは自弁、会社側はお茶のみを提供する方法に変更した。13期の実験は最も長く続けられ(7ヵ月)、作業条件もそれまでに比べ悪化したが、しかし、この期の被験者はモラールが最も高揚し、互いに助け合いながら協働した結果、時間当たりの生産高も週当たりの生産高も、12期をさらに上回り、過去最高に達したのである。

　継電器組立作業テスト・ルームにおける労働条件と生産高の変化については、図表2-1のとおりである。

図表 2-1　継電器組立作業テスト・ルームにおける労働条件と生産高の変化

年　月　日	期間(週)	労働条件	労働時間	週平均生産高	時間平均生産高
第1期 1927.4.25-5.10	約2	今後の実験に用いる基礎データをとるために、普通の作業室で被験者に知らせずに生産記録をとる。休憩なし。	48	約2400	50
第2期 5.10-6.11	5	この期より実験室に移動。休憩なし。	48	2400弱	50
第3期 6.13-8.6	8	この期より6人を単位とした集団出来高給を導入。	48	2500弱	52
第4期 8.8-9.10	5	午前10時、午後2時に各々5分間の休憩。	47:05	2500弱	52
第5期 9.12-10.8	4	午前10時、午後2時に各々10分間の休憩。	46:10	約2550	55
第6期 10.10-11.5	4	午前、午後に各々3回ずつ5分間の休憩。	45:10	約2500	55
第7期 11.7-1.21	11	午前9時30分に15分、午後2時30分に10分の休憩。休憩時間中に午前は軽食、午後は茶菓を会社負担で支給する。	45:40	2500強	55
第8期 1928.1.23-3.10	7	休憩時間・軽食・茶菓は7期のままで4時30分に終業。	43:10	2600強	60
第9期 3.12-4.7	4	終業時間をさらに4時まで繰り上げる。	40:40	約2600	64
第10期 4.9-6.30	12	7期と同じ労働条件に戻す。	45:40	2800強	61
第11期 7.2-9.1	9	7・10期と同じ労働条件で、土曜日を休日とする。	41:40	約2600	62
第12期 9.3-11.24	12	3期と同じ労働条件に戻す。	48	2900強	60
第13期 11.26-1929.6.29	31	7・10期と同じ労働条件。ただし、軽食は自弁にする。	45:40	3000	66

注：時間平均生産高は筆者により算出。
資料：Roethlisberger & Dickson 1939：19-89.
出典：伊藤健市（1996）『増補版 労務論講義』晃洋書房、61頁。

2）実験から導き出された結論　継電器組立作業テスト・ルームの大きなポイントは12期にあった。それまでの約1年半の間（1927年4月～28年9月）は、賃金の支払い方法、作業時間、休憩時間、軽食サービス、部屋の温度・湿度など物理的な面を中心に、条件を変えながら計測し、これらが改善され

るにつれて、生産性も向上した。「調査員は、作業条件の改善につれて生産能率が徐々に上昇してゆくのを見て満足を感じた。なぜならば、疲労は生産を阻害する一大要因であるという彼らの仮説が、ありありと実証されるかのように見えたからである」(Roethlisberger 1941：13, 野田ほか訳：16)。ここまでは予想どおりの結果であり、テイラーの科学的管理の考え方とは完全に一致している。

　ところが、12期 (28年9月) にすべての条件をもとの状態 (3期と同じで、休憩・軽食なし、週48時間労働) に戻し、その結果を検証したところ、まったく予期せぬ結果が現われた。すなわち、「作業条件の改悪にもかかわらず、皮肉にも生産高は予想された急落を示さず、依然として、きわめて高い水準を保ちつづけたからである」(Roethlisberger 1941：13, 野田ほか訳：16)。ここで、実験者は初めて「人間的状況」、つまり作業者の態度および感情の重要性に気づかされたのである。被験者らは石ではなく感情 (sentiment) のある人間なので、当然自分が実験されていることを意識し、状況によって態度を変化させる。彼女たちの態度を決定する要因は、賃金、時間などの労働条件のほかに、自分たちが多くの従業員から特別に選ばれ、注目されていることへの誇り、作業の条件・内容について管理者に発言できる優越感、テスト・ルームの運営への参加意識、職務に対する責任感、調査への協力の気持ち (spirit of cooperation)、「ボスがいないこと」からの解放感、少人数グループから生まれた友情、仲間意識 (連帯感)、などであった。メイヨーはこうした人間の感情・態度が集団のモラールの形成・維持に大きな影響を及ぼすと分析し、レスリスバーガーは社会的存在としての人間の心的態度の変化が、生産量を左右する主な原因であると結論づけた。

　ただし、以上の分析・解釈は、後になってなされたものが多く、実験当時では、こうした予想外の結果に対する説明に困惑していた。その状態を打開するため、実験者たちはこれまで生産高、温度、湿度などを測定する「没人間的道具」を捨て、「人間的資料」(human data) を獲得するべく、従業員の内面的、心的態度への分析に進んでいった。それが面接計画である。

(2) 面接計画

　継電器組立作業テスト・ルーム、面接計画、バンク配線作業観察室がホーソン実験の三大事績とされていることは前述のとおりだが、この三大事績についても見方が分かれている。すなわち、人間関係論的効果（ホーソン効果）を実証した継電器組立作業テスト・ルーム（前述）と、インフォーマル集団（非公式組織）の存在を発見し、その役割・機能を明らかにしたバンク配線作業観察室（後述）が高く評価されている一方、面接計画に対する評価は論者によって異なっている。メイヨーは面接計画が成功したとして、同計画をきわめて高く評価しており、レスリスバーガーも面接によって得られた「人間的資料」を深く理解するため、精力的な研究・考察を行った。これに対して、ホワイトヘッドはもっぱら継電器組立作業テスト・ルームを取り上げ、この実験に包括的かつ詳細な分析を行っているが、面接計画についてはあまり重視しておらず、それを継電器組立作業テスト・ルームを補足するものとして位置づけている（進藤 1978：53-55）。しかし、面接計画を通じて、人間の感情に関する新たな視点が生まれ、感情の論理（logic of sentiment）が初めて提示されたことの意義は大きい。「社会的に形成される人の感情が、組織における人々の行動を決定する最大の要因である」という人間関係論の中心命題にとっては、面接計画が欠かせないものであり、また、従業員管理上の方策としても、面接計画の結果は重要であると考える。

　1）実験方法の設定と実験内容　面接計画は継電器組立作業テスト・ルームが12期に入ると同時に、1928年9月にスタートした。そのきっかけは、継電器組立作業テスト・ルームでの作業量増加の原因を究明することであった。実験者から、①賃金制度の変更、②就業時間の変更（休憩の導入）、③友好的な管理・監督方式への変更、の3つの意見が出された（吉原 2013：57）が、さらに詳しく調査するため、一般従業員を対象とする面接計画が始められた。

　第1回面接は、監督者の育成、監督者と一般従業員との関係の改善を目的に、検査部門の作業者1600人（現場と事務所のすべての熟練、未熟練従業員）を対象に行われた。現場状況に詳しい5人の従業員（男性3人、女性2人）が面接担当者に選ばれ、仕事内容、労働条件、監督について、「好む」（like）「好

まない」(dislike) という二者択一的な答え方で被面接者にコメントさせるやり方であった（平均面接時間は1人当たり30分）。面接に際して、手順（職長の了解をとること、面接担当者の選び方や面接場所に配慮することなど）を説明し、面接の目的、活用方法などを従業員に十分に伝え、納得させたうえで進めることとなった。

　このようにして行われた面接は検査部門の従業員および監督者たちに歓迎され、従業員からは「普段考えている意見を表明する機会が与えられた」「労働条件や監督の改善に参加できた」「面接の実施によって実際に監督方法が改善された」、また監督者からは、モラールをテーマにした協議会に「適切な検討資料が提供された」などの感想が寄せられていた（Roethlisberger and Dickson, 1939：189-204）。

　しかし、面接方法については重要な問題点があった。すなわち、従来の方法、つまり決まった項目について好きか嫌いか、「イエス」か「ノー」かを直接質問する方法で実施した結果、質問者と回答者の主題に対する理解度、関心度の違いから、期待された解答が得られない事態がしばしば起きたのである。この問題を解決するために、第2回の面接（1929年2月）から、「非指示的面接方法」(non-directive method, 面接者主導から被面接者主導に切り換え、被面接者に好きな話題〔topics〕を選ばせ、自由に語らせる方法) が導入された。面接者は相手が話しやすいように、権威を誇示したり、勧告や訓戒を与えたり、一緒に議論したりすることをせず、辛抱強く、かつ友好的、冷静に耳を傾けることが求められた。メイヨーは面接時の様子を次のように描いている。「面接者は従業員に紹介され、その従業員によって述べられたことから会話式に話の糸口をひきだす。従業員が話している限り、面接者はその従業員が話さなければならぬことに衷心からの関心を示し、その従業員のいったことをあとで思いだせるようにメモしながら、彼の意見についてゆく。従業員が話をつづけるあいだに、彼が自分自身についての話題を選ぶときには、普通おのれ自身にとり、ことの重大さの順序にしたがって話題を選ぶものである。これは、このような面接の基本的な前提であるため、面接者の方で問題を変えるようなことはしない。……面接者が会話中に口をはさむのは、その従業員

に話をつづけさせるためや、信頼感を増やさせるために必要な範囲で行うものである」(Mayo 1946, 村本訳：91-92)。

　第2回面接は現業部門の従業員1万300人を対象に、また第3回面接（1930年2月）は8部門の従業員9226人を対象に行われた。2回目以降の面接方法の変更によって、平均面接時間は1人当たり30分から1時間半に変わった。また、第2回面接の開始と同時に、産業研究部が創設され、その中に「面接担当」「面接結果分析」「監督者訓練」「実験作業室担当」の4つのセクションが設置された。

　以上のように実施された面接の結果は、従業員が任意に取り上げた話題の種類によって整理され、欠勤・昇進・能率基準・照明・ロッカー・給与・洗面所など、37の項目に分類された。従業員の不満の原因を究明するために、実験者たちによって「緊急度」（取り上げられた頻度）、「満足度」（好意的なコメントと批判的なコメントの比率）の指標に基づいて分析が行われたが、不満の内容は質的に異なる3種類があることが判明したのである (Roethlisberger and Dickson, 1939：258-259)。すなわち、

　①　目で見、手で触れることのできる事物に対する不満である。具体的には「機械が故障している」「ロッカーが足りない」「ドアが壊れている」など、事実に基づいた不満、あるいは物理的な不満といえる。これらの不満に関しては、一定の基準 (standard) があるため、原因の究明も、解決のための対応も容易にできる。

　②　目で見たり手で触れたりする以外の感覚上の経験に関連する不満である。「ロッカーが汚れている」「仕事が危ない」「部屋が暑い」などがこの類である。これらの不満は「生態的または社会的に決定され、そのため、時と場所、年齢、国籍、性格、社会的地位、気質によって違ってくる」(Roethlisberger and Dickson 1939：259) のだが、不満の当否を判断する基準が一定ではなく、また個人的感覚による面が大きいので、原因の究明や解決するための対応が難しい。

　③　個人の感情、期待、または危惧に基づいた不満である。例えば、「賃金が低すぎる」「昇進が遅い」「収入が能力に見合っていない」などがその例

である。この種類の不満は個人の学歴、経歴、知識などによって異なってくるため、対応法はまったく存在しない。

したがって、不満の背後に隠されている「感情」に注目し、その感情を規定し、方向づけているものを解明しなければならないのだが、感情に根差す不満は、その人の置かれている人間的・社会的な状況を抜きにして理解できないことが認識されるようになったのである。

2) **実験から導き出された結論**　面接計画は3回にわたり、約2年間の時間を費やし、計2万1126名の従業員にインタビューした壮大なプログラムであった。その結果から実験者たちは、人間の不満はその種さえ取り除けばすぐに消えるというほど容易に解決できる問題ではなく、「人間行動の世界は、この考え方が通用するほど単純なものではなかった」（Roethlisberger 1941：18, 野田ほか訳：22）との結論を見い出し、調査前の合理的「経済人」仮説を放棄せざるをえなかったのである（Roethlisberger 1941：19, 野田ほか訳：23）。この過程で、調査は従業員の不満の原因究明について、労働条件・労働環境といった外在的・客観的要因から、従業員自身の態度・感情といった内在的・主観的要因へと、焦点が大きく変更した（進藤 1978：100）。

レスリスバーガーは、調査結果によって明らかになったことを次の3点に要約している。

第一に、労働者の行動をその感情から切り離しては理解しえないことである。

「感情」とは何か。感情という言葉には、「気分」「情緒」だけでなく、「忠誠」「誠実」「連帯」といった意味合いも含まれており、われわれの知覚、情緒、態度に関連している。「感情は真空のなかでは生まれないしまた晴天の霹靂のごとく忽然と生ずるものでもない。それは社会的脈絡（social context）のなかにおいてのみあらわれてくる」「感情は生理的、心理的、ないし社会的な要因によって決定されるものなのである。感情の表明は時間、場所、性別、年齢、民族、性格、社会的地位、気質等々数えあげれば数限りない無数の因子によって影響されているのである」。

第二に、感情は容易に偽装されるものである。したがって、感情を認識し

たり研究したりすることはきわめて困難である。人々は常に自分の感情を合理化・客観化・正当化しようとしている。

　第三に、感情の表現はその人間の全体的状況に照らして初めて理解されうるものである。

　以上の3点を踏まえて、レスリスバーガーは従業員の周囲に起こったある物理的変化と、その変化に対する従業員の反応との間に単純で直接的な関係があるとは考えられず、従業員の反応が、彼らの態度・感情によってのみ理解されるのだと指摘し、従業員の態度・感情は、(a) 個々人の過去の家庭生活や社会的経歴と、その投影から形成した職場に抱いている感情（価値、希望、憂慮、期待など）、(b) その人が職場から得ている人間的満足と、変化が職場の日常的人間関係に及ぼす影響、この2点に依拠し、深く関わっていると論じた（Roethlisberger 1941：19-21, 29, 野田ほか訳：24-25, 35）。

(3) バンク配線作業観察室

1) 実験方法の設定と実験内容　2万人あまりに対して実施された面接計画の結果、職場における人々の態度や感情がきわめて重要であること、従業員の不満の背後に隠されている感情が、社会的状況の中で初めて理解されうることが分かった。しかし、面接調査は個人を単位に匿名で行われていたため、職場における複雑な人間関係や、目に見えにくい仲間集団の実態までは明らかにすることができなかった。こうして、社会学的視点から、従業員の社会組織（Social Organization of Employees）の解明を目的に、1931年11月から、直接観察による調査研究が始められた。それがホーソン実験の最終段階として行われたバンク配線作業観察室実験である。実験は32年5月に終了し、約6ヵ月間続けられた。

　この実験の狙いは、①職場の人間状況（human situation）、社会状況の解明、②集団を対象とした賃金インセンティブ制の機能の解明にあった。②に関しては、継電器組立作業テスト・ルームによって、少人数集団の賃金インセンティブの影響が生産能率の支配的要因ではないことが明らかになっており、今度のバンク配線作業観察室においても、実験関係者は賃金インセンティブの機能について、むしろ否定的な立場に立っていたが、集団出来高「賃金制

が十分に機能していないことの解明が、職場の人間状況を明らかにする、きわめて有力な手掛かりになる」との判断から、集団インセンティブ賃金の再確認が実験の目的に加えられたと指摘されている（進藤 1978：129）。

調査対象の選定については、作業集団の規模、作業の技術的難易度などが勘案され、交換機のセレクターとコネクターに使用するバンクの配線作業を行うグループが選ばれた。グループは配線工（wiremen）9名、溶接工（soldermen）3名、検査工（inspectors）2名の計14名（全員男性）によって構成された。調査方法としては、観察と面接を併用する手法をとっていたが、観察者は利害関係のない傍観者の立場に徹し、洞察力と客観性を持ち、実際に観察した状況が彼のパーソナリティに影響されないことが求められた（Roethlisberger and Dickson 1939：388）。観察者が守らなければならないルールは以下のように設定された。

 a. 被験者に命令を与えたり、その質問に答えたりしてはならない。
 b. 進んで議論に加わってはいけない。もしそうせざるを得ない場合でも、明確な意見表明をしてはならない。
 c. 集団の行動に過度に興味を示すべきではない。
 d. 被験者の信頼を裏切ったり、監督者に情報を流したりすべきではない。
 e. 観察者は発言や行動によって、自分を目立たせてはいけない
　　（Roethlisberger and Dickson 1939：388-389）。

こうして、実験者らは明確な問題意識を持ち、周到な準備を行ったうえで実験を開始した。実験がスタートした直後では、作業者たちはひそひそと話を交わし、観察者に対して警戒心を持っていたが、数週間経つと、観察者が無害のものと判断し、作業室に漂っている緊迫した雰囲気も和らいだ。そして、観察者が作業者たちの会話に加わることもできるようになり、実際の作業現場の作業状況や人間関係を観察する条件が整った。

このような状況のもとで行われた観察と、同時進行した作業者への面接の結果、以下の事実が明らかになった。すなわち、

① 作業者たちは互いに協力し、生産量を増やし、それによって賃金収入の増加を目指す行動をとらなかった。これは集団賃金インセンティブ制がほ

とんど機能していないことを意味し、継電器組立作業テスト・ルームの結果――生産能率に及ぼす賃金インセンティブの影響が限定的であること――を再び立証したものとなった。

②　逆に生産高が集団の基準（group standard）によってコントロールされ、インフォーマルに決められていた。作業者たちの間では、おおよその「1日の仕事量」（a day's work）が想定されているが、それは会社側が考えた基準量より低く、グループメンバーが集団の基準を意識して決めた1日の生産高であった。作業者たちは経済的には損することを理解しているにもかかわらず、「集団の基準」に従っていたのである。

③　「1日の仕事量」を一定のレベルに保つため、作業者たちは実際と違う生産量を報告したり、作業時間数を操作したり（ロスタイムや不慣れな仕事をする際にかかった時間の控除要求。人によって大きな差があった）、さらに架空の数字を提示したり（前週の生産高の一部を次週に加算して報告）する方法をとっていた。集団の基準以上に生産量を上げ続けた人は、他のメンバーに迷惑をかけることになるとして嫌われ、皮肉と嘲笑の対象とされた。このように作業者たちが意図的に生産を制限する理由は、集団の基準を超えて能率を上げれば、解雇や賃金率の切下げが起きると考えられたからである。作業者の平均生産高の違いが、彼らの作業遂行能力の違いを意味しないことはいうまでもない。

以上の事実は、職場の人間関係・人間状況が生産高・生産能率に大きく関係しており、インフォーマルな仲間集団が実際に存在し、かつ重要な役割を果たしていることを示している。実験室内の14人の職場では、クリーク（clique）Aとクリーク Bという2つのインフォーマル集団の存在が観察されたが、集団メンバーは仕事面では優秀であっても自分勝手な人、自分の力を誇示する人、職長に集団の行動を密告する人、検査を生真面目に行う人が嫌われ、集団に受け入れてもらえず、孤立していた。また、能力の高いメンバーは作業速度を抑えたり、実際の作業量より少なめに報告したりしていた。この行動は、他のメンバーとの差が大きくならないようにし、集団での居場所を確保するためであると解釈された。こうして、集団には目に見えない掟（集団の行動規範）が存在し、それが社会統制力（social control）として作用し、

メンバーの行動を規制していたのである。このような人間関係は、職務や仕事の交換・助け合い（会社では禁止しているが、検査工を除くすべてのメンバーが参加していた）、ゲーム（コイン投げ、トランプ、賭け事など）への参加、窓の開閉についての口論などの局面で集団として機能していた。例えば、窓の開閉について口論する場合、口論の参加者はどちらの主張に理があるかではなく、当事者のどちらにより好意的で親しい感情を持っているかが大きく作用していた（Roethlisberger and Dickson 1939：500–509）。

2）実験から導き出された結論　バンク配線作業観察室の最大の成果は、インフォーマル集団の発見と、その役割・機能の解明であった。インフォーマル集団には暗黙の了解事項としての掟が存在し、メンバーがこれに従って行動することが義務づけられていた。インフォーマル集団の果たした役割として2つ挙げられるが、一つは集団内部に対して成員の行動をコントロールし、掟を破るような行為があれば、それに対して圧力をかけて規制し、または懲罰することであり、もう一つは、集団外部からの介入・干渉に対して集団の利益を守り、防衛的なシステムとして機能することであった。

レスリスバーガー／ディクソンは集団内の行動規範について、次の4点を指摘している（Roethlisberger and Dickson 1939：522）。

① 働きすぎてはいけない。働きすぎる者は「賃率の壊し屋」（ratebuster）である。
② 仕事を怠けすぎてはいけない。怠け者はペテン師（chiseler）である。
③ 仲間のことを監督者に告げ口してはいけない。告げ口する奴は裏切り者（squealer）である。
④ 周りに対して偉そうに振る舞ったり、おせっかいをやいたりしてはいけない。たとえ検査員であってもそうすべきでない。

要するに集団の仲間に迷惑をかけたり、集団の秩序を乱したりすることへの慎みが求められている。不服者は嫌がらせや非難を受けるだけでなく、集団から追放されることもありえた。インフォーマル集団は、こうしたさまざまな感情によって支配されていたのである。

ところで、上述のとおり、テイラーが提唱した科学的管理法の出発点は

「組織的怠業」を除去することにあった。テイラーはインフォーマル集団の存在を認識しており、怠業、成行管理を解決するために、時間研究、動作研究を通して「公正な一日分の仕事」の科学化・客観化に努めた。その結果、課業管理、差別出来高給制度が生まれた。テイラーは課業が組織的怠業を取り除く唯一最善の方策であると断言し、「労使ともに迷惑している最大の害悪」である組織的怠業さえ取り除けば、最高の生産能率の実現が可能となり、労使ともに最大の幸福と繁栄に到達できると考えたのである。

しかし、労働者が金銭利益追求の「経済人」であると認識し、組織的怠業（生産制限）に対してもっぱら近代的・合理的思考と手法をもって対処しようとしたテイラーのこうした考え方は、社会的存在としての労働者の側面を見逃している。科学的管理法が労働者の社会性・人間性を無視したマシン・モデルだと批判されたゆえんである。

バンク配線作業観察室は、「感情の論理」によって支配されているインフォーマル集団が存在し、組織の中で重要な役割を果たしていることを立証した。また、モラールを上げるために、フォーマル組織（formal organization, 公式組織）の要求する「費用と能率の論理」だけでなく、「感情の論理」、つまり好きか嫌いか、好意的か敵対的かといった一見コストや生産性とは無関係の人間の感情を重視し、両者のバランスを図らなければならないことを示唆している。

第2節　人間関係論の理論と主張

人間関係論の理論のほとんどがホーソン実験から導き出されているが、ホーソン実験をリードしたのはメイヨーであり、実験の仮説を実証的に研究し、理論化させたのはレスリスバーガーである。

メイヨーの人間観、社会観は有名な「産業文明三部作」[4]に表れているが、その研究方法の特徴は臨床的アプローチの重視であり、研究の切り口は「疲労」と「単調」という労働生理学の問題にあった。彼は労働者の疲労や単調の原因を明らかにすることによって、産業における人間問題の解明を試みた

のである。メイヨーは現代社会が科学と技術の発展によって物質的・経済的に豊かになったが、精神的・社会的にはかえって貧しい生活に陥り、人間疎外・孤立化を生み出したと指摘している。そして、やがて崩壊する社会秩序を回復するためには、人間に対する理解と有効なコミュニケーションの確保が必要であり、「われわれが現実にもっとも必要とすることは、有効な人間の協働を取戻すことなのである」(Mayo 1933, 村本訳：190) と説いた。このように、メイヨーは社会における人間問題の深刻さ、重大さ、緊急性を強調し、人間問題を解決しない限り、個人と社会との連帯がなくなり、社会がやがて解体に向かうだろうと警鐘を鳴らした。

メイヨーの研究は初期人間関係論に思想的基礎を提供し、多くの研究者に人間関係論研究の契機を与えたことが高く評価されており、彼が「人間関係論の祖」と呼ばれるのもこのためであろう。しかし、メイヨーはホーソン実験の過程において強いリーダーシップを発揮し、優れたアイデアを提供したが、その社会理論、産業文明論の中に実験の成果が十分に生かされていないとの指摘もある[5]。ホーソン実験の結果を体系的に整理・分析し、理論的構築を進めていったのはレスリスバーガーである。以下では、主にレスリスバーガー著 *Management and Morale* に基づいて人間関係論の理論とその主張の特質を考察しよう。

1　感情の論理に導かれる新しい人間観の発見

面接計画の結果から、レスリスバーガーは感情の論理という重要な概念を提示している。彼は「感情」とは何かを定義し、感情について以下の結論を導いた。すなわち、a.労働者の行動をその感情から切り離しては理解できない、b.感情が容易に偽装される、c.感情の表現はその人間の全体的状況に照らして初めて理解できる (前述)。レスリスバーガーは、人間の協力が理論の問題よりも感情の問題であることがホーソン実験によって立証されたと主張し、労働者とは相互に孤立化した無関係な個々人ではなく、彼らは社会的な動物であり、したがって当然そのようなものとして取り扱われなければならないと強調した。そして、もし労働者を、感情を持つ社会的存在として対処

し、この観点を組織的に実行することができれば、人事管理に革命的な変化をもたらすだろうと予言したのである（Roethlisberger 1941：31, 野田ほか訳：26）。

　レスリスバーガーは人間の感情を理解し、正しく把握するためには、その人が関連しているより広範囲の現象や事柄を究明しなければならないと考え、この関係を図表2-2のように3段階で示している。この図は個々の従業員の態度、感情に焦点を当てているが、レスリスバーガーは人の感情、期待、関心を含む行動基準（personal reference）が、その人の「過去の社会経験」（social past）と「現在の人間関係」（social present）によって規定されると述べている（進藤 1978：182）。図表2-2 Ⅲの「職場における社会的状況」について、彼はさらに次のような説明を加えている。「ここで意味されていることは、労働者がけっして個々に孤立したアトム的個人ではないということである。彼は

図表2-2　感情と諸要素との関連

```
Ⅰ. 変化(Change) ─────── 応答(Response)


Ⅱ. 変化(Change) ─────── 応答(Response)
              \         /
            態度 (感情)
        (Attitudes)(Sentiments)


Ⅲ. 変化(Change) ─────── 応答(Response)
              \         /
            態度 (感情)
        (Attitudes)(Sentiments)
           /              \
      個人の経歴        職場における
  (Personal History)    社会的状況
                     (Social Situation at Work)
```

出典：Roethlisberger 1941：21.

一つの集団、ないしは、いくつかの集団の成員なのである。これらの各集団のなかで、個々人は相互にさまざまな気分や感情をいだきあうが、このことがまた彼らを協同の活動（collaborative effort—著者注）のなかで結束させているのである。さらにこれら集団の感情は、産業の世界にあるあらゆる事物、事象——生産高にさえも——に賦与されるようになりうるし、また事実そうなっているのである。種々の財貨、生産高、賃金、労働時間などはすべて、個々にそれ自体でのみ取り扱われることはできないのであって、それらはそれぞれ社会的価値の担い手として解釈されなければならないのである」（Roethlisberger 1941：21-22, 野田ほか訳：25-26）。

こうして、レスリスバーガーはほとんどすべての人間の行動は理論的でもなければ不合理（irrational）でもなく、それはいわば没論理的（non-logical）であり、感情によって動機づけられているので、経営者はこの感情の性質を十分に理解する必要があると結論づけている（Roethlisberger 1941：30, 33, 野田ほか訳：36, 39）。

2　インフォーマル集団の発見

レスリスバーガーはバンク配線作業観察室の結果から、フォーマル組織と同時に存在するインフォーマル集団を発見し、その役割・機能を解明した。インフォーマル集団は非公式組織とも称され、フォーマル組織または公式組織に相対する言葉である。フォーマル組織は一定の共通目標、目的を達成するために、成員間の役割や機能が分化・統合され、合理的に秩序化される分業組織として存在し、官僚制組織がその典型である。フォーマル組織で働く労働者は経済的誘因に動機づけられ、より多くの賃金を獲得するために最大限に生産量の増加を目指すものだと考えられていた。フォーマル組織はコストと能率の論理が判断の基準とされ、経済的目的を能率的に達成するうえでの人々の相互関係が、成文化された規則によって定められているのである。このように、組織図に明示されるフォーマル組織は、「誰が誰に対して服従すべきかという点に関して、コミュニケーションの伝達と権限の委譲とのフォーマルなルートを規定している。これが、個々人がみずからを関係づけ

ねばならない職場状況の一側面——フォーマルな組織によって規定されたフォーマルな行動パターン——である」(Roethlisberger 1941：122, 野田ほか訳：143)。

一方、人々はフォーマル組織の中で互いに親密で個人的な関係を結び、インフォーマルな社会集団を作っている。成員の行動は組織図には明示されないが、インフォーマルな集団内でのインフォーマルな行動規範（掟）によって定められている。そこには感情の論理が働き、コストと能率が必ずしも判断の基準とならない。インフォーマル集団の個々人は「一定の行為規範、日常行動のパターン、および共通した思考方法をもち、これらにのっとって思考し、行動している」(Roethlisberger 1941：122, 野田ほか訳：143) のである。

レスリスバーガーは組織内のインフォーマル集団が個人に安定感と満足感を与え、決して「悪い」ものではないと主張し、その位置づけを次のように論じている。「経営組織内においてこれらのインフォーマルな組織は、きわめて健全かつ正常な役割を担うものである。それらは組織の成員である人々に、安定感、帰属感、一体感といったものを起こさせている。人々の効果的な協働は、大部分インフォーマルな行動規範および常規に依存している。それらのものなしには、いかなる組織もたんに強制と支配とによって維持されうるにすぎないのであって、それらこそ、社会的協力のための効果的基盤を提供するものなのである」(Roethlisberger 1941：123, 野田ほか訳：144)。すなわち、レスリスバーガーはフォーマル組織とインフォーマル集団が相互依存関係にあり、両者のバランスが保たれて初めて効果的な協働関係が確保されると強調している。また、ここで見逃してはならないのは、インフォーマルな集団関係がトップ経営者層を含めて企業のあらゆる階層に存在するため、すべての組織成員がフォーマル組織の一員であると同時に、インフォーマル集団の一員でもあり、コスト・能率の論理と感情の論理の両方を併せ持つことである（大橋ほか 2008：93）。

以上のように企業に併存しているフォーマル組織とインフォーマル集団、さらに技術組織を含めて、レスリスバーガーはこれらを一つの社会システム (a social system) として捉えている（図表2-3）。社会システムとしての経営組

図表 2-3　社会システムとしての経営組織

出典：Roethlisberger and Dickson 1939：565より作成。

織は「各部分があらゆる他の部分に対して相互依存の関係にあり」(Roethlisberger & Dickson 1939：551)、この経営組織を、企業経営の異なる機能を担う技術組織と人間組織に区分することができる。技術組織は建物、道具、機械、原料などの技術的手段を意味し、その成果はコスト、能率のいかんによって評価される。一方、人間組織は組織内の個人と、複数の個人によって形成される社会組織からなり、その中にはフォーマル組織とインフォーマル集団が含まれている。このように、社会システムは、生産活動に関する技術組織と人間の協働に基づいた人間組織との相互作用のうえに成り立っており、どちらも欠くことのできない存在なのである。人間関係論は、テイラーの科学的管理法とは違って、工場の技術体系に人間に適応させるのではなく、経営組織の中で技術組織と人間組織を同じレベルに位置づけている。さらにいえば、両者が相互依存・相互作用の関係にあると考え、「対内的均衡」(internal equilibrium) を図ることで従業員の協働すなわち労働意欲を確保することを重要な課題としているのである（進藤 1978：186 を参照、詳しくは Roethlisberger and Dickson 1939：553-568)。

3　経営組織における三大人間問題の提示

　レスリスバーガーは従業員を経済人と見なして対処してきた従来の労務管理論を批判し、次のように述べている。「人間問題は人間的解決を要求するというのが、私の主張にほかならない。まず第一に、われわれは人間問題に接した場合、それをそのようなものとして認識することを学ばなければならない。そして第二に、それを認識する際、われわれはそれをあたかも何か別ものであるかのようにではなく、まさに人間的な問題として取り扱うことを学ばなければならない。われわれは、しばしば言葉のうえでは人間的要素（human factor）の重要性について冗舌をふるうが、現実の行動の場において人間問題を正しく認識し、さらにそれを人間的問題として取り扱うことは、ほとんどないといってよい。人間問題がそれにふさわしい人間的解決を与えられるためには、人間的資料（human data）と人間的な道具（human tools）とが必要なのである（傍点引用者）」（Roethlisberger 1941：9, 野田ほか訳：10-11）。このような見解を持つレスリスバーガーは、経営組織の直面する最大の人間問題が、組織の共同目的を達成するために人々を協力させるにはどうしたらよいか、ということに尽きると指摘し、適切な労務管理を行うために解決しなければならない経営組織の人間問題を次のとおり提示した（Roethlisberger 1941：110-111, 野田ほか訳：131）。

①　組織内におけるコミュニケーションの経路（channels）に関する問題。
②　組織内の均衡状態（a condition of balance）を維持する問題。
③　個々人を集団に適応させる問題。

　以下では、この三大人間問題を具体的に見よう。

(1) 組織内におけるコミュニケーションの経路に関する問題

　レスリスバーガーによれば、経営組織内に良好なコミュニケーションがあって初めて、従業員は組織の共同目的の達成に向かって、自分の義務と責任を自覚することができ、また、作業方法・作業状況に関する自分の気持ちや感情を表すことができる。

　経営組織内のコミュニケーションは、組織の規模が大きいほど、上層部と

下層部との意思疎通が難しくなる。組織における情報伝達は上から下へ、そして下から上への2つのチャネルを通じて行われるが、上層が下層に伝達する内容は見たり、触れたりすることのできる、具体的な事柄（指示・命令・通達など）に集中しているため、コミュニケーションは比較的とりやすい。これに対して、下層から上層への伝達はより漠然とした事柄が多く、また目に見えない人間の感情が絡んでいるので、正確なコミュニケーションは困難である（Roethlisberger 1941：111, 野田ほか訳：131-132）。さらにコミュニケーションに関しては第一線の監督者の役割がきわめて重要であるが、彼らは優れたフォーマル組織の価値基準に基づいて行動し、経営組織が感情システムであることを理解していないため、フォーマル組織とインフォーマル集団のアンバランスを招いてしまったとレスリスバーガーは考えている（進藤 1978：198）。彼は、世の中には能率的生産のための技術的条件さえ確立すれば、人間問題は自然的に解決される、または人間問題は熟練経営者の直観的な観察に委ねておけばそれで十分だ、などの考え方を批判したうえ、組織内のコミュニケーション問題、特に下から上への意思伝達・情報伝達の通路が塞がれる問題を解決するために、「業務の執行と監督の任にある人々」は、責任を持ってコミュニケーションを良好な状態に維持し、「人々の衷心からの奉仕を獲得する」ように役割を果たさなければならないと説き、フォーマル組織が必要な技術や方法を用いて、労働者層の人間的満足、不満足に関する情報を正しく提供すべきだと強調した（Roethlisberger 1941：114, 野田ほか訳：134-135）。

(2) 組織内の均衡状態を維持する問題

近代産業におけるもう一つの重要な人間問題は、組織内の社会的均衡の問題である。レスリスバーガーは従業員が自らの欲求に従って、進んで職務の遂行に協力できる態勢を作るためには、組織内部の均衡状態を維持する必要があると論じている。

均衡状態とは何か。レスリスバーガーによれば、それは第一に、低コストで製品を生産する技術的目的と、従業員に意義のある職場生活を送らせる社会的目的とを同時に達成する状態のことであり、第二に、企業内に存在しているさまざまな社会集団（インフォーマル集団）が、他の集団と対立しないよ

うな状態のことである（Roethlisberger 1941：112, 野田ほか訳：132-133）。また、個人と組織との関係から見れば、個人の要求と個人が置かれた状況との均衡も問題となる。すなわち、「ある人間の満足、不満足は、(a) 彼が現在の状況に対して抱いている諸々の要求と、(b) その状況が彼に対して課している諸々の要求との二つに関係している。それゆえ均衡を保つためには、彼はこれら二通りの圧力をうまく調和させなければならない。もしも、彼が自分の仕事に対して求めている社会的満足と、その仕事から彼が得ている社会的満足との間に、あまりにも大きなギャップがあるとすれば、彼はその心に不満を持つこととなろう」（Roethlisberger 1941：120, 野田ほか訳：141）。こうした個人に対する状況の要求と、状況に対して抱いている個人の要求との間に絶えず調整の問題があり、これが経営組織内の人間の問題を取り扱う重要な手掛かりとなる。このように経営組織における均衡の問題を技術問題としてではなく、人間問題として位置づけていることに大きな意義がある。

(3) 個々人を集団に適応させる問題

レスリスバーガーは適応の問題について次のように指摘している。個々人を集団に適応させる問題とはすなわち、集団への適応、あるいは状況の変化への適応に困難を感じている従業員に対して、管理者が彼らが適応しやすいように、何らかの措置をとったり、配慮を払ったりすることである。適切な職務配置はもちろん必要だが、それだけでは不十分である。従業員が職務から得られる満足度を高めるために、作業条件を調整すると同時に、従業員が職務に抱いている過度の要求をも調整しなければならない。従業員は新しい職場へ異動する場合、新しい状況への適応が求められるが、それは新しい仕事に関する技術的な適応だけでなく、新しく配属された作業集団の行動規範への適応も避けられないので、経営者はこれらの従業員に対して理解と、適応するための時間を与えるべきであろう（Roethlisberger 1941：113, 132, 野田ほか訳：133, 154）。

以上のように、レスリスバーガーは経営組織における人間問題を単なる個人の問題としてではなく、職場および組織全体の社会的状況の中で捉えるべきだと認識しており、経営組織における中心的な部分は技術組織ではなく、

個人と社会集団を含む人間組織であることを提起したのである（進藤 1978：200）。

第3節　人間関係論の意義と限界

　レスリスバーガーの *Management and Morale* に寄せたメイヨーの序文には、次のような叙述がある。「これまで、われわれの関心は能率化の一点にのみ注がれ、よき人間関係の維持に関しては、まったくかえりみるところがなかったといえよう。われわれは能率的方法を実施することは知っていても、よき人間関係——緊密なチーム・ワーク——を確保する方法に関しては、いささかも知ってはいないのである」と（Roethlisberger 1941：xix-xx, 野田ほか訳：9）。ホーソン実験と人間関係論によって、労働者は初めて経営学の研究対象として表舞台に登場した。ベンディクスは経営イデオロギーに対するメイヨーの貢献を次のように評価している。「メイヨーは人間の本性に再解釈をほどこすことによって、労働者も職員も経営者についても、再び同一の基本的人間性によって論じうることを可能にしたのである。……かくて、労働者のみならず経営者も科学的分析の対象となった。なぜなら、メイヨーは一連の科学的研究に基づいて労使のイメージをつくりあげたからである」（Bendix 1974, 大東ほか訳：438-439）。メイヨー、レスリスバーガーらによって展開された人間関係論は、合理的に行動する従来の「経済人モデル」に対して、労働者は利己的な個人ではなく、非合理的な態度と感情を持った人間であり、職場の人間関係に社会的欲求を求めようとする「社会人モデル」を提起した。こうした人間の社会的感情や欲求が経営組織、マネジメントに持つ重要性を考えれば、人間関係は画期的意義を有するといわねばならない。

　しかし、人間関係論は人間の感情的側面を強くアピールし、インフォーマル集団の優位において人間問題を位置づけているため、フォーマル組織の持つ組織本来の共通目標や合理的側面を軽視する「組織不在の組織論」と批判され、その限界が指摘されている。シャイン（Schein, E. H.）はフォーマル組織を理解するために調整・共通目標・分業・統合の4つの概念を提起し、

フォーマル組織を次のように定義している。「組織とは、何らかの共通の明確な目的・目標を、労働・職能の分化を通じて、また権限と責任の階層を通じて達成するために人々の活動を計画的に調整することである」(6)。人間は感情を持つ存在であると同時に、社会的な動物として、何らかの組織に所属し、個人的な目的を持って行動する存在でもある。人間関係論では人間の感情面が強調されるあまり、自らの目的や役割を持ち、自律的に行動する人間があまり考察の対象とはならなかった。

また、ギルソンは、レスリスバーガー／ディクソンの著書では、労働組合運動や当時の労使対立についてほとんど言及されていないことがまことに奇異だと指摘し、1928～30 年に実施されていた従業員面接調査についても、労働組合運動に関連する話や会社側を批判した例がほとんどないと記述されていることに驚き、人間関係論の論者らが労働の現場をあまりにも知らなさすぎると批判している(7)。

ホーソン実験以降、人間の社会的欲求や人間の動機づけを捉え直そうと、数多くのアプローチが生まれた。マズローの「自己実現理論」、マグレガーの「X 理論・Y 理論」、ハーズバーグの「動機づけ・衛生理論」、リッカートの組織論などがそれであり、人間の心理的満足度と生産性への動機づけとの関連が、行動科学的アプローチとして追究されるようになった。

注：
(1) ホーソン効果とは、人間は組織の中でも人間的社会的存在として扱われ、作業方法等で相談を受けたりすると、仕事にやりがいを感じ、それがたとえ作業条件が悪い場合であったとしても、作業遂行に努めるという人間関係論的効果のことであり、従業員の態度と感情が決定的に重要であるとされる。レスリスバーガーらが規定するこの効果は、フレンチ（French, J. R. P., Jr.）によってホーソン効果と命名された。竹林浩志（2013）「ホーソン・リサーチ」吉原正彦編著『メイヨー＝レスリスバーガー――人間関係論』53 頁、69-74 頁を参照。
(2) この実験が本質的にいつまで続いたかについては、論者によって捉え方に違いがあるが、本書では Roethlisberger and Dickson 1939 の見解に依拠して 13 期までとする。
(3) 大橋昭一・竹林浩志の研究によれば、12 期の作業能率について評価が分かれている。称賛派として、キャリーは 12 期の成績を、人間行動が労働条件の変

化等に必ずしもこだわらないというホーソン効果を実証したものとし（Carey, A., "The Hawthorne Studies: a Radical Criticism", *American Sociological Review*, 1967, Vol.32, No.7, pp.860-862）、またレスリスバーガーは、12期以降では実験担当者たちはこれまでの考え方を根本的に改め、従業員の態度とセンチメントが決定的に重要なことを知った。これは偉大なる光明であり、新しい光であり、この実験で得られた光明であった、と述べている（Roethlisberger 1941：15, 野田ほか訳：18）。一方、ジレスピーは称賛派の結論に懐疑的であり、12期では被験者らの賃上げ要求が拒否されたため、彼女たちはかなり意気消沈したと指摘し、この当時において人間関係論的思考を生み出すひらめき的なものや、革命的発見は特に感じられるものがないとの結論を出している（Gillespie, H., *Manufacturing Knowledge: a History of the Hawthorne Experiments*, Cambridge：Cambridge University Press, 1991.）。大橋・竹林は懐疑派の立場に立ち、「12期の条件のもとでの実験作業室の運営は、実験メンバーたちとのかなりの軋轢のもとに、管理側のかなり積極的なリードのもとに、つまりかなりの無理押しのもとに、ようやく遂行されえたものである、といわれてもやむをえないところがある」と論じている（大橋ほか 2008：39）。

(4) *The Human Problems of an Industrial Civilization*, 1933.（村本栄一訳『産業文明における人間問題』日本能率協会、1951年）、*The Social Problems of an Industrial Civilization*, 1945.（藤田敬三・名和統一訳『アメリカ文明と労働』有斐閣、1951年）、*The Political Problems of an Industrial Civilization*, 1947.
(5) 例えば、進藤 1978：256-257、佐久間ほか 2013：114。
(6) シェイン著、松井賚夫訳（1981）『組織心理学』岩波書店、13-17頁。
(7) 大橋ほか 2008：105、詳しくは Gilson 1940：98-101。

第3章

バーナードの人間観

　近代組織論の始祖と称されるバーナード（Barnard, C. I. 1886-1961）によって、従来の管理論的組織論が覆され、新たに人間中心、組織分析中心の「組織論的管理論」が構築された。バーナード理論を組織論的管理論と名づけたのは飯野春樹である。彼によれば、「組織論的管理論とは、『人間行動のシステム』としての組織そのものの本格的な理論を基礎理論とした管理論」であり、「『人間の顔をした』組織論に基づく管理論」である（飯野 1988：10, 1992：123, 158）。バーナードはその主著 The Functions of the Executive（『経営者の役割』）の中で、組織や人々の行動を研究しようとすれば、どうしても「個人とは何か」「人間とは何を意味するのか」「人はどの程度まで選択力や自由意思をもつものか」などの疑問に直面せざるをえない（Barnard 1938：8, 山本ほか訳：8）、すなわち、人間論を避けて協働体系、および協働体系の決定要因である組織を論じることはできないと述べている。そのために、バーナードは協働体系、組織、管理に関する分析に先立ち、それらの構成要素である人間の考察から出発したのである[1]。本章では、第1章、第2章で考察したバーナード理論以前の科学的管理法（「経済人」仮説）、人間関係論（「社会人」仮説）の人間観を顧みながら、従来の人間仮説を統合した「全人」仮説を打ち立て、動態的で多面的存在としての人間観を提示したバーナードの人間モデルを概観する。

第1節　科学的管理法と人間関係論の限界

1　テイラーの人間観とその限界

　バーナードが「経営学の巨人」「近代組織論の始祖」と称されるのに対して、

テイラーは「経営学の父」と呼ばれている。第1章で述べたように、テイラーは効率性、合理性を究極の目的として追求し、工場における仕事と管理を根本から変えた人物である。テイラーの科学的管理法によって近代の経営学が成立したといえよう。

　テイラーは生涯を通じての最大の関心事は労働統制であった。課業管理、差別出来高給制度、時間研究・動作研究、計画と執行の分離、「組織的怠業」の除去など、テイラー・システムの主要技法はすべて「御し難い」労働者をどう管理するか、という問題から出発している。テイラーが考案し、開発したこうした労働管理、生産管理の諸制度・諸技法はアメリカ、ヨーロッパ、さらにアジアに広がり、世界の生産性の増大に大きく寄与した。テイラリズムは今日に至ってもビジネスに強い影響を与え、また今後も与え続けるであろう。

　テイラーの人間観を見ると、彼は労働者を「経済人」と見なし、その人間観・労働者観の基底には「労働者性悪説」というべきものが存在している。そこには労働は賃金と引き換えに苦痛、疲労、従順を伴うとの前提があり、賃金をもらっていながら楽しく能動的に働くことはありえないという認識があった。また、労働意欲については、職場組織における人間関係はマイナス面の影響こそあるものの、モチベーションへのプラス効果がまったくないと想定されていた。テイラーの人間観は後に「機械的人間観」であるとして批判されている。機械的人間観とは、頭脳労働は管理者が担当すべきであり、労働者はもっぱら肉体労働に従事し、機械の歯車のようにひたすら働けばよく、労働者の働く動機はただ経済的報酬を得るためである、という考え方であった。この「機械的人間観」は労働者を無感情の人間機械のように働かせ、人間の視点が欠けるものとして、当初より熟練労働者および労働組合（アメリカ労働総同盟）から強い抵抗があった。ベンディクスは経営イデオロギーの視点から次のように指摘している。すなわち、当時のアメリカの雇用者から見れば、経営権限の絶対性を確保するために、「労働者の従順性の方が独立性や自発性よりもはるかに重要」であり、「科学的管理法はこの方向にさらに一歩を進めた」（Bendix 1974, 大東ほか訳：401）と。

2　人間関係論の人間観とその限界

　労働は人間の行為である。人間の行為には必ず意味がある。しかし、科学的管理法の考え方では、そうした人間行為の意味がなくされ、労働者の労働過程への参画が阻まれ、労働者の人間性・自主性・創造性が排除されることになる。社会問題として指摘されたこうした労働の非人間化、それに起因する労働疎外感、労働意欲の喪失、その結果としての生産性の低下に対処するべく、テイラーの人間観のアンチテーゼとして提起されたのが人間関係論である。

　テイラーの「経済人」仮説に対して、人間関係論の人間観は感情を持つ非合理的、没論理的な「社会人」仮説に立っている。この理論は新古典派と呼ばれ、ホーソン実験の結果に基づいて、人々が他人との社会関係の中で働き、その関係を通して精神的均衡を維持しているため、作業能率や生産性を社会的要因との関係の中で解釈しなければならないと主張している。いわゆる「人間性の発見」である。人間関係論をきっかけに、社会的存在としての人間は初めて経営学研究の表舞台に登場したのである。

　テイラーが労働者を「無感情の人間機械」と見なしているのに対して、メイヨー、レスリスバーガーなどの人間関係論者は労働者の態度や感情の重要性を強調している。すなわち、労働者は感情のある人間なので、賃金、労働時間などの労働条件のほかに、誇り、優越感、責任感、仲間意識（連帯感）なども当然労働者の意欲、さらに集団のモラールの形成と維持、生産能率を左右する要素となるのである。また、人間関係論はフォーマル組織に対して、「感情の論理」によって支配されているインフォーマル集団が存在し、組織の中で重要な役割を果たしていることを立証した（第2章参照）。

　しかし、人間関係論はインフォーマル集団の優位において人間問題を位置づけているため、フォーマル組織の持つ組織本来の共通目標や合理的側面を軽視する「組織不在の組織論」と批判され、その限界が指摘されている。

　このように、科学的管理法と人間関係論は現代の経営学の確立、および労

務管理、生産管理に対して画期的な貢献をしたが、その人間観である「経済人」仮説、「社会人」仮説には限界があることが明らかである。人間は生存するためにまず経済的欲求を満足させ、そのために組織の一員になり、組織に貢献したいと考えるが、しかし、それと同時に、人間は感情を持つものなので、報酬面での欲求が満たされれば、それ以外の非経済的・非物質的欲求が生まれ、仕事への誇り、尊敬・信頼されている人間関係、仲間との連帯感といった「気持ち」が、継続的に組織に貢献する意欲を影響する大きな要素ともなりうるのである。「経済人」仮説、「社会人」仮説は、どちらも人間が持つ特性の一つ（人間性の一側面）を表すものだが、一方をとれば他方を否定するような「二者択一」的な方法では「組織における人間」を捉えきれないのであろう。バーナードは「全人」仮説を打ち立てることで、「経済人」「社会人」を統合した人間の全体像を描き出すことができたのである。鈴木幸毅が指摘したように、「『バーナード革命』と喧伝されるゆえんは、古典理論と新古典理論とを一定の方法論的視座に立って統合し、組織メンバー、とくに労働者を客体としてではなく主体として認める視点、主体者意識の重要性認識、主体の論理を確立したと解されるからである」[2]。以下では、バーナードの人間観をその主著『経営者の役割』を通して見ていこう。

第2節　バーナードが描いた人間像

1　個人とは何か

　組織で働く人間は一定の制約を受けながらも自由意思と感情、そしてさまざまな欲求を持ち、一定の範囲内ではあるが、自己の行動について選択力、責任を備え、それぞれ多様で複雑であり、目的を達成するために積極的に環境に働きかける意思決定力を有する存在である、これがバーナードの人間観の出発点であり、彼の理論展開の基礎となっている。言い換えれば、バーナードの視点には組織における個々人が根底に据えられているのである。
　バーナードは「個人」を次のように総括的に規定している。「個人とは、

過去および現在の物的、生物的、社会的要因である無数の力や物を具体化する、単一の、独特な、独立の、孤立した全体を意味する」(Barnard 1938：13, 山本ほか訳：13)。すなわち、個々の人間は現在および過去の物的、生物的、社会的力や物の合成物なので、一定の範囲内で自由意思、選択力、責任を持つと同時に、物的、生物的、社会的要因によって制約（limitations）されるという。

　物的要因とは人間の外見的なものであり、物理的に考えれば、人体には重さや大きさや形があり、他の物体と同じように「もの」として扱われる。例えば、飛行機の最大積載量を考える場合、人間（乗客）は機体重量、燃料、手荷物、貨物と同じように体重73kg（国内線64kg）と想定される人を何人載せられるかが問題となり、この場合は人間の他の特性がほぼ無視される。ただし、人間が現実的にはさまざまな影響や制約を受けることを考えれば、この物的要因だけを取り出す（他の要因と切り離す）ことは不可能であり、また無意味である。

　生物的要因とは、「たんなる人体は人間ではない」(Barnard 1938：11, 山本ほか訳：11)、人間は生き物として存在しているということである。バーナードは「生きものとしての人体は、その内外のたえざる変化や広範な変異にもかかわらず、適応力、内的均衡を維持する能力、したがって継続性をもっている。そのうえ、経験の能力、すなわち過去の経験を生かして適応の性格を変える能力をもっている。このことは人体そのものが物的なもの、ならびに生物的なものという二つのものから成り立つ一つの有機体であることを意味する」と述べている (Barnard 1938：11, 山本ほか訳：11)。生き物としての人間は、環境への適応力、均衡を維持する能力、そして過去の経験を生かす能力を持っているため、単なる物体とは異なり、物的なものと生物的なものからなる一つの有機体なのである。

　社会的要因とは、物的、生物的要因とともに、人間有機体に関する第三の要因であり、これによって人間の個性・特性が決定づけられるのである。バーナードは「人間有機体は、他の人間有機体と関連をもたずしては機能しえないものである」(Barnard 1938：11, 山本ほか訳：11) と指摘し、親に育てら

れている幼児はもちろんのこと、人間はすべて他者に依存し、他者との相互作用の中で生き、他者との社会関係を結ぶことで存在し、機能しうる社会的存在であると説いた。テイラーの科学的管理法は人間を物的存在として把握し、職務を遂行する人間が命令に従って作業する受動的な存在として認識しているため、労働者から激しい非難を浴びた。人間関係論はそうした人間の社会的側面、つまり人間は感情を持ち、他者との関わりの中で生きていく存在であることを提示し、この主張がバーナードに認められ、その人間観に統合されていったのである。

2 人間（個人）の特性

バーナードは、「個人」とはいっても、見る視点によっては非常に異なってくると強調している。すなわち「一方では、姓名、住所、履歴、名声をもつ個々の、特定の、独特な、ただ一人の個別的人間が問題とされる。他方では、組織全体、あるいは組織の末端部分、調整によって可能となる努力の統合、集団を構成する人間が問題とされるようになると、個人はその情況では重要性を失い、非個性的な性格をもつ他の何ものかが重要なものとみなされる」（Barnard 1938：9, 山本ほか訳：9）。組織の中で存在する人間は2つの側面行動を併せ持っている。一つは個人的な目的や関心から行動する側面であり、これを個人人格というが、もう一つは組織（協働システム）に属し、その一員として共通の目的を達成するために行動する側面であり、これを組織人格という。バーナードは個人が一定の特性を持っていると考え、その特性を以下の4点に要約している。

① 活動ないし行動（activity or behavior）： バーナードは活動（その容易に観察される側面が行動である）が個人の重要な特徴であり、活動（行動）なくして個々の人間はありえないと捉えている（Barnard 1938：13, 山本ほか訳：13）。すなわち、人間は常に活動的であり、活動状態にあるので、能動性、主体性を含意するのである。

② 心理的要因（psychological factors）： バーナードは人間の活動または行動の背後には心理的要因があり、個人の行動が心理的要因の結果であると

指摘している。こうした心理的要因は動機と呼び換えられるが、動機は個人により異なるし、また個人は常に活動しているので、同じ人間でも時間の経過とともに不断に変化する。したがって、個人に対して、経済人のように、常に金銭的合理性を追求して動く安定した行動は期待できない。個人の動機に影響を与え、組織への参加を促すためには、経済的誘因に加えて、個人の心理状態を変え、非経済的・社会的誘因を与えることが必要とバーナードは考えた（眞野 1987：33, 35）。

　バーナードは人間の心理的要因を「個人の経歴を決定し、さらに現在の環境との関連から個人の現状を決定している物的、生物的、社会的要因の結合物、合成物、残基を意味する」(Barnard 1938：14, 山本ほか訳：14) と説明している。すなわち、人間の動機を決定づけるのは、生まれつきの物的、生物的な要素のほか、他者との社会的関係の結果、さらに人間の本能に対応する情緒的な部分や心理的要因といった総合的な要素である。バーナードの個人の行動に対する理解は、「合理的・意識的行動以外に無意識的・反射的したがって非合理的な行動が同じウエイトをもって含まれる」（眞野 1987：34）のである。

　③　限られた選択力 (the limited power of choice)：　バーナードは人間には選択力、決定力、および自由意思がある (Barnard 1938：14, 山本ほか訳：14) と述べ、人間を自律的存在として捉えている。そして、「自我意識をもたず、自尊心に欠け、自分のなすこと考えることが重要でないと信じ、なにごとにも創意をもたない人間は、問題であり、病的で、精神異常で、社会的でなく、協働に適しない人である」(Barnard 1938：14, 山本ほか訳：14) と強調している。しかし、一方では、人間の選択力は無限ではなく、限られているものである。なぜなら、人間は物的、生物的、社会的要因に制約されているからである。バーナードはこの限られた範囲内で選択力を行使するために、個人的責任、道徳的責任、法律的責任を持つことが、自律的人格を保持するために必要である (Barnard 1938：14, 山本ほか訳：14) と説いた。人間はさまざまな制約を受けながらも、一定の方向に向かって、自由意思を持って選択し続ければ、やがてそうした制約要因を大いに変えることができよう (Barnard 1938：16, 山本

ほか訳：16)、これがバーナードが示した人間観である。

　④　目的（purpose）：　ここでは、バーナードは組織化された活動に関連する目的を問題としているが、意思を行使できるように選択条件を限定することを、「目的の設定」または「目的への到達」という（Barnard 1938：15, 山本ほか訳：15)。人間は自らの限られた選択力に対応して、選択条件や選択の幅を限定し、目的達成の可能性を高めようとする。しかし、目的が実行された結果、求めた結果とともに、求めない結果も常に伴う。これらの求めない結果は些細なものもあれば、そうでない場合もある（Barnard 1938：19-20, 山本ほか訳：19-20)。当初設定された目的が達成できても、目的の欲求が変化することで、満足が得られない事態もありうるし、また目的が達成できなくても、欲求（動機）が満足させられることもありうる。バーナードは目的の達成と満足の達成とを区別して、その関係を「有効性」と「能率」の概念で表している（第3節参照)。

　以上に述べた人間の特性こそ、バーナードの人間論、組織論の基本的な公準である。人間行動の心理的な力について理解がなければ、「協働体系の理論や組織の理論の構成も、組織の行動、管理者やその他組織参加者の行動の意義ある説明もこれをなしえない」（Barnard 1938：15, 山本ほか訳：15）であろうとバーナードは論じた。

第3節　バーナード理論における「有効性」と「能率」

　上述のとおり、バーナードの人間観は、物的、生物的、社会的要因の統合物としての人間が一定の制約を受けながらも、選択力、自由意思を持ち、さまざまな動機（欲求・衝動・欲望）のもとに行動する自律的人間観である。

　バーナード理論には有効性と能率という重要な対概念があり、「〈有効性〉effectiveness と〈能率〉efficiency は、バーナードの理論を貫くキーワードとなって」おり（三戸 2002：196)、「組織と個人の統合をめざすバーナード理論の最も特徴的な表現が有効性と能率の併立である」（飯野 1992：114）と指摘されているように、組織目的の達成度と個人動機の充実度の統合、合理性

と人間性の統合を目指したことこそ、バーナードの組織論に対する最大の貢献であり、同理論が「人間の顔をした」組織論と称されるゆえんである。本節では、バーナードが提起した有効性と能率について、その含意を再確認し、彼の組織・個人関係の視点を探る。

人間は動機を満たすために目的を設定し、また目的を達成するためにさまざまな行動を起こす。バーナードによれば、「ある特定の望ましい目的が達成された場合に、その行為は『有効的』である」(Barnard 1938：20, 山本ほか訳：20)。しかし、たいていの場合、行為は意図しない結果をもたらしたり、求めもしない結果を伴う。求めていない結果が重要ではなく、些細なものであれば、その行為は「能率」的である。求める目的が達成されず、求めもしない結果が動機を満たす場合、その行為は能率的ではあるが、有効的ではない。しかし、その行為は「求めざる結果」によって正当化されることがある (Barnard 1938：20, 山本ほか訳：20)。

有効性と能率は個人的行動（行為）だけでなく、協働、組織行動にも適合する。バーナードの協働、組織行動の有効性と能率の理論は、次のように展開されている。

個人が受ける制約や限界を克服する必要から協働が生まれる。「協働は、個人にとっての制約を克服する手段として存在理由をも」ち (Barnard 1938：23, 山本ほか訳：24)、「協働体系とは、少なくとも一つの明確な目的のために二人以上の人々が協働することによって、特殊の体系的関係にある物的、生物的、個人的、社会的構成要素の複合体である」(Barnard 1938：65, 山本ほか訳：67)。協働体系内のサブシステムとして、共通の目的を達成するために協働する人々の活動システムであるフォーマル組織がある。フォーマル組織とは、2人以上の人々の「意識的に調整された人間の活動や諸力の体系」(Barnard 1938：73, 山本ほか訳：75) と定義され、協働システムを環境の中で維持していくためにフォーマル組織が必要である。バーナードは組織成立の3要素として、(1) 人々が協働（貢献）しようとする意欲、(2) 共通の目的の達成、(3) 伝達（コミュニケーション）が必要である (Barnard 1938：82-91, 山本ほか訳：85-95) とし、組織を存続させるためには、「有効性または能率のいず

れかが必要であり、組織の寿命が長くなればなるほど双方がいっそう必要となる」(Barnard 1938：82, 山本ほか訳：85) と強調している。

バーナードは「われわれが協働の『有効性』というところのものは、協働行為の確認された目的を達成することであり、達成の程度が有効性の度合を示すのである」(Barnard 1938：55, 山本ほか訳：57) と述べているが、言い換えれば、組織行動（協働行為）における有効性とは、初期の組織目的をどの程度達成できるかを示すものであり、組織の存続はまずその目的の達成（有効性の確保）に依存しているのである。ただし、ここには一つの逆説が含まれていることに注意しなければならないとバーナードは指摘する。つまり、「組織は、その目的を達成できない場合には崩壊するに違いないが、またその目的を達成することによって自ら解体する。……したがって、たいていの継続的組織は、新しい目的をくりかえし採用する必要がある」(Barnard 1938：91, 山本ほか訳：95)。

一方、組織行動における能率については、バーナードは次のように説明している。「協働的努力の有効性は、協働体系の目的の達成に関連し、その体系の要求という観点から決められるものであるが、能率は個人動機の満足に関連する。協働体系の能率は、その構成員としての努力を提供する各個人の能率の合成されたものであり、したがって各個人の観点からみられたものである。個人は自分の行為によってその動機が満たされていることがわかると、協働的努力を続けるし、然らざる場合には続けない。彼が協働しない場合、協働体系からのこの脱落が協働体系にとって致命的となる場合があるかもしれない。……かくして協働体系の能率とは、それが提供する個人的満足によって自己を維持する能力である。これは協働体系を存続させる均衡の能力、すなわち負担を満足と釣り合わせることといえよう」(Barnard 1938：56-57, 山本ほか訳：58-59)。組織の能率とは要するに、各個人の動機、欲望をどの程度充足できるかを示すものであり、誘因と貢献のバランスの問題である。組織の構成員は組織に対する自分の貢献が「能率的」と考えれば、貢献を継続するが、組織で働くことに満足が得られなければ、組織への貢献を控えるか、やめるであろう。

さらに、能率は個人の動機を変えるか、個人に生産成果を分配するか、のいずれかの方法によって維持できる。人によって物質的な物（金銭や食物など）が必要な場合もあれば、社会的利益（非経済的誘因、例えば誇りや自尊心など）が必要な場合もあるが、ほとんどの人には「物質的利益と社会的利益の双方がさまざまな割合で必要である」(Barnard 1938：57, 山本ほか訳：59)とバーナードは指摘する。

　バーナードは組織を「個と全体」の対立的存在として捉え、この対立を統合するために、有効性と能率、すなわち組織目的の達成と個人満足の達成の均衡理論を作り上げた。組織目的の達成とともに個人目的の達成が必要である。なぜなら、「組織の生命は、その目的をなしとげるに必要なエネルギーの個人的貢献……を確保し、維持する能力にかかっている」(Barnard 1938：92, 山本ほか訳：96-97)からであり、有効性のない組織も、能率のない組織も存続しえないからである。

注：
(1)　飯野春樹、三戸公は、バーナードの理論体系が「人間論」「経営論」（協働体系論）「組織論」「管理論」の四層構造をなしているとしている（飯野 1992：21、三戸 2002：170-171）。
(2)　鈴木幸毅（1997）「バーナード理論と『労働の人間化』」鈴木幸毅・池内守厚編著『バーナード理論と労働の人間化』税務経理協会。

第4章

日中の組織・個人関係の思想的源流

　本章では、日本と中国で展開された儒教的行動原理を浮き彫りにし、日中の組織・個人関係の思想的源流を探る。組織は人間からなり、経営者と従業員、上司と部下など、組織と個人関係の中心は構成員相互間の人間関係ともいえる。一方、儒教の着目点はもっぱら人倫、すなわち人間関係のあり方にある。また、いかなる組織のいかなる目標達成も、構成員の行為・行動抜きに語れないが、儒教的行動原理そのものが、そうした行為・行動の判断基準・評価基準となっている。儒教的倫理社会では、組織と個人の関係が儒教の影響を受けるのは、程度の差こそあれ、避けられないだろう。

　儒教は中国で生まれてから今日に至るまで2500年の歴史があり、漢王朝から清王朝まで中国の国教として君臨し、儒教の中国人の行動様式に与えた影響は絶大なものである。近現代以降、民国初期およびプロレタリア文化大革命（以下、文革と称す）における儒教への批判があったものの、儒教的価値観は依然として生きている。

　日本の場合もほぼ同じことがいえよう。早くから儒教を受容した日本では、江戸時代に儒教（朱子学）は幕府の官学となり、そして明治から第二次世界大戦終戦まで、それまで以上に大きな影響力を保っていた。アメリカ人研究者のフーブラーは日本、韓国、台湾などにおける儒教の影響について次のように述べている。「これらの国や地域では、日常生活において儒教的価値観が歴然としており、権威に対して敬意を払うことが当然のこととされている。人びとは工場や事務所で長時間労働に従事し、従業員と経営者との協力がお題目になっている。従業員に相談せずに物事を決定する経営者はいないし、決定がひとたびなされれば、その決定を実行するために全員が協力する。従業員は時間外労働を自発的に申し出るし、仕事を完成させるために休暇を返

上することも少なくない」(フーブラー著、鈴木訳 1994：178)。フーブラーのこの指摘は高度成長期の日本を彷彿させるが、しかし、同じ儒教国の中国では、権威や年長者に敬意を払うことがあっても、従業員と経営者との協力関係は必ずしもここまではなされていないように思われる。日本と中国は同じ儒教の影響下にあったにもかかわらず、なぜこういった違いが生じたのか。それは日本と中国で展開された儒教的行動原理そのものに大きな相違があったからである。日中の組織・個人関係における儒教の影響を明示するために、両国における儒教的行動原理のそれぞれの展開過程を把握する必要があると考える。

第1節 「仁」中心——儒教の根本的原理

　儒教の最も根本的な原理は何か。孔子の「正名」(名を正す) の主張から儒教を「名教」、また「礼にあらざるものを視るな、聴くな、いうな、行うな」など「礼」の強調から「礼教」、さらにその孝重視から「孝道」と受け止めるなど、さまざまな見方があるが、『論語』『孟子』などの思想的展開から見れば、儒教の根底にあるのは「仁」であり、仁こそ儒教の根本原理、儒教の精神そのものである。

1　仁とは他者愛である

　仁とは何か。『論語』の中で「仁」という言葉は109回も登場している (楊 1984：16) が、仁の明確な定義はどこにも見当たらない。弟子樊遅の仁とは何かの質問に、孔子が「人を愛することだ」(『論語』顔淵篇第22章) と答えたことから、仁はおおまかに他者への愛、すなわち他者愛を意味することが分かる。

　他者愛つまり仁の意味合いは、弟子仲弓の同じ質問に対する孔子の答えに、より具体的に表れている。

　　　　仲弓が仁のことをおたずねした。先生がこう言われた。「家の外では、
　　　大切な賓客に会うかのようにし、人を使う際、大切な祭りを行うかのよ

第4章　日中の組織・個人関係の思想的源流

うにすることだ。自分の望まないことは人にするな」（『論語』顔淵篇第2章）。

「自分の望まないことは人にするな」は、いうまでもなく他者への心配り、思いやりである。自分のされたくないことは人にはしない、逆に「自分が立ちたいと思えば、先に人を立たせてやり、自分が目的を遂げようと思えば、先に人に遂げさせてやる」（『論語』雍也篇第30章）、ということである。こうした他者への思いやりは他者愛、つまり仁の中身である。そして、大切な賓客に接する気持ちや、重要な祭りを行う気持ちとは尊敬、謙恭を意味すること[1]から、他者への思いやりと並んで、他者への敬——尊敬、謙恭も仁であり、さらに「忠」——己のまごころを尽くすこともまた仁である。

> 樊遅が仁とは何かの質問をした。先生がこう言われた。「日常生活においては恭、仕事においては敬、人に仕える際には忠。たとい野蛮な地に行っても、それをやめないことである」と（『論語』子路篇第19章）。

つまり、他者への愛情、敬意、思いやり、まごころは仁である。こうした他者への心配りは当然、同時に自分の利己心の抑制を意味する。「己に克ちて礼に復するを仁となす」（『論語』顔淵篇第1章）は自己から捉えた仁の側面である。

したがって、孔子のいうところの仁とは、利己的な欲望を抑え、思いやりの心で人を敬愛し、人に尽くすことであるとまとめることができよう。

仁は仁義礼智信の五常の徳の一つであると同時に、他の4つの徳を内包する徳であり（正しく仁を行うことは「義」、尊敬、辞譲の気持ちは「礼」、是非を弁える道徳的判断力は「智」、まごころ、誠実な心持ちは「信」）、また仁の人を敬い、愛する気持ちは「忠」「孝」「悌」などの道徳諸規範とも相通ずる。「義、礼、智、信、皆仁なり」（程明道『識仁篇』）、「惻隠の心は貫かざる所なし」（朱子『仁説』『朱子文集』巻67）、仁はあらゆる人間関係、道徳的行為、すべての徳目を規定または規制する儒教の根本的倫理原理である。

2　他者愛義務の相互性

仁の他者への愛や敬は決して子から親へ、臣から君へなどのように、下か

ら上への一方的なものではなく、上から下への愛や敬も必要である。つまり、仁の他者への愛情、敬意などは貴賤、尊卑にかかわらず、相手に対して互いになされるものでなければならない。言い換えれば、親子の場合では子の親への愛＝孝が要請されると同時に、親の子への愛＝慈も要請される。君臣の場合では「臣下が君主に事えるにあたって、忠でなければならないのみならず、君上が臣下を使う際、礼を尽くさなければならない」(『論語』八佾篇第19章) ことが必要である。「父慈、子孝、兄良、弟弟 (悌)、夫義、婦聴、長恵、幼順、君仁、臣忠」(『礼記』礼運篇)、親も子も、支配者も国民も、または上司も部下も、他者を愛する義務があり、これはまさに梁漱溟が指摘したとおり、儒教的倫理社会では、「その貴ぶ所、一言で言えば、相手を尊重することに尽きる」「(儒教的) 倫理関係は即ち一種の義務関係、人がまるで自分のために存在するのではなくて、あたかも他人のために存在するような状態にある」のである (梁 1982：90)。

　他者への愛または尊重の義務は平等でなければならず、相互的でなければならない。それは仁の道徳的要請であり、行動の原理でもある。フラハーティは仁を中心とする儒教倫理を「すべての道徳伝統の中で最も耐久性があり、且つ成功した倫理」と位置づけたうえで、次のように指摘している。「儒教的倫理は普遍的倫理で、儒教倫理の行動のルールと義務はすべての個人に当て嵌まる。……儒教は義務の平等性が必要であると主張する……相互依存の倫理ではただ義務あるのみである。すべての義務は相互的である」(小野 2011)。

　仁の他者愛義務の相互性、平等性を端的に示したのは、孔子の「君は君たれ、臣は臣たれ、父は父たれ、子は子たれ」(『論語』顔淵篇第11章) という言葉であろう。斉の景公の政治とは何かの質問に、孔子は、主君は君主の本分を、臣下は臣下の務めを、父親は家長の責任を、子女は家族の務めを、それぞれ果たすことだと答えた (加地 2009：280)。それぞれの務め、つまり義務はもちろん君の仁、臣の忠、父の慈、子の孝であるが、いずれも相手への愛であり、敬であり、思いやりである。己れの義務を果たさずに、相手の義務のみを強要するのは仁の行動原理、仁徳そのものに反する不仁、不義と見な

される。

　義務関係とはいえ、仁はあくまでも個人の内面的原理であり、外側からの強制によるものではない。一方、儒教が目指すのは一人や一部の人の仁への目覚めではなく、社会構成員全体の仁への目覚め、仁に基づいて行動する仁政（相互尊重の仁愛による政治）、徳治社会（構成員の自律、相互義務の達成による秩序の維持された社会）の実現である。個々人の次元では他者愛義務が平等とされながら、社会の次元ではむしろ社会の上層部に立ち、統治またはその補佐の任にある君主や重臣の義務がより強調される傾向が見られる。

　魯国の政治を牛耳る実力者季康子が政治のことを孔子にたずねた際、孔子はこう答えた。

　　　政とは正す。あなたが率先して正しくされたなら、だれもが正しくなろうとつとめましょう（『論語』顔淵篇第17章）。

　　　あなたは為政者として、どうして殺すなどいたしますか。あなたが良き生き方をと願われますならば、人々もそうなります。為政者の徳は風ですし、庶民の徳は草です。草は風にあたれば必ずなびきます（『論語』顔淵篇第19章）。

　為政者など君子の徳を風に譬えた孔子が着目したのは、君子の徳の影響力、感化力である。庶民の場合、他者愛の仁に基づく行動はたとえ素晴らしいものであっても、その影響力がごく限られたものである。一方、社会の頂点に立ち、統治の任にある君主の徳不徳、仁不仁は、統治行為や施策などを通して社会に多大な影響を及ぼす。君主が仁徳の持ち主であり、その政治が仁徳に基づいて行われた際に、臣民が感化され、仁徳も社会全般に広がり、社会の隅々まで風靡するであろう。感化力の重視は相互愛、相互尊重義務において臣民、下の者の義務よりも君主、上の者の義務履行への重視につながる。その姿勢は孟子にも受け継がれた。「上に立つ国君が仁ならば、一国中は皆仁に感化されない者はなくなり、国君が正しければ、一国中は皆正しくない者はなくなる。それ故に、大徳の人があって、一たび国君を正しくさえすれば、一国中は自然に安定するものである」（『孟子』離婁篇上、第20章）。

　儒教の忠孝倫理に目を奪われ、儒教を君上への従順を強要する倫理と捉え

る見方もあるが、そうした儒教に対する批判は、儒教の一つの側面しか見ていないことから生じたものであり、儒教の真の姿を捉えたものとは言い難い。儒教には、下の上への従順を「強要」する側面もあれば、上の下への敬重、慈愛を「強要」する側面もある。どちらかといえば、上述の引用資料にもあったように、むしろ後者の方がより強調されているといえよう。指導的立場にいる者の義務をより重要視する儒教のこの姿勢は、企業における組織・個人関係を研究する際にも注目に値するものである。

　儒教の尊賢論（徳の高い賢者を尊び、重要ポストに登用すべきとの主張）、修身論（己れの仁徳を高め、国を治める用意をしておくとの主張）も、上にいる者の義務をより重視する立場から唱えられたものと思われる。感化力を考えると、社会の頂点に立つ君主とともに、君主を補佐する重臣の徳不徳も重要である。仁徳高い賢者がその任にある場合は君主を正すことと、国民を広く感化することが期待される。孔子によれば、「正しい人々をひきたてて邪悪の人々の上に位づけたなら、邪悪な人々も正しくさせることができる……舜が天下を取ったとき、大勢の中から選んで皐陶をひきたてたので、仁でない者どもは遠ざかった。湯が天下を取ったときも、大勢の中から選んで伊尹をひきたてたので、仁でない者どもは遠ざかった」（『論語』顔淵篇第22章）。君主を補佐する任にある賢者の仁徳も広く世の中を靡かす力があると見なされているからこそ、尊賢論が主張されたゆえんである。そうした仁徳高い賢人になるには、わが意を誠にし、わが心を正し、わが身を修める必要がある。『大学』に展開された斉家、治国、平天下のための修身論が重要視されたのは、上に立つ人の仁愛＝他者愛の義務が重く見られているからである。

3　他者愛義務の道義的責任

　では、上に立つ君主の義務を果たせない時はどうなるのだろうか。儒教の結論は明快である。そのような君主はもはや君主の資格がなく、仁徳のある者に取って代わられ、打倒されるべきである。仁の根本的倫理原理である他者愛義務の相互性、および上位に立つ君主の義務をより重要視する儒教の仁政、徳治目標からすれば、孟子のいわゆる革命論はむしろ当然の到達点とい

えよう。なぜなら、「ただ仁者だけが高い位についておるべきである。不仁者でありながら、高い位におるということは、それは、その悪事を、天下中にまきちらすようなものである。大害はこれ以上のものはなく、人民も感化されて、不仁となってしまうであろう」(『孟子』離婁篇上、第1章) からである。この上ない大害を断ち切るには、不義の君主を打倒するしかないが、それには歴史的な裏づけもある。

　　夏・殷・周の三代が天下を得たのは、夏の禹王、殷の湯王、周の文王・武王などがよく仁政を行ったからであるし、天下を失うようになったのは、夏の末世の桀王、殷の末世の紂王、周の幽王・厲王などが、不仁の政治を行ったからである。さて諸侯の国の興廃存亡するわけもやはりこれと同じである。それ故に、天子が不仁ならば、天下を保つことができないし、諸侯が不仁ならば、社稷すなわち国家を保つことができないし、卿大夫が不仁ならば、宗廟すなわち自分の家を保つことができないし、士庶人が不仁ならば、四体すなわち自分の体を保つことができない (『孟子』離婁篇上、第3章)。

孟子によれば、夏、殷、周3つの王朝は、いずれも仁徳の高い君主の仁政により樹立され、また、いずれも不徳の王の不仁の政治により倒され、または弱体化されたものである。天子のみではなく、諸侯も卿大夫も己れの国家を永続できるか否かは、自身の仁徳およびその仁徳に基づく仁政によるものである。仁政か否かと、天下を得ることまたは天下を失うこととの因果関係を、孟子は次のように述べている。

　　夏の桀王や殷の紂王が天下を失った場合は、その人民を失ったからである。その人民を失ったというのは、その人民の信頼を失ったからである。ところで、天下を得るには、それ相当の道がある。すなわち、まずその民を得れば、ここに天下を得ることができる。次にその民を得るには、またそれ相当の道がある。まずその民の信頼心を得れば、ここにその民を得ることが出来る。そしてまたその信頼心を得るにも、やはりそれ相当の道がある。すなわち民の好み欲する所のものはそれを与えたり、あつめたりしてやり、民の悪みいやがる所のものはそれを施さないよう

にするだけでよいのだ（『孟子』離婁篇上、第9章）。

　民心（信頼）を失ったから民を失い、民を失ったから天下を失ってしまう、それは夏の桀王、殷の紂王の辿った道であったが、それとはまったく逆の道は仁政の道である。仁政とは「民の好み欲する所のものを与え、民の悪みいやがる所のものを施さない」ことであり、思いやりの仁徳に基づくものである。そうした仁政を施せば、民心が得られるので、民の支持が得られ、天下も得られる。この図式では、当然、天下をとった君主よりも民の方が重要な存在となる。「民を貴しと為す。社稷之に次ぎ、君を軽しと為す」（『孟子』尽心篇下、第14章）という孟子の民本論的テーゼは、仁徳または仁政に立脚する場合の当然の結論であろう。

4　朱子学以後の仁

　朱子学の出現で儒教は大きく変貌した。人間、社会のあり方に着目した倫理原理、道徳規範などの儒教思想は初めて宇宙観、世界観を持つ思弁的な理論体系になったが、しかし、仁を最高の徳、根本的な倫理原理と見なす点においては、朱子学以降の儒教ではいささかも変わっていない[2]といっていい。

　　孔門の学、必ず仁を求めることを以って先と為す所以は、蓋し、此は
　　万理の原（源）、万事の本なり（『朱子語類』6）。
　　惻隠の心、貫かざる所無し（『朱子文集』巻67、『仁説』）。
　　四徳の元は犹も五常の仁、偏言之則ち一事、専言之則ち四者を包す
（『程氏易伝』1）。

　朱子およびその先駆者らは、仁を包括的な徳、最高の徳と見なすのみならず、さらに、仁を人間万物、天地自然の存在の根拠である「理」と結びつけ、万物一体の仁を打ち出している[3]。

　　天は陽を以って万物を生じ、陰を以って万物をならしめる。生ずるは
　　仁なり、ならしめるは義なり（周濂渓『通書』順化章）。
　　仁とは天地を体となし、万物を四肢百体とすることである。みずから
　　の四肢百体を愛護しない人間があるであろうか。医書に手足の麻痺した
　　症状を名づけて「不仁」とよんでいるのは、表現し得て妙というべきで

ある（程明道『近思録』）。

朱子学では、仁は人間万物を生む、生きしめる徳として捉えている（島田 1967：44-45）。他の人間に限らず、命のあるものはすべて天地のあわれみで生まれるものであったために、まさに「民は吾が同胞、物は吾が与（友）」（張横渠『西銘』）になる。

朱子学の批判者王陽明も万物一体の仁の提唱者である。

> 仁とは、天地万物を一体となすもの、もし、一物といえども所を失うものがあれば、それは、わが仁が尽くされていない、ということにほかならない（『伝習録』上、89）。

> その天地万物一体の仁の、痛切迫切、やまんと欲するも、やむあたわざるものがあったからである（『伝習録』中、答聶第1書）。

> 人は天地の心であり、天地万物はもと吾と一体なるものである。生民の困苦荼毒、一つとして吾が身に切実な疾痛でないものがあろうか。吾が身の疾痛を知らざるものは「是非の心なきもの」というべきである（『伝習録』中、答聶第1書）。

万人をあまねく愛し、己れのまごころを尽くすことは儒教の仁の到達点である。しかし、人には惻隠の心があるとはいえ、何らつながりのない他人を敬愛し、相手に己れを尽くすのはたやすくできることではない。仁徳を達成するには自己と他者との隔たりを乗り越えなければならない。万物一体の仁の理念はまさに自他間の距離を縮めるために打ち出されたものであろう。人間万物（命あるもの）は天地のあわれみで生まれた以上、人間同士は当然みな兄弟、同胞にほかならない。その兄弟、同胞の苦しみも当然他人事ではなく、痛切に感じている「やむあたわざる」ことになる。この万物一体の仁の思想ものちに日本に広く受容されている。

第2節　「孝」重視──儒教の中国での展開

第1節では先行研究を踏まえながら儒教の古典を検討し、以下のことを明らかにした。すなわち、いかなる人間関係においても、一つの社会または組

織の上位にいる人も下位にいる人も、その上下関係にかかわらず、思いやりや尊敬、尊重の気持ちを持って相手に接しなければならない。相手を尊重し、敬愛する義務は相互的であり、平等である。それは儒教の根本原理——仁の原理である。儒教では、仁徳は義礼智信、孝悌、忠恕など、すべての徳目を内包する最高の徳であり、仁の倫理原理はほかのあらゆる道徳規範や行為・行動の判断、評価または準拠すべき基準をも凌駕するものである。本節では、「孝」を中心に、儒教の中国での展開過程を見ていきたい。

1 孝とは仁の出発点である

一つの社会または組織では、人々があらゆる人間関係において仁の原理に則って行動すれば、どんな社会または組織になるか、これは容易に想像できよう。他者への尊重や配慮は、あらゆる人間関係、社会的協働関係がよりスムーズになるように作用し、その結果、平和的な社会秩序や効率的組織運営が可能となる。ただ、その社会または組織のすべての構成員が仁徳を持って配慮と尊重の気持ちで相手に接することは、中々の難題である。なぜなら、すべての構成員は仁徳の厚い仁者とは限らないからである。いかにして人々が仁、つまり他者愛を自ら進んで則る内面的行動原理とすることができるか。儒教の出された結論は、孟子の表現でいうと「この親を親しみ、長を敬う心、即ち良知良能を押しひろめ、天下に行きわたらせ」ることであり、孝（親への愛）による仁（広くあまねく人を愛すること）の実現である。「仁を行うのは孝悌から始まり、孝悌は仁の一つの事である」（程伊川『二程子遺書』巻18）。親への愛たる孝は仁の土台であるとともに、仁の実践でもある。

> その人がらが孝悌でありながら、目上にさからうことを好まないのに、反乱を起こすことを好むようなものは絶対にない。君子は根本のことに努力する。根本が定まってはじめて進むべき道もはっきりする。孝悌こそ仁を為す根本である（『論語』学而篇第2章）。

「孝」は子が親に、「悌」は弟が兄に、または年下の者が年上の者に対する道徳規範である。悌は兄弟間の家族道徳的な側面があると同時に、家族を超えて若年者と年長者との間の社会倫理的な側面もある[4]。仁とはどんな人間

関係においても、相手に思いやりや尊敬する気持ちで接することである以上、社会全体における仁の実現を図るためには、子と親、または弟と兄との間のすでに存在しているこうした愛や尊敬を確固たるものにし、それを社会全体での仁の実現の土台とする。孝の確立によって仁の実現を図るのは儒教の戦略ともいえる。

　孝は日本語では「親孝行」の孝行となっており、親の世話をし、親を養うことを意味する言葉である。確かに親を扶養することは親への愛ではあるが、しかし、食べさせるだけで果たして孝なのか。孔子は明確にそれを否定している。「近ごろの孝というのは十分に養うことをさしているが、犬や馬でさえみな十分に養うということはある。尊敬するのでなければ、どこに区別があろう」(『論語』為政篇第7章)。たとえ、物質的に十分に親を養い、親の世話をしたとしても、親への尊敬が足りなければ孝とはいえない。親に対する尊敬の念の有無こそ孝不孝の試金石なのである。孝とは子の親に対する尊敬の念であり、敬愛の心である。ちなみに兄弟の場合でいえば、兄に対する弟の尊敬の念はすなわち悌である。

　親に敬愛の気持ちを持っていれば、「父母に接するときに優しくする」(『論語』為政篇第8章)、「父母が在世の間、遠方の地には行かない」(『論語』里仁篇第19章)、「父母の年齢は覚えていなくてはならない」(『論語』里仁篇第21章)などは、むしろ当然の行動であろう。

　この孝すなわち親への敬愛の念は、親の在世中だけでなく、その死後も持ち続けるべきとされている。孟懿子の孝とは何かとの質問に、孔子はこう答えている。「父母が生きているときに、礼を持ってお仕えし、亡くなったときに、礼を持って葬り、亡くなった後に、礼を持ってお祭りする」(『論語』為政篇第5章)。ここでの礼とは一連の作法を意味するものだが、その作法に表したのは敬愛の気持ちそのものであり、「礼を為す際、うやうやしい気持を持たず、喪に臨んだ際に哀しまない。私はそのような者を見たくもない」(『論語』八佾篇第26章)、「祭祀の際、敬いを尽し、喪儀のときに、哀しみをこめる」(『論語』子張篇第1章)と、敬こそ礼の精神であり、敬愛こそ親への孝の本質である。

2 孝の社会道徳的側面——『孝経』の孝

『孝経』は、孔子が弟子の曾子に語る形をとっている書物であり、戦国時代（紀元前475～前221年）のものと推測されているが、明確な制作年代が分からない（板野 1955）。ただし、漢の時代から『論語』と並んで儒教の五経に次ぐ重要な経典の一つになっている。『孝経』は文字どおり、孝の教えを内容とする経典であるが、儒教の諸経典の中で最も広く読まれている経典の一つでもある。また、家族道徳でありながら、社会道徳の色彩をも兼ねて持つのは『孝経』の孝の特徴といえよう。

『論語』『孟子』における孝は親親（親を親しみ、親を愛すること）、事親（親に事えること）のように、あくまでも親子間に限られた規範であるのに対して、『孝経』の孝はむしろ、社会道徳の様相を呈している。

> 人の身体は毛髪や皮膚に至るまで、すべて父母から受けたものである。これを大切に扱い、たやすく損なったり傷つけたりしてはならない。それが孝の実践の出発である。そのような孝を第一として実践するならば、りっぱな人という評判を得、その名を後世に伝えることができ、父母の誉れとなる。それが孝の実践の完成というものである。さて、孝は親に事えることに始まり、君にお仕えし、身を立て、親に栄誉をもたらすことを完結とする（『孝経』開宗明義章）。

ここでは、孝が実践の始まりとしての事親と、事君（君に事える）・立身（身を立て、栄誉を上げる）の2つの部分に分けられ、事親だけでなく、事君・立身も孝の内容とされており、元来事親に限定し、家族生活の規範となっているはずの孝は、家族という垣根をはみ出して、社会生活一般の規範ともされていた。

親に仕えることはもともと孝概念の全内容であったが、『孝経』では、それは孝の内容の一部となり、しかも、孝の始まりの段階に位置づけられている。事親の内容はそれまでの孝の愛・敬と大差がないが、より具体的、明確になっている。

> 孝子であるならば、親にお仕えする態度は、ふだん家で親と接すると

きは敬意を尽し、食事や衣服のふだんの世話においては常に歓ばせ、病気のときは心より心配し、亡くなったときは哀しみの極みを尽くし、その亡き後を弔い祭るとき厳粛に行う。この五者が十分であって、はじめて親にお仕えすることができるのだ（『孝経』紀孝行章）。

この５つの心配りが十分に行われた時に、初めて「事親」できたといえる。『孝経』のこの５つの心配りは、『論語』為政篇の「父母が生きている間に礼を持ってお仕えし、亡くなったときに礼を持って葬り、亡くなった後に礼を持って祭る」とは、親への敬愛を尽くす意味においては同じニュアンスだが、しかし、この親への５つの心配りのほかに、戒めなければならないことがある。「親によくお仕えする者は、指導者となっては傲岸にならず、部下となるときは秩序を乱すようなことをしない。おおぜいの人びとと一緒のときは、争い合うなどということをしない。指導者となって傲岸であれば、必ず亡んでしまう。部下でありながら反乱を起こせば、必ず刑を受ける。人びとの間で争い合っておれば、必ず凶器で殺される。傲、乱、争の三者を除かなければ、たとえ毎日親のために、どんな贅沢な食事を提供しようとしても、親不孝である」（『孝経』紀孝行章）。

この３つの戒めは、いずれも家族という範囲内ではなく、家族範囲外での行動を規制するもの、いわば社会生活、社会的行動を規制するものであるがために、親に仕えることと直接的に関係のないことではあるが、事親の規範とされたのは、自分の命を落としてしまったり、刑罰を受けるなど不名誉のことをしたりすることが、親に不名誉をもたらし、親を不安や悲しみに陥れるからである。つまり、孝経における孝とは、親が生前・死後にかかわらず、終始親への敬愛の念を持ち続けることであり、自分の社会生活や日常の振る舞いに関しても、親に不名誉のことをもたらしたり、親を極度の不安や悲しみに陥れたりしてはならない責務を常に負っており、その責務をいかなる時でも怠ることなく果たさなければならないことである。社会生活の中でも、責任のある行動をとることが、事親すなわち親への孝の一部であり、孝の必須要件である。

孝経以後の孝は家族規範のみならず、家族という範囲を超え、実質的に個

人の社会的行動をも広く規制する社会規範の役割も果たすことになる。孝は親子間だけでなく、組織と個人の関係、さらにあらゆる人間関係における人々の行動に大きな影響を及ぼす規範であり、理念である。親や家族のために社会ルールを無視し、組織の利益を損なうのではなく、逆に親や家族を不名誉に陥れないように、社会規範を逸脱する行動を回避しなければならない。要するに、社会での責任ある行動も、親への孝の重要部分となっているのである。

既述したように、事親の３つの戒め（傲慢になるな、反乱を起こすな、争いをするな）は、もはや親とは直接的に無関係の社会での行動を規制するものであり、つまり事親の部分も社会的規範の様相を呈しているが、事君、立身に至っては、孝は完全に社会的規範となっている。

> 父への情愛の気持ちで母に尽くすとき、その愛は共通している。父への尊敬の気持ちで君主に尽くすとき、その敬は共通している。ゆえに母に対してはその愛をもってし、君主に対してはその敬をもってする。父に対してはその愛・敬をともに尽くす。したがって、孝の気持ちをもって君主に尽くすとすれば、忠となる。敬の気持ちをもって年長者に尽くすとすれば、順となる。忠誠や従順を失わないでその上司に尽くす。そうしてはじめて自分の官位、俸禄を保ち、祖先の祭祀を長く続けることができるのである（『孝経』士章）。

事君と事親とは相手が違うが、心持ちは同じであり、それは相手を尊敬することである。親への孝の場合は、愛とともに最も強調されているのが親への敬であり、敬の気持ちを持って親に尽くすのが孝である。一方、君主に仕える場合は、親への尊敬の気持ちを持って君主に尽くせば、君主に忠誠することになる。言い換えれば、忠と孝とは別のものではなく、両者の心配りは共通しており、尊敬の対象が異なるだけである。

そこで、「事親孝、故忠可移君」（親にお仕えするのは孝であるから、ゆえにそれを忠として君主に移行することができる）のテーゼが打ち出される。「君子が親にお仕えするのは孝であるから、ゆえにそれを忠として君主に移行できる。兄にお仕えするのは悌であるから、ゆえにそれを従順として長上に移行できる。

家を秩序よく治められるから、ゆえにそれを安定した統治法として官に移行できる。かくして、その人が立派な行いができると、名声が後世に伝えられることになる」(『孝経』広揚名章)。

立身とは、君主に仕えることも含め、社会で立派に務め、どんな地位に就いても、誰を相手にしても、常に敬意を持って己れを尽くすことにより身を立て、名声を揚げることである。事親の3つの戒めの目的は、親に不名誉をもたらすのを避けることにあるのに対して、立身、揚名（身を立て、名声を揚げる）は、社会生活、社会活動の中でまごころを尽くすことにより、親や家族に名誉をもたらすことにある。事君立身は孝の終結である。

さまざまな人間関係において、相手への相互的な心配りが求められる。親子の場合、子は親に孝、親は子に慈、君臣の場合、臣は君に忠、君は臣に仁、兄弟または長幼の場合、弟または幼は兄または長に悌・順、兄・長は弟または幼に良・恵しなければならない。それは秩序を保つための望ましい行動のルールであり、仁の行動原理である。その下の上に対する孝、忠、悌、順にしても、上の下に対する慈、仁、良、恵にしても、どの徳目においても共通して相手への敬愛が求められている。敬を共通して持つ点において、孝、忠、悌、順も慈、仁、良、恵も、表現こそ違うが、内容はほぼ同じものであり、いずれも互いに相手に対する敬愛が必要である。そして、その共通する敬が家族道徳から社会道徳へ移行する根拠となっている。親への敬（孝）、君主への敬（忠）、兄への敬（悌）、長上への敬（順）は、すべて相手への敬意を持って自分を尽くすことを意味するからこそ、孝は忠として親から君主へ、悌は順として兄から長上へ移行できるわけである。

ここまできて初めて、儒教ではなぜ孝悌を仁の基礎と見なすかが分かる。孝悌は親子間、親族間の自然の愛情を有するとともに、仁および忠、順、慈、恵などの徳目と共通する敬を有しているからであり、その敬が家族内のみならず、社会全般のあらゆる人間関係において、相手への行動規準となっているからである。「人びとに親愛の情を教えるには、孝を教える以上のものはない。礼譲従順を教えるには悌を教える以上のものはない。……指導的地位にある人を安泰にし、民を治めるには礼以外にはない。礼とは敬にすぎな

い」(『孝経』広要道章)。「孝を教えるならば、世界中皆その父を尊敬するようになる。悌を教えるならば、世界中皆その兄に敬服するようになる。臣としての道(忠)を教えるならば、世界中皆その主君に敬事するようになる」(『孝経』広至徳章)。孝、悌、忠、順はいかなる人間関係においても、相手への尊敬、尊重であり、相手への尊敬、尊重は、儒教の最高の徳——仁そのものでもある。『孝経』における孝の捉え方は、孟子の「堯舜の道は孝悌のみ」(『孟子』告子篇下、第2章)、「親を親しむのは仁であり、長上を敬うのは義である」(『孟子』尽心篇上、第15章)、「仁の最も切実なものは、よく親に事えるということである。義の最も切実なものは、よく兄に従うということである」(『孟子』離婁篇上、第27章)を踏まえているのが明らかである。

3　父子天合──孝重視の根拠

　忠は相手に己れのまごころを尽くすこと、つまり、社会道徳の規範であるのに対して、孝はもともと親に敬愛を尽くす家族道徳の規範だが、『孝経』では、それが事親、事君、立身に広まり、忠を内包する概念となり、事親と並んで事君(忠)、立身(忠信などで社会的評価を得ること)も孝とされた。つまり、君に仕える際の忠、および忠君の結果として得た名声こそ親への孝とされている。それにより、少なくとも原理的には忠と孝の一致が図られたのである。

　家族の秩序維持には家族道徳が必要であると同じように、社会秩序の実現と維持にも社会道徳が不可欠である。もとより儒教では特に孝を重要視するのは「家族は、社会道徳の訓練の場」(ベラー著、池田訳 1996：63)、家族範囲での敬愛、尊重は社会範囲の敬愛、尊重になりうるからであり、『孝経』の孝の社会道徳化の傾向も、孝の家族道徳から社会道徳への転換の一環と見なすことができるが、しかし、儒教の父子天合、君臣義合[5]の認識はそうした転換の障害になりかねない。

　君臣義合とは君主と臣下が義で結びつけられることである。その義または道義とは、君主がきちんと君主としての責務(臣下への敬愛や礼遇など)を果たし、臣下が臣下としての責務(君主への忠誠など)を果たすことを意味するものである。その義が存在する限り、臣下が君主に忠誠を尽くさなければなら

ないが、義が崩れた場合（君主の臣下への敬愛がなされない場合）、臣下はもはや君主に忠誠を尽くす必要がない。「君が臣下を愛し視ること、自分の手足をいたわり扱うようであると、臣下もまたそれに感じて、君を重んじ視ること、自分の腹や心のように大切にするのである。が、君が臣下を視ること、犬や馬のように軽んじてしまって、礼敬の心もない如くであると、臣下の方でも君を視ること、まるで路傍の人のようである。ところが更に下って、君が臣下を視ること、土や芥のように卑しめいやがるようであると、臣下の方でも君を視ること、あだやかたきのようになってしまうものである」（『孟子』離婁篇下、第3章）。仁の行動原理の敬愛義務の相互性と平等性からすれば、むしろ当然であろう。なぜならば、敬愛義務は、決して一方通行的なものではなく、互いに果たさなければならないものだからである。君主といえども、その義務からの逸脱は許されない。君臣義合は仁の行動原則に則った認識にほかならない。

この君臣関係の基盤となる義が崩れた場合、臣下が君主から去ることが許される。

> 人の臣たる者の礼として、君の過ちをあらわには諫めない。――（婉曲に諫めて）三度諫めても聞き入れられないときは、地位を退く（『礼記』上巻、曲礼篇下）。

数度にわたって諫言しても、君主がその非を改めない時に、臣下は君臣関係を解消し、君主から去っていけばいい。忠は臣下が無条件に君主に忠誠を尽くすことを意味せず、君と臣の間に義の存在が前提なのである。義が崩壊すれば、君臣関係も瓦解するのだ。

一方、父子天合の場合は、父子関係が選択不能の天合（血縁関係）であるため、より複雑である。もとより父子関係も人間関係の一つであるだけに、仁の行動原理に当然則らなければならず、敬愛義務の相互性、平等性は父子関係の場合も認められている。孔子の「父は父たれ、子は子たれ」はまさに、父と子両方の義務を要請するものである。

しかし、血縁という先天的要素で結ばれている父子関係の場合、よりよい君主、よりよい上司を選択し、それに忠誠を尽くすように、よりよい父親と

いう選択肢はない。天合の父子関係の土台となる「天」は義合の「義」と違って、選択不能なのである。敬愛義務を果たせない君主との間に君臣関係の解消はできるが、たとえ敬愛義務の果たせない父であっても、簡単に父子関係を解消することはできない。「子が親に仕えるには、(過ちは諫めるべきであるが) 三度諫めても入れられないときは、大声をあげて泣き、そのあとは親の意に従う」(『礼記』上巻、曲礼篇下)。相手は君なら、臣は去ることが可能だが、父の場合は諫言してもその非を改めない時の選択は、泣いて従うしかない。

　もちろん、父には不正があれば諫言が重要であり、要領の得た諫めにより、父の不正を事前に阻止する可能性も十分にある。逆に、諫めもせずに、父の不正にそのまま従うのみでは、真の孝ではないと『孝経』においても指摘されている。「父にもし諫めてくれる子がおれば、破廉恥なことになりはしない。だから、もし不当、不善、不正なことがあれば、必ず子は父に諫言せざるをえない、臣は君に諫言せざるをえない。こういうことであるから、正しくない場面に出会えば、必ず諫言するのだ。父のことばに (対して検討もせずに、ただ) 従うのみであるのは、どうして孝行であるとすることができようか」(『孝経』諫争章)。しかし、子の諫めが父に受け入れてもらえない場合、不本意ながら子は父に従わなければならない。

　仁の行動原理からすれば、忠も孝も相手 (君、父) に敬愛の気持ちを持って己れを尽くすことであり、相手が違っても、相手への敬愛の気持ちは同じである。「孝をもって君に仕えれば則ち忠である」(『孝経』7章)、「父にとっての孝子は、君にとっての忠臣である」(劉向編『戦国策』趙策)、「忠臣を求めるには、孝子の家柄においてのみである」(『後漢書』巻56韋彪伝所引『孝経緯』)。つまり、相手にまごころを持って己れを尽くす意味では孝すなわち忠、孝＝忠であり、忠も孝もまったく同等の徳目、同等の責務のはずであるが、天合 (父子の場合) 義合 (君臣の場合) という差異においては、孝の優位が明らかである。なぜなら、再三の諫言を聞いてくれない君主から去ることができても、同じ状況でありながら父親に従うしかないからである。従うだけでなく、子としては父の非、父の罪を隠さなければならない。

葉公が孔子に話した、「わたしどもの村には正直者の躬という男がいて、自分の父親が羊をごまかしたときに、むすこがそれを知らせました。」孔子は言われた、「わたしどもの村の正直者はそれとは違います。父は子のために隠し、子は父のために隠します。正直さはそこに自然にそなわるものですよ」(『論語』子路篇第8章)。

盗みなどの不正や犯罪を暴くのは正直さや誠実さであるが、しかし、盗みという行為をしたのは自分の父親であれば、逆に隠すことが正直、誠実となる。朱子の言い方で言うと「父子が互いに隠すことは、天理人情の至りなり」(朱熹『論語集注』子路注)。

孝を仁への出発点とすると同時に、仁の実践の一部分と見なし、孝悌を家族道徳(事親)とともに社会道徳(事君・立身)をも内包する徳目とし、さらに、父子天合を絶対視し、父子相隠を主張するところに、儒教の孝重視的な側面が歴然と現れている。

4 孝の唱導と孝の法律化

漢の武帝の「独尊儒術」以来、清王朝の滅亡まで、儒教は長い間国教として中国社会に大きな影響を及ぼしてきた。その中で特に注目されるのは時の支配者による孝の提唱と孝の法律への浸透である。

親や目上の人を敬愛し、従順な人は、反乱を起こすことを好むような者が絶対にいない(『論語』学而篇第2章)、家の中で親に己れを尽くす者は、君主に対しても同じように尽くすだろう[6]。父にとっての孝子は君主にとっての忠臣であり[7]、そのため、忠臣がほしければ孝子のいる家に求めればいい[8]。つまり、儒教の仁の行動原理において、相手を敬愛・尊重しながら己れを尽くす点では、孝も忠も実質的にまったく同じものであり、孝と忠の相違は相手が違うだけである。したがって、特に忠を強調しなくても、国を治める過程において孝倫理は社会道徳として十分に機能する。中国の歴代の支配者が孝の唱導に熱を入れる理由はまさにここにある。

『孝経』は「孝を以って天下を治む」(『孝経』孝治篇)を旨とする儒教経典であり、漢の時代からすでに『論語』とともに五経に次ぐ重要なものになっ

ている。中国での孝重視は『孝経』重視からもその一端がうかがえる。

『孝経』がより広く読まれ、孝による社会安定を実現させるために、中国の歴代の支配者が自ら『孝経』の解説本作りに励み、多くの御著孝経関連書を残している[9]。その中で特に唐玄宗の『御注孝経』が有名で、中国で広く読まれていたのみならず、日本でも長く流伝していた（阿部 1965）。

また、『孝経』の解説書の編纂にとどまらず、唐の時代では全国範囲において世帯ごとに『孝経』を一部備えさせ、講習させた記録も残っている[10]。

孝の唱導は皇帝の勅諭の形で直接行われたこともある。明太祖の『六諭』[11]、清順治の『順治六諭』（内容は明の『六諭』とまったく同じもの）、康熙の『聖諭十六条』[12]（『六諭』を中心に内容をさらに拡充したもの）、雍正の『聖諭広訓』（『聖諭十六条』に注釈・解説を加えたもの）などがそれである。こうした聖諭の内容は、庶民教化の道徳規範として、毎月2回（1日と15日）にわたり、各地方の地方官により講習された。

明太祖の『六諭』は文字どおり次の6条からなっている。第一、孝順父母（父母に孝行し、背かないこと）、第二、尊敬長上（目上の人を尊敬すること）、第三、和睦郷里（地域の人と仲よくすること）、第四、教訓子孫（子孫をよく教え導くこと）、第五、各安生理（それぞれ自分の職業に安ずること）、第六、母作非為（悪事を働かないこと）である（範鋐『六諭衍義』）。

注目すべきは、六条の道徳規範の第1条が「孝」に関わるものであることと、「孝」と並列する「忠」の徳目がないことである。明太祖の『六諭』、清の『順治六諭』のみならず、条目が6条から16条に大幅に拡充された康熙の『聖諭十六条』、雍正の『聖諭広訓』も同じく孝が第1条であるが、忠に関する内容はない。こうして、儒教が実際に中国で展開されていく中で、いかに孝重視が優位に立っているかが分かる。

漢の武帝が儒教を国教にし、イデオロギー的地位を与えて以来、特に魏晋以後では、徳による教化とはまったく異なったジャンルである法律も、儒教の影響下に入り、いわゆる律令の儒教化が見られた。王家驊によれば、「中国律令の儒教化の過程は、魏晋に始まり、北魏、北斉に至って完成されたといわれる。隋唐の律令はこれらの成果を受け継いだのである」（王 1988：80-

81）。

　孝との関連という視点からすれば、中国歴代の律令の儒教化について、以下の3点を挙げることができる。

　第一に、不孝は最大の重罪である。「孝を以って天下を治める」儒教からすれば、「五刑の属三千。而して罪不孝より大なるは莫し」(『孝経』五刑章第11)、つまり、五刑罰となる3000もの罪の中で、不孝以上の罪はない、という意味だが、それは当然の結論なのかもしれない。実際、不孝が減贖対象外の重罪十条の一つとなったのは北斉の時からである[13]。そして、隋唐以後清までの十の重罪は歴代の律では「十悪」として定着していたが、不孝は謀反、謀大逆などと並んでその中の一つである。

　第二に、血縁関係に応じた処罰の差別化である。「五服に準じて以って治罪す」という罰則が晋律に登場してから清朝まで、歴代律令の重要内容となっている。「五服」とは儒教の葬式で、血縁関係の親疎に応じて着用する5種類（斬衰、斉衰、大功、少功、緦麻）の喪服のことであり、五服に準じて治罪することとは、血縁関係の親疎によって処罰に差別をつけることである。例えば、『唐律』によると、人を殴って骨折させた行為に対して、加害者と被害者は他人同士の場合、1年の刑に処することになるが、しかし、加害者が息子で被害者が父親の場合は死刑（しかも死刑の中でも減刑可能な絞首刑ではなく、減刑不可の斬首刑）であり、他人同士の場合より9等級も加重されている。逆に加害者が父親、被害者が息子の場合は「論罪せず」、つまり免罪となり、他人同士の場合より11等級も軽減される。このように、同じ行為に対して、免罪と斬罪に処する刑罰の違いは20等級にもなる（桑原1977：53）。これについて桑原隲蔵は、「この罰の加重、若しくは軽減は、親疎の関係に比例して程度を異にして、尊長より卑幼に加えたる非行は近親なればなるほどその罰を軽くし、卑幼より尊長に加えたる非行は、近親なればなるほどその罰を重くした」と指摘している（桑原1977：54-55）。

　こうした血縁関係の親疎による処罰の差別化は、明らかに儒教の「親親」（親しきを親しむ）、「尊尊」（尊きを尊む、班固『漢書』地理志）思想によるものである。血縁関係が近ければ近いほど、長上に対してより尊重し、敬愛しなけ

ればならない。その原則を破った場合は当然、血縁関係が近いほどより厳罰を科されることになる。

　第三に、親族間の罪の互隠の是認である。『唐律』では父母と子、祖父母と孫、夫と婦、兄と弟などの親族間であれば、互いに罪を隠匿しても問われないことが明記されている（桑原 1977：96）。その後の明律、清律も基本的に『唐律』を踏襲し、さらに中華民国の刑法に至ってもこの原則を受け継いだ[14]。

　では、隠匿せずに、親族を告発する場合はどうなるか。『唐律』では「祖父母、父母を告するものは絞」、すなわち死罪である。『明律』『清律』では父祖を告する者は杖一百、徒三年に変更したものの、依然として刑罰の対象になっている（桑原 1977：108-109）。

第3節　「忠」優先——儒教の日本での変容

　紀元5世紀初頭に儒教が日本に伝来してから今日に至るまで、1700年あまりの歳月が流れている。その中で、特に江戸時代以後の日本に儒教が大きな影響を及ぼしているのは周知の事実であろう。深い洞察力で中国と日本の思想・文化研究の分野でも多大な功績を残した中国文学研究者の吉川幸次郎は次のように述べている。「四書五経の所説を、日本の江戸時代の儒学ほど、厳密な実践の規範としようとした時代は、中国にはかつてなかったとさえ思う」（吉川 1969：80）。吉川はその原因が武家政治という「特殊な環境」と「日本人特有の宗教的心情」にあると分析し（吉川 1969：80-81）、こうした日本で受容された江戸時代の日本の儒教の非寛容さに特に注目して、いくつかの論著を発表している[15]。

　江戸時代の日本の儒教に関して、丸山真男、相良亨、源了圓、渡辺浩らの優れた研究がある[16]。これらの先行研究を道標として、倫理思想、道徳規範に絞って、儒教の日本での受容を見ていきたい。

　異文化間の思想文化の受容には、必ずや変容・変貌が伴う。儒教の場合も当然例外ではない。中国で生まれた儒教が日本に伝来し、広がるに当たって、かなりの時間的ずれ（タイムラグ）が存在するとともに、日本と中国との文化

的・社会的相違により、上述の吉川幸次郎が指摘したような変容が避けられない。日本で展開された儒教は倫理思想、道徳規範においてどう変化したのか、これについて以下の3点を念頭に置きながら検討していきたい。

　第一に、孝重視は中国で展開した儒教の特徴ともいえる。孝は仁の立脚点、仁への出発点であると同時に、仁の実践の一部でもある。儒教のこの孝重視の特徴は、日本の儒教にも見られるかどうか、日本の儒教において、中国の儒教のように孝の中に忠を含ませ、孝＝忠、いわば家族道徳の社会道徳化があるかどうかが大事な視点である。

　第二に、第一と関連しているが、孝と忠、狭義での家族道徳と社会道徳との関係についてである。中国の儒教では孝子すなわち忠臣（親孝行の息子が君に仕えれば忠臣である）と訴えながらも、「父子天合、君臣義合」の認識では、家族という垣根が少々越えにくくなるのは避けられない。日本の儒教では忠と孝の関係がどうなっているのか、忠と孝が衝突する時はどちらを優先するのか、優先する根拠は何か、儒教の日本での受容または変容を考える際に、この視点も重要であろう。

　第三に、「義」「礼」「智」などの諸徳を内包し、「忠」「孝」「慈」「恵」などの諸規範を規定する「仁」、この儒教の根本的な倫理原理は、果たして日本の儒教に受容されたか否か、受容されたとすればその後どのように変容したのか、また根本的倫理原理としてうまく機能していたのだろうか、これらも実に興味深い問題である。

　具体的には、最初に日本で朱子学を確立し、後に官学となった日本朱子学の基礎を築き上げた林羅山、大義名分を特に重視し、「朱子以上に朱子的」といわれる山崎闇斎（源 1973：35）および崎門学派、孝をめぐって自説を打ち立てた陽明学の中江藤樹、「死の覚悟」をするそれまでの武士道に対して、「道の自覚」の士道を主張する古学派の山鹿素行（相良 2004：74）などを取り上げたい。

1　日本における「孝」

　孝重視を特徴とする中国の儒教は、日本においても同じく孝重視の投影を

残したのだろうか。この問題に適切に答えるために、考察する時代を近世に限定せず、さらに古代、中世まで遡る必要があると思う。なぜならば、古代から近世まで通観すれば、答えはイエスとなるが、近世（江戸時代）に限ってみれば、江戸時代では「忠孝一体」といいながらも、事実上は「忠優位」になっていたからである。

奈良時代孝謙天皇の天平宝字元（757）年4月4日詔書は、時の支配者の孝重視を象徴する資料といえよう。

　　昔、民を治め国を安ずるには必ずや孝理を以てする。百行の本はこれ
　　に先んじるなし。よろしく天下に令す。家ごとに孝経一冊を蔵せしめる。
　　精勤にこれを読習し、倍加これを教授せよ（『続日本紀』巻廿）。

「治民安国」するには孝理に頼るしかない。孝行は百行のもとである。各家庭に1部ずつ『孝経』を配備せよ、そしてよりよくこれを読習し、教授せよとの理由はまさにここにある。

また、大宝・養老令によれば、律令体制でできた大学寮・国学では五経、論語と並んで『孝経』はその教科書の一つにもなっており、しかも自由選択が許されない必習科目になっている（阿部 1965）。このほかにも天皇または皇太子に進講するなどとして、『孝経』は頻繁に日本の歴史文献に登場する。孝謙天皇時代に各家庭に1冊ずつ常備することになったかどうかは確認できないが、ベラーの研究によれば、少なくとも鎌倉時代では位の高低にかかわらず、ほとんどの武士は『孝経』を持っていたという。さらにベラーは「この書物が重要視される度合は、おそらくこの本の説く倫理が、日本社会で占める重要さの増大を測る大まかな目安と考えることができる」と推測している（ベラー著、池田訳 1996：181）。

律令に浸透し、法律化された儒教の孝の思想は、間接的ながら長い歳月の中で、日本人の倫理観、価値観に大きな影響を与えたのではないかと考えられる。その典型的な例として『養老律』の巻頭に掲げられた「八虐」——8つの最重罪の一つが「不孝」罪であることを挙げられる（王 1988：81）。この中では近親者に対する傷害などが厳罰の対象となっている。例えば、『養老律』によれば、「祖父母、父母を罵る者は徒三年」となり（桑原 1977：73）、

近親殺害はもちろん最高刑の斬刑だが、未遂も同じ極刑である（桑原 1977：83）。このほかに、父子、夫婦間の「親親相隠」の容認（桑原 1977：103）、父祖告訴禁止（桑原 1977：109）なども含まれている。そして、これらの原則は律令時代の法令だけでなく、その後の時代にも受け継がれ、徳川時代の法律『御定書百箇条』にはこうした近親傷害重罰や親親相隠容認などの条項が明記されており（桑原 1977：92）、尊属傷害重罰の内容に関しては戦後の法律にも残っていた[17]。

　儒教の孝の思想がいかに法律に浸透したかについて、紀元 1711 年武蔵国川越在に起きた殺人事件の処置がそれを端的に示している。ウメという女性が商用の旅に出て家に帰ってこない夫を心配して、近くにあった死体を検査するよう役所に申し出た。その結果、死体はウメの夫であり、殺人者はウメの父親と兄であることが判明した。殺人者 2 名の断罪はすぐ確定したが、ウメの行動が父を告ぐる罪に該当するかどうかは決められなかったため、川越の領主は幕府の裁決を仰ぐことにした。幕府の命令を受け、裁決に当たるのは朱子学者で幕府ブレーンの新井白石と、同じ朱子学者で大学頭の林信篤であった。信篤は『左伝』の「人はことごとく夫なり。父は一つのみ」（『左伝』桓公十五年）を根拠に、父は夫以上の存在であり、夫のために父の罪を暴くことができないとして、本来はウメを死罪に処すべきだが、父が犯人である事実を知らないことを考慮して、死罪を免じて官に没して奴婢とすべきだ、との意見を出した。

　一方、白石は『儀礼』の「家に在れば父に従い、既に嫁しては夫に従う」、および同じ『儀礼』の夫のための喪期は 3 年、父のための喪期は 1 年（『儀礼』喪服伝）を根拠に、夫が父以上の存在でなければならないとして、夫のために父の悪事を告ぐるのも罪に当たらない。まして彼女は最初父が犯人だとはまったく知らなかったため、なおさらである。よって、白石の裁決意見は無罪である。最終的には幕府は白石の意見が妥当だと判断し、ウメに罪を問わないことにして事件の幕を閉じた[18]。この事件で注目すべきなのは、白石も信篤も、その裁決の根拠がすべて儒教の経典によるものであり、またウメを断罪する際の川越領主の躊躇も、幕府の最終判断も、儒教の孝の思想から

影響を受けており、儒教の孝がいかに重要視されているかがうかがえることである。

陽明学者の中江藤樹（1608-1648）は、「孝の外には徳もなく道もなき事を明に弁ふべし」[19]として、その代表的著作である『翁問答』『孝経啓蒙』などの中で独特の孝論を展開した人物である。藤樹のいうところの孝徳は「敬・愛」の2文字に尽きる。「愛はねんごろにしたしむ意なり。敬は上をうやまひ、下をかろしめあなどらざる義也」（『翁問答』山井ほか 1974：24）。親を敬愛するのは孝、二心なく君を敬愛するのは忠、礼儀正しく臣下を敬愛するのは仁、よく教え導いて子を敬愛するのは慈、などとするところを見れば、藤樹の孝は中国儒教の根本的倫理原理の仁に類似しているものであり、程明道、王陽明の万物一体の仁を彷彿させるものである。

> わが身は父母にうけ、父母の身は天地にうけ、てんちは太虚にうけたるものなれば、本来わが身は太虚神明の分身変化なるゆへに、太虚神明の本体をあきらかにしてうしなはざるを、身をたつると云也（『翁問答』山井ほか 1974：26）。

> 惟天地万物（の）父母、惟人万物之霊とのたまふ時は、ばんみんはことごとく天地の子なれば、われも人も人間のかたちあるほどのものはみな兄弟なり（『翁問答』山井ほか 1974：40）。

すべての人は「天地の子」「太虚神明の分身」ならば、当然、君も臣下も元来は「骨肉同胞」（『翁問答』山井ほか 1974：40）である。儒教の「父子天合、君臣義合」の違いは、ここで解消され、君臣も骨肉同胞である以上、天合と見なされる。藤樹の孝は実質的に、親に対する孝から君主に対する孝、つまり忠へシフトしている。

> 君のおんはおやの恩にひとしく、おもき厚恩なれば、おやにつかふるごとく心をつくしてつかふまつる也。親は此かたちをうみ育たるおんなり、君はこの身をやしなひたまふおんなり。おやなければ此身なし、君なければこの身のやしなひなし。みないのちをたもつおんなるゆへに、おやにも君にもいのちをすてて奉公する道理なり（『翁問答』山井ほか 1974：41）。

親の生み育ちの恩と君の養いの恩があるからこそ、自分の命があるわけなので、親にも君にも命を棄ててまで尽くすべきである。それは藤樹の「全孝の心法」（『翁問答』山井ほか 1974：160）の帰着点ともいえる。

　もちろん、藤樹の「全孝の心法」たる孝は、臣や子の愛敬の責務の一方的な強要ではない。それは「君の仁礼」（『翁問答』山井ほか 1974：41）を前提とするものである。では、その前提が崩れた時、君の仁礼つまり君の臣下に対する愛敬がなくなった時は、臣下はどうすればいいのか。藤樹の答えは諫めることである。「竜逢、比干のいさめて死せる心をまもり、わが身をすてて、君のためのみ第一にするを大忠といふ」（『翁問答』山井ほか 1974：42）。

　諫言しても君主が受け入れない場合、君主から去ることが許されるかどうかについて、藤樹は「心ささぎよく義理にかな」う（『翁問答』山井ほか 1974：113）なら、主君を換えてもいいというが、放伐つまり悪い君主を倒すことについては、「天と同体、至誠無息」の「聖人の妙用」（『翁問答』山井ほか 1974：136）、「湯王の桀を放たまふも、武王の紂を伐て天下を救たまふも、皆無欲の徳行なり」（『翁問答』山井ほか 1974：149）と、無欲の徳行を持つ聖人に限定することにより、事実上自分の都合による秩序破壊を葬り去りながらも、君主の不徳による社会閉塞の打破を否定しなかった。

　総じていえば、藤樹の孝はその対象を親から太虚神明に無限に拡大することによって、君も臣下も太虚神明の子となり、「骨肉同胞」となる。親への孝と君主への忠を同等視することによって孝は忠に変身し、しかも骨肉同胞となるため、君主への忠は親への孝と同じく絶対的要素を帯びるものになったのである。ただ君主の責務を認める点においては、まだ君主に対する臣下の愛敬義務の一方的な強要ではなかった[20]。

2　日本における「忠」

　日本の文化ルーツと日本の近代化との関係にスポットライトを当てたベラーは次のように指摘している。「中国と日本の価値体系を比較してみると、おそらく最も興味深い結果が生まれよう。すなわち、中国と日本の両者とも政治価値と統合価値、忠と孝を非常に強調するが、しかし、どれを第一とす

るかについては相違があるということである」(ベラー著、池田訳 1996：362-363)。中国儒教の孝重視とは対照的に、日本儒教の忠優先のスタンスがきわめて突出しているのは、ベラーの指摘したとおりであるが、しかし、注目しなければならないのは、日本の忠優先の本質が、忠と孝の「どれを第一とするか」つまり孝に対する忠の優位というより、むしろ忠の絶対化、忠誠義務の無限化にあることである。

　上述したように、儒教の孝も忠も、相手を敬愛し、己を尽くすところでは同じだが、異なっているのは対象だけである。すなわち、尽くす相手が親の場合は孝、君主の場合は忠である。「普天の下、王土に非ざるは莫く、率土の濱、王臣に非ざるは莫く」(『詩経』小雅、『孟子』万章上、第4章) といったように、かつて一君万民の中国では忠の対象は皇帝になるが、幕藩体制の江戸時代の日本では、幕府 (将軍) のほかに朝廷があり、幕府が最高の統治機関ではあるが、その征夷大将軍としての権力の出自は朝廷 (天皇) の任命によるものである。また、幕府の下に藩も存在し、大名が自分の領地におけるある程度の支配が許されていた。要するに、当時の武士または百姓にとって、将軍だけでなく天皇、大名も忠の対象であった[21]。そして、幕末にかけて忠の対象は徐々に天皇に収斂していったのである。

　23歳の若さで初代将軍家康のブレーンになり、家康、秀忠、家光、家綱の4代に仕えた林羅山 (1583-1657) は、日本「最初の自覚的朱子学者」といわれた人物である (源 1973：31)。日本朱子学の基礎を築き上げた羅山は孝に対して忠優先を唱えた一人でもある。「舜たとひ孝行にして父を愛すと云ふとも、私恩を以て公義をやぶるべからず」(石田 1980：92) と羅山は孝を私、忠を公として捉え、私恩で公義を破るべきではないとして忠の孝に対する優位を説いた。忠をとるか孝をとるか、二者択一を迫られた際に、「二者は兼ねて得るべからざるなり、軽きを捨て重きを取るべしなり」(石田 1980：92)、つまり忠をとるべきと主張したのである。

　ただし、羅山の忠は孝に優先するものの、君に対する臣への一方的な義務の強要ではなく、「道は行はるべし」、君の義務が果たされることを前提とするものである。儒教の根本的行動原理である仁の敬愛義務の相互性は、羅山

第 4 章 日中の組織・個人関係の思想的源流

の倫理観においてしっかりと機能している。それは幕府初代将軍家康との湯武放伐に関する有名な問答の中にもはっきりと現れている。

　　上、傑・紂ならず、下、湯・武ならずんば、則ち弑逆の大罪、天地も容るること能はず。世人、これを以て口実となす。いはゆる淫夫、柳下恵を学ぶ者なり。ただ天下の人心帰して君となり、帰さずして一夫となる(22)。

　湯・武とは前の王朝の残忍無道の王である傑（夏王朝）と紂（殷王朝）を倒し新たに殷王朝と周王朝を打ち立てた王のことであり、儒教では徳治を実現した聖人・聖王とされている人物である。家康が湯武放伐に関心を持ったのは、純粋に倫理上の問題よりも、むしろ秀頼討伐（秀頼は家康のかつての主君だった豊臣秀吉の後継者である）という現実政治上の必要からであろうが（堀 1964：161）、羅山の回答は必ずしも権力者に対する迎合ではなく、彼の儒教理解に基づいて行われたものであると考える。

　湯武はもともと自らが倒した傑紂の臣であったため、湯武放伐の問題は事実上、臣の君に対する忠の問題でもある。孔子の「君は礼を以て臣を使い、臣は忠を以て君に事える」（『論語』八佾篇）や孟子の天命論では、臣の忠の義務とともに、君の仁（民に対して）または礼（臣に対して）の義務も要求されており、不仁または無礼の君に忠の義務を果たす必要はないとされている。羅山の応対は基本的に天命論に沿って行われたものである。羅山は湯武放伐を是認したが、再三強調したのは「天下の人心」「天下を私せず。唯民を救ふに在るのみ」(23)、つまり仁政が行われたか否か、民意が失われたかどうかである。したがって、羅山の忠は至高無上の規範ではなく、儒教の根本的倫理原理である仁の規制を受けるものである。

　「崎門」と呼ばれる山崎闇斎（1619-1682）を開祖とする山崎闇斎学派も朱子学の一派である。門下弟子 6000 人といわれる崎門は厳しい学風で知られ、当時だけでなく、後の水戸学派、幕末尊王論にも大きな影響を及ぼし、そして、その学派としての脈動が延々と明治、昭和まで続いた（土田 2014：79）。大義名分、君臣関係を特に重視することは崎門学派の特徴ともいえ、林羅山とは正反対に、湯武放伐の否定は崎門の厳しい思想的姿勢を象徴するもので

ある[24]。

　山崎闇斎または崎門の浅見絅斎（1652-1711）、若林強斎（1679-1732）などにとって、忠とはまさに「君は君たらずと雖ども、臣は臣たらざるべからず」の忠であり、どこまでも君に尽し、服従しなければならない一方的な義務になっている。それは君の果たすべき義務がまったくなされない場合でも同じである。

　　　忠は忠臣と書も、どこまでも君が大切でならぬと云本心のやむにやまれぬ意味からのことぞ[25]。
　　　上下尊卑それぞれに名分が立て、万古動かぬもの。天地の位と同じことで、何であれ、君は臣をすべて引廻し、臣はどこまでも君に従ふて、ふたつならぬが、各当然の道理ぞ[26]。

中国の君臣関係では、君が道から外れる場合、臣が3度諫めても聞き入れられなかったら、君臣関係を絶って君から去ることが許される（『礼記』上巻、曲礼篇下）。これに対して、絅斎では「臣はどこまでも君に従」うことが「当然の道理」である以上、去ることは当然論外となり、忠の義務が絶対化され、無限のものになったのである。

　朱子の『小学』にならって書かれた『大和小学』の中で、闇斎は『礼記』の「三諫」とは、3回に限らず、心を尽くして諫め続けること、つまり「三」は具体的回数ではなく、最大数を意味すると説明している（澤井 2014：193-194）。3度諫めて聞き入れられなければ去ることは、諫め続けることに変わり、ここでも去ることが否定されている。

　闇斎や絅斎流の絶対的な忠では、臣が無道の君から去ることでさえ許容されないので、ましてや「放伐」、その無道の君を倒すことは到底、許すべきものではない。「干戈を以て天下を取る」、つまり前の王朝を滅ぼし、新しい王朝を創立した王の中で「只光武一人正き」と、評価できるのは、後漢の光武帝一人のみだと闇斎が放伐を否定している[27]。

　「何程傑紂の様の君でもあなた様をと戴き切」る[28]崎門の絶対的な忠はもはや君の仁徳、仁政の義務と完全に切り離し、君の地位の維持、血筋の永続のみに仕向けている。仁の他者愛義務の相互性に規制された忠は、君の仁徳、

仁政義務が果たされることを前提とするものであり、逆に君主がその義務を果たさない場合は放伐も選択肢の一つとなる。それに対して、崎門が提示した忠は、政権を持続させるために仁政を犠牲にしてもかまわない、という相反するものである。よき政治の実現を優先するか、政権の持続を優先するか、崎門の忠は明らかに後者である。「日本にも上古には傑紂にも劣らぬ様な悪王も有る様なれども、湯武なき故今日万国に冠たる君臣の義の乱れぬ美称が有之候」[29]と忠の絶対化の強調は最終的に、日本こそ正統であり、日本こそ中朝（文化的、道徳的に他国に優る存在）であるとの行き場に辿りつくことになる。

　忠の絶対化の傾向は崎門に限らず、他の学派にも見られる。古学派の山鹿素行（1622-1685）は職分論の視点から士道の概念を確立した人物で知られている。農は耕し、工は造り、商は交易するのに対して、武士の職分は人倫の乱れを正し、「父子、君臣、夫婦、長幼、朋友の五倫における人倫の道の自覚を根本とし、さらにこの人倫の道を天下に実現すること」（相良 2004：74）である。これまでの武士道の戦闘員としての死の覚悟とは対照的に、素行の士道は人倫の道の自覚、人倫の道の励行が根本になっている。一言でいえば、素行の士道は武士道の儒教化であろう。

　その素行の最も重視する君臣関係関連の忠は崎門と同様に絶対的なものである。素行は「天地の倒覆に異ならず」と考え、放伐革命を明確に否定している（堀 1959：192）。さらに「君が君たらざれども臣が臣たらざるべからず」という臣の君に対する一方的な忠の義務を、日本のありがたき風習として捉えている。

　　されば平清盛ごときなる我ままをなせし武臣たりといへども、猶朝廷を立て命を重んずる事、是れ併しながら天神地祇の神霊万世の後まで相のこりて、君君たらざれども臣以て臣の道を守るのゆえなれば、有り難き本朝の風俗也[30]。

　日本の風俗、国体と結びついた絶対的な忠は後期水戸学派を経て、君臣一体、忠孝一致に帰結していくが、水戸学派の影響を受けた吉田松陰（1830-1859）の松下村塾の「士規七則」はその典型といえよう。「蓋し人に五倫あり、

而して君臣父子を最大となす、故に人の人たる所以は忠孝を本となす」(第1則)、「蓋し皇朝は万葉一統にして、邦国の士夫は世々禄位をつぎ、人君は民を養って祖業をつぎたまひ、臣民は君に忠にして以て父の志をつぐ君臣一体忠孝一致なるは唯吾国を然となす」(第2則、武内 1982：211)。

　この忠孝一致論が、江戸時代において日本の倫理、価値観にどれほど影響を与えたかが把握しきれないが、明治に入ってから小学校の『修身教科書』の内容にもなっていた。「天皇は、皇祖の御正統にましまして、神器をうけつたへさせ給ひ、臣民も、同一の天神より出でて、開闢のはじめより、皇祖皇宗と、臣民とのあひだは、宗家と、支家との如く、父と子との如きものなり。故に、君臣の義と、父子の親とは全く、一つにして、忠と孝と二途ならず」[31]。ここでは小学生にも分かりやすい文章で書かれ、忠と孝が整然と一つになっている。皇室が全国民の宗家であるため、親に孝行しなければならないとともに、全国民の親である天皇に対しても孝行しなければならない。孝は完全に忠そのものになっているのである。小学校の教科書の内容になっているだけに、この忠孝一体の倫理観は広く日本国民に浸透したと考えられよう。

3　日本における「仁」

　忠優先、忠強調の日本では、儒教の最高倫理である仁がどのように捉えられているのか。『菊と刀』を著したベネディクトは「日本では『仁』は倫理体系の外に追放された徳となり、中国の倫理体系の中で有していた高い地位からすっかりおとされてしまった」(ベネディクト著、長谷川訳 2005：147) と論じているが、果たして本当にそうだろうか。

　周知のように、原始儒教 (孔子、孟子の教え)、新儒教 (朱子学、陽明学) を含め、儒教は仁を根底に据えた「仁学」ともいわれる思想体系である。一方、林家朱子学、崎門朱子学、古学など日本の儒教学派はいずれも変容しながらも儒教の範囲内にとどまっている。すなわち、儒教である以上、その最高の徳である仁を完全に「倫理体系の外に追放」することはできまい。

　日本の儒教における仁の受け止め方は次のように要約できよう。

まず第一に、中国と同じように、日本の儒教においても、仁は包括的な最高の徳である。「仁は五常のはじめにして、義と礼と智と信との四も仁の中にこもるぞ」[32]「聖学の全体、万善の総括、皆仁に在る」[33]「仁は五常を兼ねるの言にして、聖人の教、仁を以て極処と為す」[34]といったように、日本の儒教の各学派では、仁は倫理体系の外に追放されたのではなく、中国の儒教と同様に五倫（父子の親、君臣の義、夫婦の別、長幼の序、朋友の信）、五常（仁、義、礼、智、信の5つの徳）などの徳を内包する最高の徳である。

その最高の徳である仁は、さらに朱子学、陽明学では、万物一体の仁として主張されている。人間も含め万物は天のあわれみ＝仁によって生まれたものであるため、すべての人間は愛すべき兄弟であり、同胞である。これは万物一体の仁が訴えようとするところである。ここで特に強調したいのは、林羅山の「仁と云ものは、天理にありては、物を生ずるの心ぞ」[35]、同じ朱子学者貝原益軒（1630-1714）の「我も人も凡天下国家の人民は、皆天下の子にて、本は我と兄弟にて御座候」[36]、石門心学で知られる石田梅岩（1685-1744）の「仁者は、天地万物を以て、一体の心となす。己に非ずと云ふことなし」[37]などで分かるように、この万物一体の仁の理念も、日本の儒教のほとんどの学派において受け入れられたことである[38]。

第二に、仁徳だけでなく、仁の他者愛義務相互性の倫理的要請も、不完全ながら日本の儒教に受け入れられている。仁の他者への尊敬や敬愛は臣の君に対する忠、子の父に対する孝のほかに、君の臣に対する礼、父の子に対する慈も含まれている。いわば儒教の仁における他者愛の倫理的義務は相互的なものであり、決して下の上に対する一方的な義務ではない。この仁の他者愛義務の相互性も日本の儒教の各学派に見られている。林羅山の「君たる人が臣下を使ふに、礼儀、法度を正して使へば、臣下もまた君に忠節をつくすものぞ」[39]、山鹿素行の「人君を立て其命を受くる所とし、教化風俗所因とす。然れば人君は天下万民のために立其極たるゆへにして人君己が私する所に非ざる也」[40]、会沢正志斎（1782-1863、水戸学派）の「君には君の徳、臣には臣の徳」「君臣共に皆民の世話やきのために天より設けたる役人なるゆへ、民を本とすることを云しなり」[41]などは、いずれも君主の義務、すなわち他者

愛義務の相互性を認めたものである。

　第三に、仁の他者愛義務、特に統治者として権力の頂点に立つ君主のそれが果たされなかった際の道義的責任は、日本の儒教の場合、忠優先、忠強調の流れの中で基本的には受け入れられなかった。崎門の「拘幽操」的な忠——いかに残忍無道な君主にも尽くすべき一方的な忠誠——の提唱、放伐——残民害民の君主の打倒——の否定はその典型である。もともと中国の儒教では、仁徳をもって臣民を愛する仁政を実現させることが君主の他者愛義務となっているため、それが果たされずに残民害民に走ってしまった君主は、臣民の離反、政権交替の道義的責任を負わなければならない。しかし、日本では、浅見絅斎の「臣はどこまでも君に従ふ」(42)、山鹿素行の「君君たらざれども臣以て臣の道を守る」(43)などのように、君主の道義的責任が不問にされている。したがって、仁の他者愛義務の相互性または双務性(44)は日本の儒教に受容されてはいるものの、不完全なものになっている。中国の儒教における仁の他者愛義務相互性の倫理的要請を罰則のある法律に譬えることができるとすれば、日本で受容されたそれは罰則の伴わない法律のようなものになっている。日本では、中国と同じように仁が包括的な最高の徳とされながらも、最高の根本的倫理原理として機能しえなかった原因も、この仁の他者愛義務相互性の不完全さにあるのではないかと思われる。

　忠、孝、仁はいずれも相手を敬い、愛することであり、私欲なく己れを尽くす他者愛である。仁と忠、孝との違いは忠と孝が下（子、臣）の上（父、君）への愛であるのに対して、仁は忠、孝など下の上への愛とともに、礼、慈など上の下への愛も含まれている。つまり、下から上への一方的な忠、孝とは対照的に、仁はあらゆる人間関係の中で子の孝、弟の悌、婦の聴、幼の順、臣の忠を求めるとともに、父の慈、兄の良、夫の義、長の恵、君の仁も求めている。言い換えれば、仁は完全に相互的他者愛である。その他者愛義務が果たされない場合は道義的責任が問われなければならない。この仁の他者愛義務相互性の倫理的要請こそ、仁が忠、孝などすべての倫理規範を規制しうる根本的倫理原理、行動原理となるゆえんである。

社会的な視点から見れば、一つの社会の長とその構成員はともに他者愛義務を果たした場合、根本的倫理原理としての仁は、社会秩序を維持する方向に機能するが、双方のどちらかが、特に社会の長がその他者愛義務を怠ったり、または完全に放棄したりする場合、仁は社会秩序の再編、あるいは社会変革の方向に機能することもありうる。

　原始儒教、新儒学を含め、中国の儒教そのものは仁を根本原理に据えた思想体系である。ただ実践道徳として中国で展開されていく過程で、「父子天合」が重く見られた結果、孝を重視する傾向が強まり、それは中国の儒教の特徴になっている。しかし、いうまでもなく、孝重視は決して親の子への愛＝慈を否定するものではなく、原理的にはあくまでも根本的倫理原理としての仁の規制を受けるものである。家族道徳である孝の過度な強調により、忠などの社会道徳の確立が阻害されるおそれも否定できない。

　一方、日本の儒教においては、他者愛義務が果たされなかった際の君主の道義的責任が否定され、他者愛の相互性の倫理的要請が不完全なものになったため、仁は包括的な徳、最高の徳とされながらも、根本的倫理原理として十分に機能しなかった。その代わりに忠の強調が目立ち、忠優先は日本の儒教の特徴となっている。日本の忠優先は、倫理規範として忠が孝より優位にあるだけでなく、仁の他者愛義務の相互性の倫理要請から切り離された忠の絶対化、忠の義務の無限化をも意味する。「忠孝一致」「忠孝一体」などのように、忠と肩を並べる孝は、親への孝であると同時に、国という擬制大家族の長への孝でもあるため、忠と完全に一体化され、忠こそ事実上、日本の儒教の最高の倫理規範となっている。忠優先の日本では、社会道徳確立のハードルは中国より低くなっているものの、社会の長の他者愛義務の道義的責任が度外視されたため、いかによき政治を持続させるかが解決しえない課題になっている。

　文化の連続性の視点から見る場合、2000年以上国教の座にあった中国の儒教は、近代の新文化運動、現代の文革の2度にわたって葬られる危機があったが、20世紀末から21世紀初頭にかけて復活を遂げた。2004年中国政府が制定した『小学生日常行為規範 修訂版』[45]などからも読み取れるように、

儒教思想は依然として中国の倫理のバックボーンとなっている。

　これに対して日本の場合、戦後教育勅語が廃止されてから、忠孝などの儒教的な表現は教育現場から姿を消してしまった。もちろん、数えきれないほどの儒教の研究書、解説書がわれわれの周りに存在している状態を見れば、日本では儒教思想が断絶したとはいえない。「現代の日本人は徳川期の先人とは異なり、明らかに『孔孟の徒』ではない。だが、彼らの価値観と倫理観はいまだに儒教的なものを色濃く残している。伝統的な哲学や宗教の中で儒教ほど大きな影響を残しているものはおそらく他にはあるまい。……今日、『孔孟の徒』を自認する日本人はほとんど皆無だが、ある意味では一億みな『孔孟の徒』といえなくもないのである」(ライシャワー著、國弘訳 1979：220)。ライシャワーのこの示唆に富んだ論述は日本にだけでなく、中国にも当てはまるだろう。数多くの政治的、社会的変化の中で、儒教が中国人または日本人の倫理観に与えた影響は、変容し、消えた部分もあったろうが、中国の「孝」と日本の「忠」のようなものは簡単になくなるまい。

注：
(1)　『論語』子張篇第1章に「祭りには敬を尽くす」、同八佾篇第6章に「礼を為して敬せず……私はそのような者を見たくもない」といったところがあり、大切な賓客に接する際、または大切な祭りを行う際の態度とはいずれも敬、うやまうことを意味する。
(2)　源了圓は朱子学のことをこう捉えている。「朱子学の道徳哲学を一言にしていえば、仁を中核にする教学ということになるであろうが、歴史観は義を明らかにしようとするものであって、朱子学は仁義を講明しようとする学問である、と要約することができよう」(源 1973：24)。
(3)　なお、万物一体の仁について、詳しくは岡田武彦 (1994)「儒教の万物一体論」『儒教精神と現代』明徳出版社、84-109頁を参照。
(4)　悌だけではなく、儒教ではすべての徳目が仁――他者への敬愛、尊重である以上、家族道徳と社会道徳との間にはっきりとした境界が存在しないと考える。
(5)　「父子の道は天性なり。君臣の義あり」(『孝経』聖治章)。
(6)　「忠臣は以ってその君に事え、孝子は以ってその親に事う。其の本は一なり」(『礼記』祭統篇)。
(7)　「父の孝子は君の忠臣なり」(『戦国策』趙策)。
(8)　「忠臣を求むるには必ず孝子の門においてす」(『後漢書』巻56韋彪伝所引

『孝経緯』)。
(9) 例えば東晋元帝の『孝経伝』、孝武帝の『孝経講義』、梁武帝の『孝経義疏』、簡文帝の『孝経義疏』、唐玄宗の『御注孝経』、清順治の『御注孝経』、康熙の『孝経衍義』などがある。詳しくは桑原 1977：31 を参照。
(10) 『唐会要』巻 35 経籍の項。詳しくは桑原 1977：32。
(11) 範鋐の解説書『六諭衍義』を介して明太祖の聖諭『六諭』は日本にも伝わり、道徳の入門書、または手習いの教科書として長く使われていた。詳しくは許 2008、松岡 2009 を参照。
(12) 『聖諭十六条』の内容は「敦孝悌以重人倫、篤宗族以昭雍睦、和郷党以息争訟、重農桑以足衣食、尚節倹以惜財用、隆学校以端士習、黜異端以崇正学、講法律以儆愚頑、明礼譲以厚風俗、務本業以定民志、訓子弟以禁非為、完料銭以省催科、息誣告以全良善、戒匿逃以免株連、聯保甲以弭盗賊、解仇憤以重身命」となっている（王又樸『聖諭広訓衍』)。
(13) 北斉律における十の重罪は不孝のほかに、反逆、大逆、叛、降、悪逆、不道、不敬、不義、内乱がある。詳しくは欒ほか 2012：15。
(14) 中華民国刑法では「親親相隠」が認められていた。親親とは配偶者、五等親内血親、三等親内姻親である。欒竹民（2002）「中国の『孝』の位相」欒竹民・飯島典子・吉沅洪編『日中韓の伝統的価値観の位相──「孝」とその周辺』渓水社、21 頁
(15) 「日本の儒学」のほか、「日本の潔癖」「日本的歪曲」「君臣父子」「日本の心情」などがある。以上の論文は『吉川幸次郎全集 第 17 巻』に収載されている。
(16) 例えば、丸山真男『日本政治思想史研究』、相良亨『近世日本における儒教運動の系譜』『近世の儒教思想』、源了圓『徳川合理思想の系譜』『徳川思想小史』、渡辺浩『近世日本社会と宋学』『日本政治思想史──十七～十九世紀』など。
(17) 改訂前の旧刑法 200 条では、尊属以外の殺人罪は死刑、無期または 3 年以上の懲役であるのに対して、尊属殺人の場合は死刑か無期と重くなっている。この条項は 1973 年最高裁の違憲判決の後も存続し、1995 年の刑法改正で削除された。
(18) 新井白石『折たく柴の記』巻下、詳しくは桑原 1977：111-113。
(19) 中江藤樹『翁問答』、山井ほか 1974：156。
(20) 藤樹の代表的な著作『翁問答』に一貫されたスタンスは、基本的に孔子の「君は君たれ、臣は臣たれ」、すなわち君臣の責務の相互性を認めるものである。しかし、その数年前に書かれた『安昌、玄同を弒するの論』にある「伝に曰く、君、君たらずと雖も、臣は以て臣たらざるべからず。父、父たらずと雖も、子は以て子たらざるべからずと。是に由って之を推せば、則ち師、師たらずと雖も、弟子は以て弟子たらざるべからず」（『安昌、玄同を弒するの論』山井ほか 1974：9）は、他者愛義務の相互性とは相反対するものである。それは

玄同を「醇儒」（真の儒者）と称することへの感情的な反発なのか、それとも藤樹自身のものの見方が後に変わったのか、判断しにくいものである。
(21) 忠臣蔵でよく知られる赤穂浪士の場合、その忠の対象は赤穂藩の藩主である。幕府の立場からすれば、大石良雄らの行動は幕府の裁決に反するものであり、むしろ幕府に対する不忠ともいえる。
(22) 林羅山「幕府の問に対ふ」『羅山先生文集 巻第三十一』問対一、石田ほか 1975：208。
(23) 同上。
(24) 山崎闇斎学派の中で佐藤直方、三宅尚斎は少数派でありながら、崎門主流派とは思想的に忠の絶対化について、反対または慎重な姿勢を見せている。
(25) 浅見絅斎『拘幽操師説』西ほか 1980：230。
(26) 西ほか 1980：236。
(27) 市来 1994：41、若林強斎『雑話筆記』西ほか 1980：472。
(28) 当舎修斎筆録『雑記』西ほか 1980：540。
(29) 若林強斎『雑話筆記』西ほか 1980：469。
(30) 山鹿素行『武家事記 巻第一』多田 2006：65。
(31) 東久世通禧『修身教科書 高等科巻三第三課』川島 2000：169。
(32) 林羅山『春鑑抄』石田ほか 1975：117。
(33) 伊藤 1970：80。
(34) 山鹿著、土田訳 2001：70。
(35) 林羅山『春鑑抄』石田ほか 1975：117。
(36) 貝原益軒『益軒先生贈宰臣』源 1973：36。
(37) 石田梅岩『都鄙問答』ベラー 1996：291。
(38) ほかには伊藤仁斎の「聖人の仁は天地の物を生ずる心」（伊藤仁斎『論語古義』相良亨（1998）『伊藤仁斎』ぺりかん社、138 頁）、大塩平八郎の「『万物一体の仁』を忘れた『小人』の為政者には天誅を下さねばならない」（荒川紘（2004）「儒教教育の日本的展開」『人文論集』第 55 巻第 1 号）などのように、各学派はあまねく万物一体の仁の思想を受容しているといえる。
(39) 林羅山『春鑑抄』石田ほか 1975：139。
(40) 山鹿素行『山鹿語類』ベラー 1996：226。
(41) 会沢正志斎『人臣去就説』今井ほか 1973：354-355。
(42) 浅見絅斎『拘幽操師説』西ほか 1980：230。
(43) 山鹿素行『武家事記 巻第一』多田 2006：65。
(44) 丸山真男「闇斎学と闇斎学派」西ほか 1980：647。
(45) 2004 年 9 月 1 日施行の『小学生日常行為規範 修訂版』は 20 項目からなり、その第 2、3、4、5、6 項では、儒教の孝悌、仁愛、礼譲、誠信について、子どもに分かりやすい言葉で記述されている。

第Ⅱ部

中国企業における組織・個人関係の実証的考察

第5章

中国国有・国営企業の形成と特徴

第1節　政治運動を伴った経済建設

1　経済建設の初期条件

　1949年10月、毛沢東が率いる共産党は蔣介石の国民党に勝利し、中華人民共和国の成立を宣言した。この時から70年代末の改革・開放政策に転換するまでの約30年間に、中国では毛沢東を指導者とする政治・経済体制のもとで、平等主義の原則と建国前に解放区で始められた大衆動員の手法が運用され、新民主主義・社会主義の経済建設が行われていた。

　経済建設の初期条件はきわめて厳しいものであった。戦乱が長く続いた結果、中国は文字どおり満身創痍の様相を呈していた。重化学工業企業、近代的工場が少ないうえに、鉱工業生産量が大きく落ち込んでいた。史上最高を100とすれば、49年の主な工業製品の生産高は、銑鉄10.9、インゴット15.8、鋼材17.8、石炭44.5、発電量72.3、セメント30.9となっていた[1]。国民の8割が農民で（農村住民が人口の8割を占める状態は80年代まで続いた）、十分に衣食の足りた生活を送れない貧困人口が多く、しかも国民の9割近くが読み書きのできない文盲という典型的な遅れた農業国であった。伝統的農業経営による生産は効率が悪く、食料の自給自足でさえできないため、長い間輸入食糧に頼っていた。中国共産党はこのような状況下で近代的工業・農業を発展させ、5億4000万の民を養わなければならない現実に直面することになった。

　一方、中国にとって当時の国際状況が、同様に深刻なものであった。冷戦の結果、世界はアメリカを中心とする資本主義陣営と、旧ソ連を中心とする

社会主義陣営に二分し、社会主義体制をとった中国は当然、欧米資本主義諸国と敵対関係になり、アメリカによる封じ込め政策の対象となっていた。資金、先進的工業技術および機械設備、さらに経営管理手法の導入は、世界初の社会主義国家であり、重工業優先の経済建設に成功した旧ソ連に依存するしか、ほかに選択肢がなかったのである。

2 ソ連モデルの導入過程

　1950年2月、モスクワで中国首相兼外相の周恩来とソ連外相ビシンスキーにより「中ソ友好同盟相互援助条約」が調印された（期限30年）。また、53年5月、同じモスクワでソ連が中国の経済発展を援助する協定（「ソビエト社会主義共和国連邦が中華人民共和国中央人民政府の中国国民経済の発展を援助する協定」）が結ばれた。これらの協定に基づいて、ソ連から中国へ機械設備およびその運転技術が導入され、重工業を中心とする156項目[2]の大型工業プロジェクトが供与され、これらが第一次五ヵ年計画期（1953～57年）の重点プロジェクト694項目の中核をなしていた。毛沢東はソ連援助に対して大きな期待を寄せていた。彼は53年2月の中国人民政治協商会議全国委員会第4次会議において次のように講演した。すなわち、大規模な国家建設をするに当たって、われわれの経験は足りない。われわれは全国範囲で誠心誠意にソ連に学ぶべきである。ソ連の先進的技術と管理方法を学び、ソ連から先進的機械設備を導入し、その資金を利用することによって、中国の技術と管理水準を向上させなければならない。これはどうしても必要なことである。当時、冷戦による東西対立の中で、ソ連だけでなく、社会主義陣営に属する旧ドイツ民主共和国、旧チェコスロバキア、ポーランド、ハンガリー、ルーマニア、ブルガリアなどの東欧諸国からも計68のプロジェクトの供与を中国は受けている（薄1997：305）。

　ソ連援助に依存する経済建設は完全な重工業優先政策であり、特に兵器工業育成の必要性から鉄鋼業が重視され、大型プロジェクトのうち、鞍山製鉄所だけで48項目が実施されている。中国はこうしたソ連の資金、技術、設備の援助に依存することによって、原料、中間財、機械設備の自給化を目指

そうとし、また経済体制についても、中国はソ連型計画経済システムを懸命に模倣しようとしたのである。ところが、中兼和津次は毛沢東時代の経済体制はソ連型システムのコピーとはいえないと指摘している。中兼はエルマン（Ellman, M.）などの研究を根拠に、中央の計画対象になり、中央に分配される財の種類について、中国はソ連にはるかに及ばず、計画の集権度が低かっただけでなく、計画の中身や実質的内容を見ても、中国とソ連とは大きく異なっていると主張している（中兼 2002：125-127）。

　ソ連から供与されたプロジェクトの8割近く、そして、中国独自の重点プロジェクトの7割が太平洋側の沿海地域を避け、中部および内陸部の地域で実施された。周辺の地域経済と無関係の位置（飛び地）に工場を建設していたため、工場関連施設、道路、工業用水などのほかに、従業員の生活関連施設（住宅、病院、商店、保育園、銭湯、理髪室などの福祉関連施設、付属小中高校などの教育関連部門、劇場、体育館などの娯楽関連施設など）も建設され、その結果、企業は「一切合財ワンセット」の「企業小社会」とならざるをえなかった。これが「単位主義」「単位体制」または「単位社会」と呼ばれ、その改革が大きな問題として注目され、今日まで続いている。

　ソ連援助に依存した経済建設は、第一次五ヵ年計画の終了時にひとまず成果が現われ、1953～57年の平均成長率は社会総生産額11.3％、工業総生産額18％、国民所得8.9％となっており、中国は工業化の土台を築くための第一歩を踏み出したといえよう。ただ農村・農業を犠牲にした重工業優先の強蓄積構造のもとで、農業総生産額の伸び率は4.5％にとどまり、工業に比べ成長が大きく立ち遅れた（中国国家統計局 1981：17, 20）。

　しかし、第一次五ヵ年計画が終了して間もない頃に、中ソ関係の蜜月期はピリオドを打つこととなった。イデオロギーにおける対立（「中ソ論争」）やアメリカとの関係をめぐる意見対立をきっかけに、両国（両党）の関係が悪化し始めた。59年6月、ソ連は「国防新技術に関する協定」の破棄を中国側に通告し、原発技術の提供をも拒否した。翌60年7月、約1400名のソ連人技術者を1ヵ月以内に引き揚げることを中国に通告し、原油、部品の供与も停止する旨を表明した。こうしたソ連の一方的な援助中止は実施中のプロ

ジェクトに大きな影響を与え、中国経済の混乱を引き起こした。ソ連との決裂によって、中国は厳しい国際環境の中で孤立無援に陥り、その後、毛沢東の強烈なリーダーシップのもとで、共産党解放区時代の「自力更生」路線への回帰に大きく方向転換し、外交における「独立自主」の方針とともに、中国独自の道を歩むこととなったのである[3]。

3 経済発展を阻害した政治運動

　計画経済時代の中国の歴史は、政治史から見れば「政治運動」と「階級闘争」の歴史であった。1950年代から70年代までの間、中国では政治運動・政治闘争が絶えることがなかった。その主なものを羅列すると次のとおりである。

　—1951～52年の「三反・五反運動」：　三反運動は51年末～52年10月にかけての汚職・浪費・官僚主義に反対する運動であり、五反運動は52年の贈収賄・脱税・横領・手抜き・国家経済情報の漏洩に反対する運動であった。三反は主として共産党員に対するものだが、これに対して五反は私企業の資本家に向けられた闘争であった。

　—1957年からの「反右派闘争」：　反右派運動は建国後初めての大規模な政治運動である。共産党、中央政府に不満や批判的意見を述べた知識人などは「共産党の支配、社会主義制度、プロレタリア独裁に反対しようとしている」とのレッテルが貼られ、職務の剥奪、農村・鉱山での「労働改造」を強いられるなどの迫害を受けた。

　—1958～61年の「大躍進」：　大躍進は毛沢東の提唱によって始められた農業・工業の大増産政策であるが、当時の中国の現実状況を無視した、精神主義に基づいた政治運動的色彩を強く帯びている。大躍進の失敗は経済の失調と農村の荒廃を引き起こし、「2000万人の非正常死」の最大の原因となったといわれている[4]。

　—1962年末からの「四清運動」：　これは農村で行われていた政治運動である。当初は労働点数、帳簿、財物、倉庫の管理を正すことが目的だった（小四清）が、次第に政治、経済、組織、思想を正す「大四清」に発展してし

まった。

——1963年からの「社会主義教育運動」： 1963年毛沢東は下部構造である農村の基層組織の3割が地主やブルジョワ分子に乗っ取られたと述べ、劉少奇らの「実権派」を暗に批判し、社会主義教育運動を提唱した。

——1966〜76年の「文革」： 現代中国に起きた最大規模の政治運動は文革である。大躍進の失敗で自分の権力が弱まるのではないかと危機感を募らせた毛沢東は、紅衛兵を中心とする大衆を動員し、劉少奇をはじめとする共産党、政府機関の幹部、知識人などに「走資派」のレッテルを貼って追放し、多数の死傷者を出した。81年6月の中国共産党第11期中央委員会第6次全体会議では、文革が「重大な誤り」であり、「毛沢東同志に主な責任がある」と総括され、全面的に否定された。

以上のように繰り返された政治運動と階級闘争は、凄まじい政治的迫害や冤罪、そして人々の相互間の強い不信感をもたらした。政治闘争が最優先され、常に社会生活の中心的位置に置かれたため、経済運営は二の次となり、一貫した経済政策の実施は困難であった。外国投資、貿易がほぼ遮断された閉鎖経済体制と重工業優先発展の蓄積構造の中で、消費財の供給不足が続いたため、計画経済時代の約30年間では、国民が苦しい生活を強いられ、食糧、副食品（肉類、卵、食用油、糖類、豆製品、野菜など）、日常生活用品（石鹸、肌着、布・綿花など）はすべて配給制であった。

政治運動が起きるたびに人々はエネルギーを「闘争」に注ぎ、工場の稼働率は下がる一方で、生産活動が停滞していた。この中では最も規模が大きく、持続期間が長い文革の経済発展への影響は特に深刻なものであった。文革は66年に始まったが、67年の工業総生産の対前年伸び率は−13.8％となり、さらに68年は−5.0％と2年連続のマイナス成長となり、最優先されていた鉄鋼の生産量の伸び率も67年−32.8％、68年−12.1％と大きく落ち込んだ。一方、農業の総生産量は、67年は1.6％の微増（前年度伸び率8.6％）にとどまり、68年は−2.5％であった（中国国家統計局1990）。79年12月20日、全国計画会議の席上で李先念中央政治局常務委員（当時）は、大躍進、文革によってもたらされた経済上の損失について、次のように話した。「大躍進のときに、

広範な大衆の熱情は高かったが、われわれが指導において過大な目標（原文＝高指標）、デタラメ指揮（原文＝瞎指揮）、共産風を吹かせる誤りを犯したので、その結果、損失は大変大きかった。ある同志の推計では、国民所得を1200億元失った。……文化大革命の動乱の10年には、政治上国家と人民にもたらされた災難は別にして、経済上、ある同志の推計によれば国民所得で見て5000億元失った」。これらの金額については、1200億元は大躍進当時の1年分の国民所得に当たり、5000億元は文革当時の約3年分の国民所得に当たる。言い換えれば、大躍進や文革がなければ、中国はその分の成長をしていたのだろうと考えられる（矢吹1989：30-31）。

しかし、こうした物的損害以上に、何よりも大きな損失は、密告が奨励され、自分を守るために師長・友人・同僚・隣人を裏切り、「人と人との信頼関係が壊され、猜疑心のうずまく社会になってしまったことにある」（石原 2004：47）。中国人の組織観、組織と個人の関係、あるいは組織内の行動パターンを考察する際には、こうした毛沢東時代の政治運動、階級闘争の負の遺産が個人に投影されていることが看過できないだろう。

第2節　公有制の確立と国有・国営企業の形成

1　新民主主義社会の経済構成体

新民主主義経済から社会主義経済へ転換し、社会主義公有制が急速に確立される過程において国有企業が形成された。毛沢東は建国前の早い段階で新民主主義経済の内容や特徴について考えていた。彼は1947年に執筆した「当面の情勢と我々の任務」の中で次のように述べ、新民主主義経済のテーゼと枠組みを提起した。「封建階級の土地を没収し、農民に分配すること、蒋介石・宋子文・孔祥熙・陳立夫をはじめとする独占資本を没収し、新民主主義の国家所有に帰すること、民族商工業を保護すること、これらが新民主主義革命の三大綱領である」（毛1991：1253）。また、49年1月の中共中央政治局会議では、毛沢東は経済建設の方針に関して「今後は経済全般に対して認識

すべきである……一方では、新民主主義経済が計画経済ではない、社会主義への発展ではない、それが自由貿易・自由競争であり、資本主義への発展である、などと考えるのは大きな間違いであり」「他方では、細心の注意を払い、慎重に行動し、性急に社会主義化を進めてはならない」と強調した（薄 1997：24）。

　1949年3月、毛沢東は中国共産党第7期中央委員会第2次全体会議で演説し、新民主主義社会の経済構成体を次の5つに分類した。すなわち、①国営経済、これは社会主義性質のものである。②合作経済、これは半社会主義性質のものである。③私企業、④個人企業、⑤国家・個人合作の国家資本主義企業（公私合営）である（毛1991：1433）。この5種の資本所有形態（5つのウクラード）が、49年9月に開かれた中国人民政治協商会議第1次全体会議の「共同綱領」を通じて発表され、民族資本家を含む社会各階層からの賛同を得て、人民共和国の経済運営の基本方針となった。

　だが、15年から20年かけて、新民主主義社会から社会主義社会へ移行し、社会主義体制に漸進するという当初の国家戦略は、アメリカの対中封じ込め政策の強まりと朝鮮戦争の勃発による国際情勢の緊迫化の中で転換が迫られ、新民主主義段階構想を「放棄」せざるをえなかったのである（山口2008）。中国は社会主義体制への進展が加速化し、予想より10年以上早まって、50年代半ばにすべての私企業、個人企業、合作経済など非国営経済部分の「社会主義的改造」（制度面での国有化・集団所有化）が完了し、全国範囲での社会主義公有制の確立が宣言されたのである。

　次に、共和国政府による国民党官僚資本系企業と外国資本系企業の接収・国有化過程を見てみよう。

2　国民党官僚資本と外資系企業の接収・国有化過程

（1）国民党官僚資本系企業の接収過程

　「官僚資本主義」とは何か。これについて毛沢東は次のように定義している。「蒋宋孔陳四大家族は、彼らが政権を握っている20年の間に100億ドルから200億ドルの巨大な財産を占有し、全国の経済命脈を独占している。この独

占資本は国家権力と結託して国家独占資本主義となった。……これこそ蒋介石反動政権の経済的基礎である」[5]。したがって、新政府にとって、蒋介石政権の経済的基礎を破壊し、その財産を国有化することは新政権を強固なものにするためには必要不可欠であった。

接収の対象は、国民党資源委員会など、党の各級行政機構（中央政府、省・市・県政府）が経営する約3000社の鉱工業企業であり、第二次世界大戦後国民党政府が接収した日本、ドイツ、イタリア系資本の企業も含まれている。ただし国民党の上級官僚らの経営する企業は接収対象に指定されたものの、下級官僚、地主が経営する企業、および官僚資本の企業に出資した個人の持株は、接収の対象とはならなかった。

接収の時期について、共産党の解放地域の拡大に伴って順次行われていたが、1946年ハルビンでの接収を皮切りに急増し、49年初頭に長江以北の企業、49年末には台湾を除くすべての国民党官僚資本系企業が、新政権によって接収された。

接収方法は、新たに解放された地域で暫定的な軍事管理委員会を設置し、企業の接収を軍事管理委員会が統一管理する方法が採用された。接収対象企業に対して「段階的・部分的接収」が禁止され、企業丸ごと「一括接収」が求められた。また、当該企業の従業員については、これまでどおりに勤務することが要求された。従業員に対して、企業の機械設備、設計図、帳簿、档案（個人情報の記録ファイル）などを保護・保存する者を奨励し、破壊者を厳罰する措置が講じられた。企業組織については、人心の安定と企業秩序の維持を図るため、当分の間「減員減給」せず、原状をすべて引き継ぐ方針が決定された。現存の管理組織、工場長、部課長などの中間管理者、現場監督者、事務職員、技術者などを留任させ、賃金システムおよび会社の諸制度・諸規則も改正せずに、生産再開・経済復興が最優先課題とされた。

以上の過程を経て、1949年末までの接収企業数は2858社、従業員数は129万人に上った。接収した企業には発電所138基、炭鉱・製油所120社、製鉄所19社、金属加工工場505社、化学工場107社、製紙工場48社、紡績工場241社、食品工場844社が含まれている（中国社会科学院ほか 1996：805）。

さらに、追加措置として、51年はじめ、政務院が「企業における公股・公産の整理方法」（公股とは公私合営企業の政府の持株で、公産とは公有財産のことである）、および「戦犯、漢奸、官僚資本家及び反革命分子の財産の没収に関する指示」の2つの通達を発した。これに基づいて、私企業や公私合営企業に財産を「隠蔽」している官僚資本（国民党政府系の経済機関・金融機関、私企業内の官僚資本家の持株など）に対して、徹底的に整理、没収が行われた（人民出版社1951：820）。こうして官僚資本に対する接収が終了し、工業総生産額に占める国有・国営企業の比重は急速に高まった。

(2) 外資系企業の接収と国有化

中国における外国列強の経済的支配権を取り除くために、中国政府は①税関の管理権の回収、②対外貿易の管理、③在中国外国企業に対する接収と国有化の3つの作業に着手したが、この中の③について見てみよう。

1949年頃の在中国外国企業数は1000社あまりだが、その8割がアメリカ・イギリス両国の企業であった。アメリカの対中封じ込めと朝鮮戦争の勃発による米中対立が深刻化している中で、またこれに加えて50年アメリカの在米中国資産の凍結措置に対抗して、中国政府は特にアメリカ企業に対する態度が厳しかった。50年12月28日発布の政務院令によると、アメリカ企業への対処に関しては、①中国国内のアメリカ政府およびアメリカ人個人の所有資産について、該企業所在地の人民政府によってすべて管理すること、②中国国内の銀行にあるアメリカ政府および個人の預貯金は、公私にかかわらず、すべて凍結すること、③以上の措置は直ちに実行すること、などの方針が決定された[6]。さらに、51年5月15日に中央人民政府が発布した「在中国米国資産の処理に関する指示」（「関于処理美国在華財産的指示」）において、アメリカ企業に対する接収と処理方法が一層明示された。これによれば、対象となるアメリカ企業が4つに分類され、それぞれに対して異なる方法で対処するよう求められている。一つ目は、中国の主権または国家経済と国民生活に大きな影響を与える企業については、中国政府が接収する。二つ目は、国家主権や国民生活との関連性が相対的に低く、またはその性質上接収するのに適切でない企業については、中国政府が代わりに管理する（「代管」）。三

つ目は、国家にとって必要な企業であれば、中国政府が買い上げる。四つ目は一般企業については、政府が管理を強化し、所有者自らの整理・清算を促す。このほかに、政治的にも経済的にも、中国にとって脅威や障害にならない一部のアメリカ企業に関しては、上海、天津、広州などの地域に残留させることとした（趙 1989：44）。

外国企業に対する接収、買い上げ、および企業所有者による清算の結果、49～53 年の外国企業数は 1192 社から 563 社へ、従業員数は 12 万 6000 人から 2 万 3000 人へ、外国政府・個人の資産は 12 億 1000 万元から 4 億 5000 万元へとそれぞれ減少し、特にアメリカ企業は、企業数（288 社から 69 社へ）、従業員数（1 万 4000 人から 1500 人へ）、資産（3 億 9000 万元から 1600 万元へ）のいずれも大幅に減少した（汪 1986：38）。

3　私企業の国有化と公有制の確立

1952 年の工業総生産のうち、国有・国営企業が 41.5 ％、集団企業が 3.3 ％、公私合営（政府と民間による公私共営）企業が 4.0 ％、個人企業が 51.2 ％をそれぞれ占めており（中国国家統計局 1984：194）、国有・国営企業の主導的地位を確立するためには、私企業・個人企業のさらなる国有化が必要であった。この点については 54 年憲法において、「中華人民共和国の成立から社会主義社会を成し遂げるまでの間は過渡期であり、国家が過渡期における総体的任務（総任務）は徐々に国家の社会的工業化を実現し、次第に農業、手工業および資本主義的商工業の社会主義改造を完成することである」とその方針が明確に打ち出されている[7]。当時では、この過渡期は 3 年の経済復興期を除いて、さらに 3 つの五ヵ年計画（15 年）が必要であろうと予想されたが、実際はかなり急速に進められ、第一次五ヵ年計画期間内の 1956 年にほぼ完了したのである。

私企業の「社会主義改造」は「公私合営」の形で進められた。54 年政務院令「公私合営工業企業に関する暫定条例」（「公私合営工業企業暫行条例」）によれば、対象企業の選定は、①国家にとっての必要性、②「改造」の可能性、③所有者の同意、が必要条件となっており、改組後の経営権については、①

公私合営企業は、「公方」すなわち政府の指導を受けること、②経営管理は政府機関の代表、もとの企業経営者、労働者代表の三者によって行われることが定められている（人民出版社 1954：233）。

　55年後半に入ると、産業、業種ごとに大規模な「業種別合営」が始まった。まず、上海市では綿紡績、製紙など8業種、計160社で公私合営が行われ（人民出版社 1955：310-311）、瞬く間に北京、天津にも波及した。56年1月には、北京の35業種、計3990社が国有企業に改組され（人民出版社 1957：69）、この時点で公私合営がピークに達し、全国に広がっていった。急速な公有制推進の結果、56年「国民総収入」に占める諸経済類型の割合は、国営経済32.2％、合作経済53.4％、公私合営経済7.3％、個人経済7.1％となり、55年に3.5％を占めていた「資本主義経済」（国民党官僚資本、外国資本）は完全に姿を消した[8]。56年9月に開かれた中国共産党第8期中央委員会第1次全体会議では、国家副主席の劉少奇は、制度面での改革が基本的に完成し、「進んだ生産関係と遅れた生産力」とが今後の主要矛盾であると報告し、私企業・個人企業に対する社会主義的改造の完成と公有制の確立を宣言したのである。

4　国有・国営企業の経営管理方式の確立

（1）解放区時代の公営企業

　中国国営企業の経営管理方式に関する考え方の原形は、建国前の「解放区革命根拠地」における生産活動に遡ることができる。当時の公営工場はごくわずかな機械を除いて、基本的には手工業を中心とする生産方式を用いて、軍需品や日常生活用品を生産し、それによって自給自足するための必要最低限の工業製品、生活物資を賄っていた。この時期に作り上げた企業組織の原則・制度、工場管理の経験、そして育成した工場管理の人材について、毛沢東は1942年に次のように述べて絶賛した。「1938年に始まった過去5年間の公営経済事業はきわめて大きな成果を挙げることができた。この成果は私たちにとっても、わが民族にとっても大変貴重な財産である。なぜなら、われわれは新しい国家経済のモデルを作り上げることができたからである。

……特にわれわれが経営や経済に関する経験を学んで身につけたことは、数字では計算できない、値のつけようもない宝物である」[9]。

　この時期の企業管理の経験については、当時の資料に基づいて以下の3点にまとめられよう。第一に、公営企業と解放区政府、および主管部門との関係についてである。かつて企業（工場）は無政府状態になっていたり、あるいはその逆で、一つの企業に対して複数の主管部門が管理したりしていた。そのどちらも現場の混乱を招き、生産に悪影響を及ぼしたため、この教訓から、一元的・集中的企業管理の原則を規定し、この原則に従って、一つの企業に対して一つの主管部門が管理するようになったのである（陝西省档案館ほか 1981：371）。

　第二に、資金供給、製品販売における政府主管部門と企業との関係についてである。かつて解放区では原料・資金供給、製品販売、コスト管理などについては3つの生産・経営方式が存在していた。一つ目は、清算制である。これは生産するのに必要な原材料費と流動資金を、企業がいったん立て替えて、事後に主管部門から仮払金を請求し清算する方法である。生産した製品はすべて主管部門に納入し、販売や配給を委ねる。この方式が生まれた背景には、製品はすべて商品として販売するのではなく、生産の目的はあくまでも自給自足をするためにある、という事情があった。ちなみにこの時期にはまだ原価計算や事業体としての自立性、採算性についての知識はほとんどなかった。清算制の弱点は無駄が大きく、企業に対する主管部門の管理が有効に機能せず、企業責任者のモチベーションも低いことにあったが、それは後の社会主義計画経済体制下の経営とは、企業による資金の立て替えを除いて本質的に同一のものであり、当時ではすでにその弊害が認識されていた。二つ目は営業制である。例えば、陝甘寧辺区石油工場の場合、1943年4月、この工場は生産・経営方法を清算制から営業制に変更し、生産するための設備・資金を自企業で賄い、販売も独自で行うが、利潤の分配は主管部門への上納40％、内部留保（積立金）40％、従業員への配当金15％、その他5％となっている。営業制は主管部門が一部の製品を商品として生産する前提を設定したため、企業の自立心や採算についての自覚を促す効果があった。た

だし当時では解放区の多くの企業は自給自足的生産しか行っておらず、商品市場が未発達のままであり、製品販売は困難な状況にあったため、この制度もあまり有効に機能していなかった。三つ目は工賃制である。これは政府主管部門が企業に原材料を提供し、指定した製品を生産させ、工賃（加工料＋利潤の20％）を支払う方法である。企業にとってこの方式のメリットは、原材料購入や流動資金などの負担が軽いこと、一定の独立性を保つことができ、自主的生産活動によって利益の拡大が可能であること、自力で販売する必要がないこと、などが挙げられよう。

　以上の3つの生産・経営方法について、当時ではすでにそれまでの経験や教訓が総括され、次のように認識されている。すなわち、清算制は工場の採算がとれず、企業として成り立たないので、この方式はいずれ消滅するだろう。清算制の代わりに営業制になるか、工賃制になるかは、自給自足的経済と商品経済の発展状況に決定づけられるだろうと考えられたのである（陝西省档案館ほか 1981：141-154）。

　第三に、賃金制度についてである。1930年代半ば頃には、かつて中央工農民主政府は本拠地の工場で、それまでの現物給与制を工賃制に改め、労働者の熟練度によって給与を3ランクに設定した。また、日中戦争期の陝甘寧辺区では、3つの賃金制度が存在していたが、一つ目は均等主義を前提とする現物・賃金混合制である。この制度の原形は手当制であり、すなわち給与の代わりに食糧や衣服類を現物支給し、手当としてわずかな現金を与える制度なのである。この制度のもとで、軍隊のように労働者全員に対して同一のものを配給し、均等主義の原則を貫いた。二つ目は賃金制である。この制度によって給与は現金で支給されるようになり、現物支給は基本的には廃止となった。三つ目は配当制である。その形式はさまざまであるが、一般的には労働者が労力で出資し、工場側が資金、機械で出資し、一定期間を経過するとそれぞれに配当金を分配する制度である（陝西省档案館ほか 1981：394-401）。

　以上、解放区公営企業の生産・経営方式、企業と解放区地方政府・主管部門との関係を概観してきたが、「均等主義」「現物支給」「製品の政府による買い上げ」「利潤の上納」などのキーワードによって示されたように、多く

の面で社会主義新中国の経済システム、生産管理体制との共通点を見い出すことができる。新政権の樹立、国家の統一、新しい政治・経済・社会体制の確立など、49年から中国は大きく変わり、共産党政権は「解放区革命根拠地」と比較にならないほど広大な土地と億万の人民を統治することになった。しかし、政府と企業との関係、経営方式の原則については、解放区時代から引き継いだものが少なくなかったといえよう。

(2) 国有・国営企業の経営方式の原則

既述したように、共和国政府の接収・公私合営などによる私企業の国有・国営化、集団化への強行の結果、1956年に生産手段私有制の社会主義的改造が基本的に達成され、新中国における公有制経済が確立し、国民経済の主導的地位を占めるようになった。アメリカ・イギリスを中心とする外国列強から接収した企業、蒋宋孔陳四大財閥およびその他の官僚独占資本から没収した企業は国有・国営企業となり、旧ソ連などから導入された大型プロジェクト関連企業も当然国営企業として運営され、経済復興ならびに本格的社会主義経済建設の役割は、国営企業によって担われていくこととなった。制度面では、その後約30年続いた中央集権的計画経済管理体制はこの時期に成立し、企業の経営管理方式の原則もこの時に形成されていった。

政府の企業管理体制の方針を規定した重要文献として、54年4月の「国家の財政・経済運営の統一に関する決定」(「関於統一国家財政経済工作的決定」)を挙げることができる。この中で、中央と地方の企業管理権限、国家と企業との関係の原則が明記されている。

まず、企業管理における中央と地方との権限の区分について、「中央政府によって統一指導を行うが、管理は各級地方政府によって行う」(「統一領導、分級管理」)ことが原則とされ、この原則のもとで国有企業が3つの部分に分けられ、それぞれに上級主管部門を設けることとされた。3つの部分とはすなわち、①中央人民政府の各部が直接管理する企業、②暫定的に地方政府または軍事機関に管理を委託する企業、③地方政府または軍事機関が直接管理する企業である。

次に国家と企業との関係について、国家が企業に対して集中的・統一的管

理体制を構築することとし、管理内容および管理方法が次のように規定されている。

第一に、財政面において、統一的に収入・支出の管理（「統収統支」）を行う。国営企業が必要な資金（固定資産投資と一定額の流動資金）は企業の所属関係に従って、中央政府または地方政府の予算からその分配を受ける。必要な流動資金が割当額を超過する場合は、中国人民銀行より貸付金の貸与を受けることができる。国営企業は中央人民政府財政部の規定に基づいて税金を納付する。減価償却費と利潤の大部分を中央政府財政部または地方政府に納めなければならない。ただし、企業は「奨励基金」として、計画利潤から2.5～5％、計画を超過完成した部分の利潤から12～20％を受け取ることができる。

第二に、物資の供給と製品販売面において、政府が計画的調達・分配システムに基づいて各種物資の供給を行い、製品はすべて政府が買いつける。当時は中央人民政府貿易部が物資の調達・分配と製品の買いつけを担当した。50年では計画的調達物資は石炭、鋼材、木材、セメント、ソーダ、銅、工作機械、麻袋の8種類だったが、51年には33種類、52年には55種類に増加した。

第三に、労働面において、これも同様に集権的管理体制をとることとした。中央および各大行政区[10]、各省・市に編成委員会を設置し、労働力の統一管理を図ることとした。国営企業の余剰人員は企業が任意に解雇してはならず、その調整は編成委員会に委ねなければならない。また、労働力不足のため増員を求める企業については、編成委員会に申請し、人員の調達を待たなければならないが、調達による解決が困難な場合に限って、募集してもよいとされた。

第四に、計画面において、国営企業に対して指令性計画を実施することとした。この時期には政務院財政経済委員会が計画の制定を担当した。経済計画の作成から実施までのプロセスは次のとおりである。まず、財政経済委員会によって該当年度の国営企業の生産計画を政務院に提出し、その審査を受ける。次に、計画が許可されれば、財政経済委員会が中央各工業部、各大行政区工業部に対し、計画生産額を下部の国営企業への振り当てを指令する。

生産計画を受け取った企業はそれぞれ自社の生産量、生産コスト、労働力に関する具体的計画を作成し、主管部門に提出する。提出された生産計画は主管部門、省・市、中央各工業部の審査を順次に受け、最終的には政務院財政経済委員会が計画実施の可否を決定する（人民出版社 1950：1393-1395）。

　なお、「国営企業」という呼び方については、52 年 9 月 8 日、政務院が「各級政府が経営する企業の名称に関する規定」（「関於各級政府所経営的企業名称的規定」）を発し、混乱を避けるために名称の統一を指示した経緯がある。この通達の中で「各級政府が経営する企業について、現在その名称が統一されておらず、『国営企業』と呼ばれる場合もあれば、『公営企業』と呼ばれる場合もある。そのため政務院は次のとおり名称統一に関する通達を発する。第一に、中央および各大行政区の各部門が投資・経営する企業（大行政区が都市に管理を委託している企業を含む）は、これを『国営企業』と呼ぶ。第二に、省以下の地方政府が投資・経営している企業は、これを『地方国営企業』と呼ぶ」（人民出版社 1952：179）と規定した。おおよそこの時期から「公営企業」の呼び方が少なくなり、「国営企業」の言い方が定着するようになったと思われる[11]。これ以降は省・市政府管轄下の企業であっても、「省営」「市営」ではなく「地方国営企業」と呼ぶようになった。これは中国の地方政府が「地方自治体」ではなく、中央政府の出先機関という建前になっていることに対応したものであり、国有企業も本来「全人民の所有物」であるものを、地方政府が代行して管理しているという建前を表していると指摘されている（大橋ほか 2009：50、Granick, 1990）。

　以上の国有・国営企業の経営管理方式の原則は、70 年代末まで中国の計画経済体制の中で運用されていた。この経営方式は企業組織、組織の中で働く個人、組織と個人との関係にどのような影響を与え、また中国の組織・個人関係を決定づけたのか、これらについては第 6 章で考察したい。

第3節　国営企業の特徴

1　企業としての機能の欠如

　現代企業制度の観点から見れば、1970年代末までの中国国営企業には顕著な特徴があった。その第一の特徴は、企業としての機能が多くの面で欠如していたことである。計画経済時代の国営企業は政府の生産目標を達成する単なる生産単位にすぎず、経営権を持ち、自主的意思決定を行う本来の意味での企業経営体ではなかったといえる。

　企業の目的は社会が求める価値を創造し、社会に提供することにあり、そのために企業が価値創造の有効性（どれだけの資源を投入し、どれだけの成果を獲得できるか）と効率性（成果と資源の比率である生産性）を追求しているかどうかが企業評価の大きな指標となっている。確かに、今日では企業が経営活動を行ううえで、法令や各種規則などのルール、社会的規範、倫理・道徳（競争における公正さ、消費者への情報公開、職場環境、政治家との関係、証券市場における取引など）を守っているかどうか（compliance）、企業が利益を追求するだけでなく、組織活動が社会へ与える影響に責任を持ち、あらゆるステークホルダー（利害関係者）からの要求に対して、適切な意思決定をしているかどうか（企業の社会的責任、CSR, Corporate Social Responsibility）なども問われており、企業を取り巻く環境は大きく変化し、利益のみ追求する企業は成り立たなくなってきている。しかし、利益の追求は依然として企業存続の条件であり、「企業が効率性や利益の追求を第一義とする機能的な経済活動体である」ことは何ら変わらないのである。

　ところが、中央集権的計画経済時代の中国の国営企業はどうだったろうか。企業は中央担当省庁、または地方の省・市政府の管轄下にあり、戦略的意思決定権を持っていなかった（現在は企業への権限の委譲があったとはいえ、この構造はまだ残っている）。国営企業の「経営者」はただ中央の計画に従って分配されてきた資材、資金、生産設備、人員の範囲内で、与えられたノルマを達成

すればよかった。企業は人民の企業であり、企業の目的は人民への奉仕だったため、企業が赤字でも問題にならなかった（安室ほか1999：6）。国営企業の資金・資材の調達方法、生産・販売の流れ、利潤の分配方法および政府と企業との関係について、川井伸一は次のように要約している。「国有企業は国家行政の強い統制管理のもとに置かれており、生産および経営資源の分配の権限が国家行政に集中されていた。……その結果として、企業は実質的に行政の末端における単なる生産・販売単位であり企業の経営自主権は保障されていなかった（「政企不分」）。生産は量・生産額・品質・技術ノルマ・労働生産性などが主に指令計画として与えられ、それに必要な原材料や資材は、国家の物資計画に基づき物資機構から配分され、生産された製品は、国家の販売計画に従い商業機構に引き取られる仕組みになっていた。また生産経営に必要な資金は、国家の資金計画に基づき政府財政から無償で、また銀行から低利で供与される一方で、企業の利潤と減価償却費はほぼ全額を財政に上納することが要求された。また企業従業員（幹部と労働者）は、国家の労働計画に基づき労働・人事機構を通して採用され、賃金計画に基づき賃金が分配された。企業の総責任者である企業長（工場長）は行政主管当局から任命された。このような集権的な行政管理体制は基本的に市場機構を排除しようとしたものであり、当時の社会主義価値観に基づいていた」（川井1996：1）。

　こうした生産・経営システムのもとで、企業は政府の下部所属機構にすぎず、両者は「管理」と「被管理」の関係にあった。中国語ではこのような中央・地方政府と企業間の「管理」「被管理」関係を「条条」と「塊塊」と呼んでいる。「条条」とは縦割りのことであり、中央政府の所轄部門から地方政府の関係部門を経由し、末端の企業あるいは事業単位に至る指令系統を指し、「塊塊」とは横割りで、その企業が位置する地域政府が組織の意思決定に対して関与することを示している（中兼2002：226）。すべての国営企業はそれぞれ中央の所轄官庁、または地方政府、または中央・地方政府の共同管理を受けることになっていた。

　このような管理体制は著しく企業の自主性を束縛し、地域間・部門間の経済のつながりを断ち切り、インフラ建設への過大投資、重複投資、さらに経

済発展のアンバランスを招くなど、多くの弊害があった。実は50年代には
すでに、一部の国営企業や公私合営企業の責任者から、政府の厳しいコント
ロールに対する不満の声が上がっている。例えば、上海のある企業の責任者
は「政府主管部門が計画管理、財務管理、人事管理、労働力調達、福祉施設
などに関して、かたくなで過剰な管理を行っている。そのために、自分たち
は管理も実行もできないことが多く、ただ『動かされる算盤の玉』にすぎな
い存在だ」といい、また資金の使用権について、「国営企業の工場長レベル
は200～500元程度で、公私合営企業に至ってはさらに少なくなる。一部の
新しい公私合営企業では、資金の使用権限は全くなく、石鹸ひとつ購入して
も主管部門の許可を受けなければならない」「建物に窓やドアを作ることや、
工場内でトイレを設置することでさえ主管部門の許可が必要である。いろい
ろと手数をかけて申請しても、結局は許可されないケースが多かった」と証
言している（人民出版社 1956：46-47）。

　生産活動のほぼすべての面において国営企業は意思決定権がなく、企業と
して多くの機能が欠如していた結果、当然ながら、企業としての経営責任も
負う必要がなかった。生産した製品はいくら品質が劣悪であっても、政府が
すべて引き受けることになっており、資本財の場合は物資局へ、消費財の場
合は国営商業機関へ納入すればよかった。また、市場競争がないため、売れ
ない心配もなかった。ほとんどの国営企業にとって、製品の機能や品質を改
善したり、新しい商品を開発したりする動機も必要性もなく、技術革新・技
術開発の意欲はきわめて希薄であった。当時の中国では、消費者の商品選択
の自由がかなり制約されており、国営商店に行けば、どこも同じ商品が並び、
いわゆる有名ブランド、有名メーカーが存在しないので、人々は生産地域で
商品を選んでいた。例えば、上海の工場で生産された商品なら少し品質がマ
シだろうと考える人は、「上海製」を選んだ。もちろん、物流網の未発達で、
地域による選択肢もごく限られていた。改革・開放後の中国では経営不振に
陥る企業の破たんが相次いだが、計画経済時代の国営企業は赤字を出しても
倒産はありえなかった[12]。

　こうした長年続いた無責任経営の考え方の影響によって、利潤の分配方式

における生産発展への無関心が改革・開放後にも見られた。松本芳男らの調査（調査対象企業数150社）によれば、1990年の「企業留保利潤の使用状況」について、生産発展基金が35％（1985年41％）、報奨基金が24％、福祉基金が22％となっており、生産発展基金が低く抑えられ、留保利潤のかなり多くの部分が従業員の福祉や報奨基金に回されている事例が指摘されている（松本1995）。こうした福祉重視の考え方と関連して、国営企業のもう一つの特徴を挙げることができる。すなわち、生産だけでなく、政府の代わりに社会福祉を提供する機関として国営企業が運営されていたことである。次は「公的サービス機関」または「社会保障体系」としての国営企業を検討してみよう。

2 企業による社会保障システム

多くの国では社会保障における公的サービスは国家予算を通して、政府によって提供されているが、改革・開放前の中国では政府の代わりに企業が労働者およびその家族に対して、住宅、医療、子弟の教育など諸々の社会行政サービスを提供していた。特に大型国営企業では、労働者と家族の日常生活に必要なほとんどすべての社会保障機能が企業内部に備わっており、企業はありとあらゆるサービスを自前で供給する「小自給経済」であり、生活共同体であったといってよい。中国では国営企業のようなワンセット社会を「単位」（Danwei、ダンウェイ）と呼んでいる。単位の形成過程や機能、仕組みなどについては次章で詳しく述べることとし、ここでは改革前の中国の企業保障システムを概観しよう。

伝統的計画経済体制のもとで、特に新中国経済建設の初期段階では、重工業優先政策が徹底的に推進されていた。重工業優先政策は軽工業（消費財工業）から工業化を興す場合よりはるかに多額の資金を必要とする。政府にとって限られた資金を効率よく集めて重工業に投じ、重工業を優先するための蓄積構造を作り上げるために、企業労働者の賃金を低く抑える必要があった。そして、労働者保護の観点から、彼らが低賃金でも安心して働き、生活できるようにするための手段は、都市への食糧配給制の導入と社会保障体系

の構築にほかならなかったのである。言い換えれば、国営企業の労働者は否応なしに「低賃金・高福祉・終身雇用」の労働・社会保障システムに組み込まれ、労働移動・職業選択の自由がないことと引き換えに、労働保険（年金、労働傷害、医療、生育休暇など）と従業員福祉（住宅、幼稚園、学校などの公的サービス、体育館、映画館、劇場、プールなどの娯楽施設、およびさまざまな生活手当）という二大保障が提供されるので、「生老病死」（子どもの出産、老後の生活、病気の治療、死後の埋葬）の心配がまったくない、農民に比べいわば特権的な生活を送り、文字どおりの「終身雇用」を享受することができたのである。こうした雇用と社会保障が一体化するシステムのもとで、労働者が企業から切り離されることは、賃金が支払われなくなることのみならず、彼らの生活保障も同時に断たれることを意味するため、中国政府は社会安定のためにも、極力労働者の解雇を避けようとしてきた（木崎 2000：47）。もっとも、労働者は国家の主人公であり、全人民所有制の所有者なので、その主人公または所有者が解雇されることはありえない、という社会主義的理念に基づいた論理もあったが。

　しかし、従業員とその家族に福祉や生活関連の諸サービスを提供している企業では、本来の事業と無関係の間接部門の存在や人員の肥大化が見られ、機能的な経営組織としては大きな問題が生じ、非効率の原因の一つにもなっていた。企業における間接人員・付属人員の比率の高さについて、例えば、鉄鋼メーカーである鞍山製鉄所の場合、1994年の時点で20万人の正規従業員を抱えていたが、そのうち実際に本業関連で働いている人は7万人にすぎず、残り13万人は従業員住宅を建設する部門、従業員住宅を管理する部門、従業員向けの病院や学校、工場建設部門、鉱山など付随的な部門で働いていた。さらに、鞍山製鉄所の各工場に総計3000社がぶらさがっていて、その従業員数は18万人にも上っていた。こうして、本来は人手があまり必要でないはずの鉄鋼メーカーに計38万人もの従業員が養われている（大橋ほか 2009：52）。

　国営企業の労働者に対する「完全保障」を行う一方で、農村では社会保障制度は皆無に等しかった。都市と農村の所得格差、および工場労働者に対す

る手厚い社会福祉サービスが大きな誘因となり、49〜57年に数千万人が農村から都市に流入した。予想を超えた都市部の人口増加に対して、政府は戸籍制度を制定し、農民の都市への移住や企業への就職を厳しく制限する政策をとってきた。長い間、中国社会が都市と農村に分断され、いわゆる「二重社会構造」が形成されたゆえんである[13]。

　以上で見てきたように、計画経済時代の社会保障制度は国家が国営企業を通して、労働者および家族を対象に実施してきたものだが、それは労働者の生活保障を揺るぎないものにした制度であると同時に、労働者を企業から離れられなくしていた制度でもあった。人民共和国が成立した当初では、社会主義制度の優位性を示すためにも、国家は全人民（事実上は都市住民に限定していた）に対して、高水準の社会福祉保障を提供する義務を負わざるをえなかったのだが、中央集権的計画経済システムのもとで、すべての企業が国有・国営企業となって政府の末端行政組織としての役割を果たしていたため、また国家財政がきわめて薄弱だったため、政府の代わりに、企業によって従業員に社会保障を提供することが自然の成り行きだったのかもしれない。企業以外では、国家機関、学校、研究機関、病院などの事業体に関して政府の財政予算から直接資金を配分していた（鄭2001）。

　約30年続いた中国独特の社会保障体系は1980年代半ば以降、経済改革に遅れてようやく改革が始まったが、立法の立ち遅れや資金不足などで難題が山積し、まだ顕著な成果を挙げたとはいえない。しかし、これまでの企業保障システムは、保障に対する個人の自己責任意識の希薄化、企業経営への圧迫とそのための生産発展基金への企業の無関心、労働移動への妨害、都市住民と農民間の不平等の原因となるなど、さまざまな問題点が指摘されており、市場競争の激化、国有企業の経営不振・経営破たんによる保障母体の崩壊によって、企業保障から社会保障への変革は避けて通れない道となっている。ところで、清川雪彦の調査（91〜93年）結果によれば、調査対象企業の労働者は雇用の確保がまず優先されるべきであり、仮に解雇や倒産が避けられない場合でも、それなりに生活権は保障されるべきであると強く主張されており、そして、非生産部門の付設はきわめて便利であること、転職の自由があ

るよりは終身雇用の方が好ましいこと、今の中国では「コネ」が必要なのもやむをえないと考えるなど、90年代に入ってからも市場経済化とは逆行する現状肯定的社会認識が支配的であったことが明らかとなっている（清川1994）。長年の慣行で形成された人々の意識こそが、改革を妨げる最大の原因なのかもしれない。

3　党委員会による企業指導体制

　中国の国営企業は生産を担う経営体だけでなく、従業員に社会保障を提供する部門であることは既述のとおりだが、さらに、国営企業は同時に一つの政治組織でもある。経営組織図には姿を現さないものの、企業組織に必ず共産党組織の系統が対応し、生産組織と党組織が企業内に併存している。例えば、工場長—車間主任（現場主任, workshop leaders）—班長という生産組織の指揮命令系統に対して、共産党組織は、工場党委員会総書記—車間党支部書記—党グループリーダーという具合に横割りで対応している。共産党・国家による社会の一元的支配が行われている政治体制の中にあって、企業に限らず、行政機関、学校・病院などの事業体にも同様の指導体制が敷かれている。

　1956年から全国範囲で実施されてきた「党委員会指導制のもとでの企業長責任制」は改革・開放前まで中国の主な企業指導制度であった。党委員会のトップである党委書記は企業組織の頂点に立ち、大きな権限を持っていた。党委書記を中心とする党委員会は上級主管部門党委員会の指示のもとで、従業員が国家に忠誠を尽くし、社会主義経済建設に協力するよう、政治思想教育の役割を担っているだけでなく、企業生産活動の全般にわたって経営決定権を行使し、工場長も原則として党委員会の指導下に置かれた（川井1996：2）。

　こうした共産党と企業組織との一体化（「党企混同」）による指導体制は、企業経営にさまざまな弊害をもたらしている。その主な点は次のとおりである。第一に、党書記は生産を含めて企業のあらゆる事項を決定しているため、企業長（工場長）の権限を弱め、管理効率を低下させた。第二に、権限と責任が分離し（「権責分離」）、経営無責任体制を作り出した。すなわち、党委員会はすべてのことに決定権を持つが、経営上の責任を負わない（「有権無責」）。

他方、工場長は決定権を持たないにもかかわらず、責任を負わなければならない（「有責無権」）。第三に、専門家の役割が重視されていない。これは経営管理権が常に技術・専門知識のない一部の党幹部に握られている結果である(14)。第四に、党委員会が最終決定権を持つこのような体制は、人事評価、昇進、人材育成にも大きな影響を及ぼしている。中間管理者、現場責任者などの選抜は学歴・専門知識、業務遂行能力よりも「政治思想」「政治表現」（Bioxian, 政治態度）の善し悪しが評価の基準と最優先項目とされ、国家・共産党に忠誠心を持つ者や「大公無私」（公平無私）と見なされる人間が昇進される可能性が高く、そうでない人は能力があっても選抜の対象からしばしば除外される。いうまでもないが、昇進に際しては共産党員が非共産党員よりはるかに有利であり、実際は共産党員である前提での選任も少なくなかった（国営企業内党組織と個人との関係については、第6章を参照）。

　以上のように、企業内党委員会が経営支配権を行使し、経営者（工場長）を補佐しながら生産計画を達成していくのが国営企業時代の経営の仕組みであった。改革・開放後では、こうした企業内党組織と経営組織との未分離が問題視され、新しい企業指導制度の模索が始まった。1980年代からの企業改革の最重要課題の一つは国営企業のガバナンスの問題であり、改革の狙いは企業経営への党組織の指導・干渉を制限し、経営者に経営権を委譲し、権限と責任の明確化を図ることにある。1987年党規約の改正、および1988年「全人民所有制工業企業法」の制定によって、党委員会は党・国家の方針政策の執行についての「保証・監督」(15)と、政治思想工作指導を担当する立場に退け、政策決定を行わず、指揮命令系統に直接関与しないこととされた。

　その改革は徐々に成果が現われ、党委員会の影は次第に薄くなったが、国の政治情勢によって党の指導的役割が強調され、再び影響力が強まるケースもこれまで度々あった。例えば、89年6月「天安門事件」が起こると、企業党組織の強化が行われ、党組織は企業内思想工作の「核心」として人事面での参加権を取り戻した。また、経済発展における地域間の不均衡が顕著になった中で、一部の地域・部門が中央の命令に従わない状況に対して、94年の共産党第14期中央委員会第4次全体会議では「党建設の強化に関する

決定」が採択され、民主集中制の強化、末端組織の強化が打ち出された (松本1995)。さらに 96 年 4 月、党中央組織部によって「現代企業制度実験企業 100 社における党の活動の強化・改善に関する意見 (試行)」が提出され、「党・国家の基本政策及び従業員の切実な利益に関わる重大な問題」の決定に関しては、党が積極的に参与する態度を表明している。特に企業幹部の人事権については、党委員会はいまだに手放していない。90 年代に入ってからも国有企業の工場長は表向きはそれを監督する官庁が任命しているが、実は官庁の党組織が先に決めている。また、99 年に中国共産党中央のもとに成立した中央企業工作委員会は、中央政府直属の 163 社の国有大企業の人事権を持つと規定されている (今井 2008)。さらに、2003 年度の上海証券取引所研究センターの調査では、経営意思決定において 98.8％、人事任命において 99.7％、取締役と経営者の行為の監督において 99.5％、従業員の動機づけにおいて 99.9％、管理者層と従業員層の調整において 99.8％の企業が党組織の影響を受けると回答している (上海証券交易所研究中心 2004：250)。また、中国の三大国有石油会社 (中国石油、中国石油化工、中国海洋石油) のトップは政府の部長 (閣僚)、副部長級であり、共産党内のランクでは中央委員・同候補委員も少なくない。そして、各社の幹部人事は国有資産監督管理委員会の指名、共産党組織部の審査を経ている (加藤ほか 2013：171)。

　こうして企業における党組織の影響力は今日でも根強く存在しているが、中国のこれまでの企業統治システムは国の政治体制の根幹に関わる制度であるだけに、企業から党の決定権や影響力を制限し、それを取り除くための改革は今後も困難を伴うことが予想されよう。

4　精神主義と平等主義

　これは 3 項と関連するが、企業内で強い権限と影響力を持っている党委員会は本来政治組織であるため、従業員のインセンティブを誘発する手段として、政治キャンペーンによる労働意識・「主人公」意識の喚起、労働競争による模範者の選出・表彰など、精神力を強調する手法が多用され、経営組織の構築や科学的管理方法を不問に付することが少なくなかった[16]。もっとも、

国営企業は国家の末端行政組織でもあったため、「反右派闘争」「大躍進」「文革」などの政治運動が全国範囲で起こると、瞬く間に企業にも波及していった。全国的政治運動への呼応、参加のほかに、各企業（工場）では独自の政治学習キャンペーン、労働競争運動も恒常的に行われていた。労働模範の選出については、国家・共産党に忠誠心を持ち、社会主義建設のために一生懸命に働き、ほかの従業員との協力や助け合いを励行する人物を、党委員会が中心となって選出し、全企業（場合によっては全地域、さらに全国）の模範として打ち立てる方法をとっていた[17]。

生産活動における精神主義の強調は、いうまでもなく個別企業の方針ではなく、党中央の指令に基づいて全国すべての企業で推進されていたものだが、そもそもトップ指導者である毛沢東の考え方が大きな影響力を持っていた。当時では毛沢東の指示や発言（毛沢東語録）は法律以上の効力があり、時には憲法さえ超越する力を持っていた。毛は、物的条件より人間の意志こそ大事で、精神さえ高ければ人間には奇跡を起こさせる力が湧いてくると信じ、金銭、物質刺激を極端に嫌っていた（中兼2002：129-130）。こうした毛沢東思想のもとで、「精神主義提唱・物質刺激反対」は至るところで強調されていた。例えば、「社会主義教育運動」が盛んに行われていた1964年6月3日付の『人民日報』に「社会主義の国営工業企業における管理の基本原則」を題とする論説が掲載されている。この中で論説は国営企業における精神主義の重要性や政治の優位性を説き、国営企業管理の原則を強調したが、冒頭では次のように述べている。「社会主義工業企業管理は経済問題であるが、また同時に政治問題でもある。われわれは経済と政治を正しく結びつけ、マルクス・レーニン主義、毛沢東思想によって経済問題および企業管理に関するさまざまな問題を解決しなければならない。われわれはプロレタリアの政治から離脱すれば、企業管理の方向を失うだろう。また、われわれは政治を経済に浸透させなければ、政治工作を力強く行うことができず、企業管理もうまく行かないだろう。したがって、社会主義の企業管理を着実に行うために、政治を最優先させ、人の革命化・企業の革命化を実現し、政治と経済を常に結び付けることが重要である」。そして「革命的精神」と「科学的精神」の関係

について、次のように解説した。社会主義企業と資本主義企業との根本的な違いは、「社会主義企業が革命的精神によって運営されていることにあり」「人々はこのような革命的精神があれば、階級闘争の中で正しい方向を把握することができ、生産闘争の中で力強くなり、科学実験を行う際もまっすぐに向かっていくことができる。また、この精神があれば、……人々が一致団結し、隔てなく親密になり、支援し合い、協力し合い、それによって生産の速やかな発展を推し進めることができる」「革命的精神さえあれば、たとえ企業の技術設備が遅れていても、優れた製品を生産することができる。もちろん、企業の技術設備が先進的なものなら、より大きな威力を発揮するだろう」(18)。

　以上のような「政治優位論」「精神論」は全国のあらゆる企業、事業体、行政機関に浸透し、70年代まで続いた。しかし、精神主義ばかりを強調し、物質的・現実的なものを無視し、従業員にとっていくら頑張って働いても昇進・昇給が望めないやり方では、組織成員のモチベーションはたとえ一時的に上がっても、長続きしないことが明白である。

　精神主義と同時に、国営企業では極端な平等主義的風潮が蔓延していた。計画経済時代では「按労分配」(各人の労働に応じて生産物や報酬を分配する)、「多労多得」(多く働けば収入も増える) が分配の原則として強調されてきたが、実際には貢献度の如何にかかわらず、収入はほとんど変わらないシステムになっており、怠けてもペナルティや解雇の心配がなく、みんなで「大鍋の飯」を食う悪平等なのであった。中国企業の賃金分配構造に関する松本芳男らの調査結果 (90年) を見ると、調査先企業150社の職種別平均賃金は、労働者を1とした場合、技術者が1.078、管理職が0.994 (85年は1.026)、服務係りが0.951、見習い工が0.732であり (松本1995)、企業内の賃金格差はきわめて小さく、管理者・技術者・労働者の間にはほとんど賃金格差が存在しなかったことが分かった。また、清川の調査 (91~93年) も同様の結果を示しており、管理者と労働者とは学歴の差があるにもかかわらず、賃金水準は「驚くべきほどその差が小さい」との結論に至っている。その背景には「『労働者が管理者を養う』という思想が強調され、両者の賃金水準に大きな格差

をつけることは、労働者の側から強い抵抗がある」という労働者の意識の存在も指摘されている（清川 1994）。

　本節では 4 つの側面から国営企業の特徴を述べてきた。これらの特徴の中で最も重要で、他の諸特徴を決定づけたのが党委員会による企業指導体制だと考える。政治組織である党委員会が企業に入り、指導権を握ることによって、企業運営は経済・経営の観点よりも常に政治理念が先行し、共産党の偉大さや社会主義制度の優位性を示すことが企業にとっての最重要任務となった。その結果、企業による手厚い社会保障、労働生産性を無視した終身雇用が推し進められ、また、一律賃金システムのもとで従業員の労働意欲を喚起する手段として精神主義が提唱された。ブラウン（Brown, A.）は組織の機能について「もとより、立派な経営活動が企業にとっての第一の必要事である。組織が果たす機能はただただそういう経営活動を促進するにすぎない」と述べている（ブラウン著、安部訳編 1963：5）。長い間中国の国営企業は経営決定権を持たず、同時に経営に責任を持たないという放漫経営を行ってきた。企業にとっての第一の必要事である「立派な経営活動」から程遠く、近代企業として、また企業の効率的な価値創造を支える企業組織として、その機能が著しく欠如しているといわざるをえない。このような中国独特の企業組織における組織と個人は、組織が個人に対して「保障」を提供する代わりに厳しく「管理」し、個人が組織に対して生活のすべてを保障してもらう代わりに、「依存・被管理」の立場に立たされる関係にあった。個人にとって生活をするうえで企業がなくてはならない存在であり、この意味では企業との強い一体感・連帯感を持っている。しかし、それは決して個人が組織の一員としての自覚や組織への高い帰属意識を意味するものではない。言い換えれば、国営企業における個人と組織の関係は、個人が組織との間に如何ともし難いような消極的な関わりであり、そこには日本企業の組織・個人関係との大きな違いがある。次章では、国営企業時代において個人はどのように組織に依存し、また組織はどのように個人をコントロール（管理）していたかを検討する。

注：
(1) 李富春（当時、中央財政経済委員会副主任）「中国工業的目前情況和我們的努力方向」、中国人民政治協商会議第1期全国委員会第3次会議における発言、1951年10月。中国社会科学院ほか1996：3。
(2) 実際は154項目であった（薄1997：305-306）。
(3) ソ連援助への依存および中ソ決裂の過程については、呉2002を参照。
(4) 若林敬子によれば、1960年の中国の死亡率は出生率を上回る「絶対減」となっており、人口の自然増加率が－0.45％であった。その原因は大躍進政策の失敗のほかに、自然災害、ソ連援助の全面撤退ならびにソ連への債務返済、食糧分配の不均衡など政策上の過ちにあったとされている（若林1994：36）。
(5) 「当面の情勢と我々の任務」毛沢東1991：1197-1198。
(6) 「中央人民政府政務院関于管制美国財産凍結美国存款的命令」『新華月報』1951年1月号、587頁。
(7) 『中華人民共和国憲法』人民出版社1954：5。
(8) 中国国家統計局1959：図表5。なお、薛暮橋は、1956年の工業総生産額のうち、国有・国営企業が7割近く、公私合営企業が3割強を占めるようになり、私企業・個人企業はほとんど姿を消したと述べている（薛1979：38）。
(9) 「経済問題与財政問題」毛1948：869。
(10) 「大区」と略称し、1949年に設立された華北、西北、東北、華東、中南、西南の6つの行政区を指す。各大行政区に複数の省または直轄市が含まれている。54年6月、中央集権的管理体制を強化するため、大行政区管理機構が解消された。
(11) 1993年3月の第8期全国人民代表大会第1次会議において、「国営企業」が正式に「国有企業」に改められた。
(12) これについて、王紅領は次のような事例を挙げている。国営企業の労働者は公有制における「主人公」としての権利を自ら否定しない限り、当該企業が閉鎖されても、政府により他の企業に配置され、再就職するのは当たり前のことになる。中国国営企業倒産の第1号は瀋陽市防爆機器工場であった。この工場には従業員が240人いたが、そのうち50人あまりが企業倒産前にコネを使って他企業に転職し、残りの従業員180人あまりはすべて瀋陽市政府によって他の企業に配置された。そのうち4人が新しい職場のボーナスが低いことを理由に配置を拒否した。結局政府は彼らにさまざまな選択の機会を提供しなければならなかったのである（王著、中兼ほか訳2000：97, 107）。
(13) 戸籍制度成立の背景について次のように説明できよう。重工業の発展による雇用機会の拡大が限られているため、農村から都市への急激な人口流入は、都市部の失業者の増加と消費財・社会福祉サービスを提供する国家の財政負担を増大させた。したがって、計画経済システムのもとで、重工業優先発展戦略下の蓄積構造を有効に機能させ、国家の財政負担を軽減し、かつ農業労

働力を確保するために、農民を農村に固定し、農村から都市への人口移動を阻止する必要があったのだが、その行政的手段が戸籍管理制度にほかならない。戸籍管理制度の成立過程と改革の現状については、補章Ⅰ・Ⅱを参照されたい。
(14)　川井 1996：231-232。詳細は馬洪「関於改革工業企業領導制度的探討」『人民日報』1980年11月20日付、蒋一葦「論社会主義企業的領導体制」『紅旗』1980年第21期、蒋一葦編（1989）『論社会主義的企業模式』経済科学出版社を参照。
(15)　「保証」とは、国有企業の党組織が与党としての基層部組織の資源を利用し、企業の安定した改革・発展のために政治的・思想的・組織的保証を提供することである。「監督」とは、国有企業の党組織が与党としての基層部組織の資源を利用し、企業の重大事項に対して民主的監督を行うことである。一言でいえば、「保証」は企業発展のための原動力を提供することであり、「監督」は企業運営に対して必要な制約を行うことである、と解釈されている（宝鋼集団有限公司党委組織部ほか 2009：15）。
(16)　『新華月報』1951年1月号の裏表紙には、「愛国主義生産競争を展開せよ！機械は武器であり、工場は戦場である！」などのスローガンと絵が描かれている。
(17)　労働模範の典型例として呉桂賢氏の例を挙げることができる。彼女は1968年大学卒業後に陝西省の紡績工場に勤め、全国紡績労働模範に選ばれた。文革中は「毛沢東思想を学習した積極分子」として、陝西省党委副書記、共産党中央委員、政治局委員候補、さらに1975年に中国初の女性副総理に就任した。
(18)　馬文桂「社会主義国営工業企業管理的基本原則」『人民日報』1964年6月3日付。

第6章

中国の企業単位における組織と個人の関係

　本章では、中華人民共和国が成立してから、1970年代末の改革・開放政策が始まるまでの約30年間を中心に、中国国営企業単位における組織と個人の関係を検討する。

　そのためにまず、単位の概念、単位成立の要因と背景、単位の機能を論述し、単位の人事制度を概観する。次に、中国独特の档案制度、単位企業における党組織の権限強化の過程を分析し、最後に国営企業単位における「組織圧力」とその解消方法について検討を加えている。

第1節　中国独特の組織形態——「単位」

1　単位の概念

　「単位」とは、都市に住む中国人の職場または勤務先（work unit）のことであり、それぞれが所属している組織のことである。しかし、中国の単位は一般の職場や勤務先にない、さまざまな機能を持っているユニークなものである。ただし中国の農民は単位の所属がなく、単位システムの外に置かれた存在なので、単位は都市住民の「特権」とされている。この特権は、戸籍制度を通して農村から都市への人口移動を厳しく制限することによって、長い間維持されてきた[1]。1970年代末からの改革・開放前までは、（都市在住の）中国人は学校を卒業すると単位に分配され、単位から賃金を受け取るだけでなく、住宅、医療、教育などにおいて、さまざまな公的サービス・社会福祉を享受することができた。言い換えると、単位から離れれば、収入が絶たれるのみならず、すべての生活・社会保障を受けることができなくなり、生活の

場を失うことを意味する。そのために、いかに立派な単位に入り、そこから社会的地位を手に入れるかは、中国人にとって人生の一大事であった。こうした単位における組織・個人関係の本質は、組織が個人のすべてを保障する代わりに、個人を単位に縛りつけ、単位組織に対して全面的な依存・従属関係に基づいてコントロールすることである。個人と企業の契約関係に基づき、労働力を売って労働の対価としての賃金を獲得するという経済学の原理を考えれば、中国の単位組織はきわめて独特なものだといえる。

　また、単位は個人と組織との関係のみならず、全国にある無数の単位がすべて各級の行政機関（ならびに共産党組織）を通して国家にコントロールされ、国家の社会に対する行政管理の末端組織にもなっている。すなわち、単位は経済的機能だけでなく、政治的、社会的機能をも併せ持ち、中国社会における生産管理、社会管理、政治統治システムの運営に欠かせない基本組織となっており、この視点から「単位社会」「単位制度」「単位体制」「単位現象」などの概念が用いられているのである[2]。李漢林は「単位組織」を次のように定義している。単位組織は中国独特の社会現象であり、この社会現象は以下のことを指していう。すなわち「大多数の社会成員はそれぞれの『単位組織』に組織され、この単位組織によって成員に社会的権利、身分と行為の合法性を与え、また成員のさまざまな必要と要求を満足させ、成員の利益を代表・維持し、成員の行動を管理する。単位組織は国家（政府）に依存し、個人は単位組織に依存する。そして、これと同時に国家は単位組織を通して社会全体の調和を図り、社会をコントロールする。したがって、単位組織は現代中国都市部の基本構造となっている」。この構造のもとで「個人は単位の組織文化の影響を受けながら、次第に独特の価値観や行動様式を形成していった」（李 2007：2）。

　また、周翼虎・楊暁民によれば、単位は「機関単位」「事業単位」「企業単位」に分けることができる。機関単位には各レベルの共産党組織や政府機関、立法機関（中央・地方の各人民代表大会など）、司法機関（裁判所など）および軍隊組織が含まれる。事業単位には、行政機関の管理下にあり、教育、科学、文化、衛生および福祉などの社会サービスを営む組織機構が含まれており、そ

の活動に必要な経費はすべて国家予算によって支給される。事業単位の特徴として、頭脳労働者を主体とする知識集約型の組織であり、専門家や技術者が大半を占めることなどが挙げられる。

　企業単位には、生産活動に従事し、国家のために利益を創造し、資金を蓄積するあらゆる企業が含まれる。ただし、単位体制下の中国企業は、①政治と企業経営とが渾然一体となり、企業には独立した経営組織としての決定権がない、②国家から社会安定を確保する役割が与えられ、営利が唯一の目的ではないことから、現代の企業組織との著しい相違性が見受けられる（周ほか 1999：38-39）。

　このように、単位を分析する場合は、国家と単位との関係と、単位と個人との関係に分けて見る必要があるが、本章では主に後者、すなわち企業単位における組織と個人との関係に焦点を合わせて考察していきたい。

2　単位の成立要因

　単位は中国独特の組織形態であり、その最大の特徴は既述のとおり、生産組織であると同時に社会組織、行政組織でもあるという多機能性にある。単位は特定の社会的歴史的条件のもとで、1950年代当時の中国の置かれた国際状況、国内政治・経済状況に大きく規定されて形成された。第5章で述べたように、49年新政権を樹立した中国政府が直面したのは、重化学工業企業が僅少で、初等教育でさえ普及していない遅れた農業国の姿であった。国際的には冷戦によるアメリカの対中封じ込め政策の結果、外国から資金、技術導入の道が絶たれた。こうした初期条件のもとで、欧米諸国の経済発展水準に追いつき、追い越すためには、中央集権制国家の総動員体制を通して、限られた資金、資源を集中し、また労働者を低コストで組織化し、あらゆる資源を最大限に経済建設に投入することが必要とされたが、そうした要請に応えた組織的手段こそが「単位」なのである。国家は「単位」という労働者と政府を結びつける社会的組織を通して、間接的に民衆をコントロールし、社会安定を保ち、経済建設を進めていったのである。

　ところが、単位は1949年以降に初めて現れたものではなく、その源流は

新中国成立前の解放区時代の公営企業体制に遡ることができる。革命根拠地にある公営工場はわずかな機械を除いて、基本的には手工業を中心とする生産方式によって軍需品や日常生活用品を生産し、必要最低限の物資を賄っていた。また、公営工場の賃金制度には、軍隊に似せて労働者全員に対して同一のものを配給し、賃金・現物の混合支給システムが実施され、均等主義の原則が貫かれた（第5章参照）。根拠地の拡大と人員の増加に従い、これらの部門および人員はすべて政府機関、共産党組織または軍隊に従属し、戦争に勝つことが共通の組織目標であった。こうして、単位の主な特徴である多機能性、大衆動員の手法、均等主義、個人に対する単位の、単位に対する国家の厳格な管理体制、すなわち、国家が単位を介して個人をコントロールするシステムは、根拠地の公営企業組織においてその原形を見い出すことができる（路1989, 1993、Lü 1997：21-41）。

　また、50年代旧ソ連の中央集権的計画経済モデルが中国の国営企業（単位）制度に大きな影響を与えたとする主張もある。その代表的な研究者の一人はチョンである。チョンは50年代中国の発展戦略がスターリンモデルのコピーであると主張し、中国がソ連モデルを選んだ理由として、①ソ連モデルがすでに実践され、かつ中国にとってイデオロギー的に受け入れやすいこと、②ソ連から援助を受けられると予想したこと、③当時の中国には工業化建設に適した実行可能な戦略はなかったこと、などを挙げている（Cheng 1982：261）。

　さらに、卞歴南は49年以後の中国の国営企業制度（単位）は、それまでの国民党政府の国営企業制度と大きな関連性を持っていると指摘した。卞は30年代に設立された国民党統治区最大の国営企業である大渡口鋼鉄廠を例に、国営企業は生産機能のほか、従業員に住宅、医療、教育機関、生活施設などを提供し、社会サービス機能を持っていたことを挙げ、49年前後の連続性を主張した。卞は国民党時代の国営企業制度の特徴について、①国営企業内部の官僚等級制度、②独特な管理方法や内発的動機づけ体制（イデオロギーに基づく教育活動、生産競争運動、心理的モチベーション向上施策など）、③企業内部における社会福祉、公的サービスの提供、など3点に要約し、これらの諸特徴

が50年代以降の国営企業（単位）にも受け継がれていると説いた（卞 2011）。なお、「単位」という呼称についても、卞は40年代初頭に単位が「組織」と同義で、国民党政府の公文書や官僚の間で広く使われていたことを明らかにしている（卞 2011：231-236）。

以上のように、単位は近現代中国の歴史的状況の中で形成され、その後さまざまな機能が付け加えられ、次第に完成されていったが、閉鎖的、自己充足的な「小社会」として70年代末までに中国社会で重要な役割を果たしていた。そして、80年代に始まった単位制度の改革は、大きな困難を伴いながら今日まで続いている。

3　単位の機能

単位は生産機能、行政機能のほかに、きわめて幅広い財・サービスの分配機能を持っていた。単位はこの分配機能を駆使し、組織成員およびその家族に財・サービスを提供することによって、彼らの一生涯の生活を保障するだけでなく、その私的な問題にまで介入し、彼らの人生そのものを単位組織の中に組み込んでいたといっても過言ではない。都市在住の中国人は単位から離れれば、生活がきわめて困難になることから、そのほとんどが単位に所属していた。彼らは学校を卒業すると、中央計画経済体制下の雇用・分配システムに基づいて統一的に各機関単位、事業単位、企業単位に分配される。この時から自分の「所属単位」と苦楽をともにする人生がスタートする。

単位に分配された成員はまず単位から賃金を受け取る。給与水準は低いが、減給される心配は決してない（「鉄工資」）。給与制度は「低賃金・低消費・多就業」（1956年国務院「関于工資改革的決定」）方針のもとで、国家が定めた地区別、部門別、職務等級別の賃金水準を、すべての単位成員に当てはめるように運営されていた。等級を決める最も大きな要素は勤務年数であり、業務能力や業績などは基本的に給与水準に影響せず、個人差がほとんどない均等主義的な給与制度が強調されていた。ただし単位の党組織が強い権限を持ち、党幹部の個人的意見と判断が奨励金などの一時金や昇給、昇進（そのステップとしての入党）に対して強い影響力があった（後述）。

次に成員およびその家族は単位から住宅を受け取ることができる。建国後から改革・開放前までの中国都市部では、住宅は常に需要が供給を上回り、著しく不足していた。この状況のもとで、都市住宅は国家の基本建設投資によって建設され、そして各単位を通じて従業員にただ同然の低家賃で供給する方法をとっていた（職場近くの区域に同一単位の従業員と家族が住んでいるので、この区域が「単位大院」「家属院」と呼ばれていた）。もちろん、この場合の住宅は商品ではなく、単位独特の福祉制度の一環として運用され、社会の再分配システムの中に組み込まれ、再分配されたものである（柴ほか2003：68）。一部の日本企業にも社宅制度があるが、中国の単位の住宅は、受け取った個人が定年退職後も住み続け、また、場合によっては本人が死亡した後も家族がそのまま利用するケースが少なくないので、日本の社宅とは明らかに性質が違う。住宅分配制度は、単位のさまざまな福祉制度の中で最も特徴的なものであり、組織成員の単位に対する従属関係を強めるうえできわめて重要な意味を持つ。

　さらに単位の成員になれば、本人および家族が公費医療を受けることができる。また定年退職した成員は生涯、単位を通じて年金が支給される。住宅・医療・年金保障のほかに、比較的規模の大きい単位では、成員に利便性や娯楽を提供するためのさまざまな福祉施設、娯楽施設が設けられている。例えば、単位の付属幼稚園や小中高校、食堂、病院または診療所、入浴施設、理髪店、郵便局、売店、放送センター、体育館、運動場、映画館、劇場、プール、退職者用活動室など、ありとあらゆるものが完備されている。物不足で生活物資の配給制が長期化している中で、単位は成員のために希少品（例えば、当時では入手しにくいミシン、自転車、テレビなど）の購入券の手配、演劇・映画鑑賞券の配布、副食品の支給などを恒常的に行っていた。春節（旧正月）、端午節、中秋節など中国人にとって大事な伝統的節句が来れば、単位が従業員にお祝いの品々を支給していた。

　組織成員のきわめてプライベートな問題についても、単位の介入が一般化している。

　例えば、「結婚証書」をもらうために単位の所属証明書が必要であり[3]、

妊娠・出産についても、単位内の「計画出産委員会」から年間出産計画枠をもらう必要がある。さらに、組織（の代表）が媒酌人になったり、職場内で「集団結婚式」を主催したりすることも珍しくない。「日本的経営」のもとで、日本人従業員が企業に取り込まれているとよく指摘されているが、それに比べれば、中国の単位組織が個人の私生活に立ち入った度合いははるかに大きいといえよう。

以上は単位という空間（「単位社会」）における諸種の福祉サービスを挙げたが、この空間を出れば、対外的には単位は組織成員の社会における居場所を確保し、単位成員の人格を保証し、その行為に責任を負う存在となる。例えば、航空券、乗車券の購入やホテルで宿泊をする際に、必ず単位の発行する「紹介状」または「工作証」（所属を証明する身分証）が必要であり、提出できない者は乗車や宿泊が拒否されることが多い。また、出国するためのパスポートの申請も、単位の許可がなければ、受理さえされない。このように、単位に所属するすべての人は「単位人間」にならざるをえないのである。ただ個々の単位がきわめて閉鎖的で排他意識が強く、単位が提供する福祉やサービスは、あくまで所属成員およびその家族に限定され、「部外者」が保障の対象にならないことに留意する必要がある[4]。

以上で見たように、雇用、住宅、医療、年金保障などを提供する単位は、組織成員にとってあらゆる生活の基盤であり、生きていくためには必要不可欠な存在となっている。したがって、当時の中国社会における資源の希少性、資源の単位による一方的な分配権の保有は、契約関係を前提としない個人に対する単位の優位性を確実なものにし、単位における組織と個人の支配・従属関係を根本的に決定づけたのである。

改革前・改革後の単位組織、改革後の非単位組織の構造、機能、特徴などの違いについては、図表6-1に示したとおりである。

第2節　企業単位の人事管理制度

企業単位の組織・個人関係を見るために、まず単位の人事制度を考察しよ

図表 6-1　改革前・改革後の単位組織、改革後の非単位組織の比較

改革前の単位組織	改革後の単位組織	改革後の非単位組織
【構造的特徴】 機能の多元化（単位の発達と社会の相対的萎縮） 企業への党委員会の指導権	【構造的特徴】 企業への党委員会の保証・監督権 インセンティブとしての「機能の多元化」	【構造的特徴】 正式な組織
【機能】 社会動員 社会コントロール 社会調和 資源分配	【機能】 社会動員 社会コントロール Job and Position 資源分配	【機能】 インセンティブ 動員 作業効率のコントロール 管理
【参加の特徴】 能動的参加と受動的参加 生活共同体 全面的依存を基本とする 組織文化としての参加 組織的認知としての参加 イデオロギー	【参加の特徴】 能動的参加と受動的参加 利益追求が原動力 組織文化としての参加 組織的認知としての参加 イデオロギー	【参加の特徴】 利益追求が原動力 企業文化が原動力 効率追求が原動力 組織的認知としての参加
【利益の表示と整合性】 個人行為 組織を介して 批判と自己批判 単位枠組内の表示と整合の強化	【利益の表示と整合性】 法律に訴える 組織を介して 単位枠組内の表示と整合の弱化	【利益の表示と整合性】 法律に訴える インフォーマルな集団圧力 工会（?） 非単位枠組内の表示と整合
【利益の実現】 党組織と単位指導者による決議 組織の意見 制度枠組内の利益の実現	【利益の実現】 圧力のもとでの妥協 単位指導者の非公式の協議 制度化方式による決議	【利益の実現】 圧力のもとでの妥協 協議と交渉

注：（?）マークは著者。
出典：李 2007：7。

う。改革・開放前の単位における人事管理制度は、単位の所属編成制度、雇用制度、給与制度、評価制度からなるが、本節では周・楊の研究（周ほか 1999：40-50）に基づいて企業単位の人事制度の主な内容や特徴を概観し、組織成員を管理する強力な手段として運用されてきた人事档案制度の内容、仕組み、役目、効果を明らかにしたい。

1　企業単位の人事制度

(1) 企業単位の所属編成

　国家の人事・労働部門、労働賃金計画部門が、すべての単位の労働力人口規模や職務配置を管理する。管理内容には、単位の名称、所属関係、企業の規模やレベル、生産任務、内部組織構造、従業員数、専門家・技術者の割合、幹部（企業内共産党組織の幹部および行政幹部）のポストなどが含まれる。所属関係から単位を5つに類別できる。すなわち、①中央、国務院（内閣）および政府各部門に直属するもの、②地方政府およびその各部門に所属するもの、③中央部門と地方政府に二重管理されるもの（ただし中央と地方政府のいずれかが主要管理者となる）、④中央と地方によって共同管理されるもの（これもいずれかが主要管理者である）、⑤混合管理に属するもの（例えば大企業に付属する学校または学校が経営する企業などはこれに分類できる）である。企業単位の所属関係の如何はその企業の格付けを意味する。上述①の中央政府のような高いレベルの部門に所属していれば、単位序列の中での地位も高く、より多くの資源や権力を入手することができると同時に、その企業の幹部も高い社会的地位や権力を獲得できることを意味する。

(2) 企業単位の雇用制度

　改革前の企業単位の雇用制度は、幹部雇用システムと労働者雇用システムに分かれていた。新中国建国後の10数年間では、経営幹部、管理者人材が大きく不足していたため、ある程度の学歴がある労働者、農民および復員軍人、それに「労働改造」を受けた「知識青年」から幹部を選考する方針が決定され[5]、試用期間や賃金基準も設けられていた。その後、国営企業幹部の採用は次の方法に定着したのである。一つ目は国家が大学卒業生を統一分配する方法である。大学卒業生が少なかったため、大学への入学は将来、幹部の身分が約束されることと等しかった。二つ目は軍隊から「転業」（人民解放軍の幹部が退役して軍務以外の仕事に就くこと）した士官を採用する方法である。基本的には連長（中隊長）以上クラスに限定された。三つ目は労働者、都市の「待業青年」（就職待ちの青年）、農民から選抜する方法であるが、これはあ

くまでも副次的な方法である。企業、工場のトップクラスの管理者（例えば工場長、副工場長、党委員会書記、副書記など）は、すべて上級主管部門が任命することとなっている。

　一方、労働者の雇用については、そのほとんどが常用工であり、国家の労働計画に決められる人数に合わせて採用しなければならない（多く採用することも、少なく採用することもできない）。労働者の賃金と労働保険、社会福祉は国家が単位を通じて提供する。労働者は明確な勤務年限がなく、企業は特別な事情がない限り労働者を解雇することができないが、従業員も所属単位から離れて、他の単位へ転職することがきわめて困難である。言い換えれば、企業における従業員数の増減は、自然減員（定年退職、在職中の死亡）と国家の労働計画に基づいた採用との2つの要素しかなく、企業独自の募集とリストラによる調整はありえなかったのである（路1993）。もっとも、労働者は国家の主人公であり、主人公は解雇されるはずがないという理屈があった。常用工のほかに臨時工、契約労働者、農民工（農閑期にのみ雇用する）も存在したが、文革中にそのほとんどが常用工に採用されていた。

　このように、政府は人口の8割を占める農民を戸籍制度を通して農村に釘付けにし、都市住民の就業を一手に引き受けることによって、社会の安定を維持し、「社会主義国家には失業が存在しない」理念を貫こうとしたのである。

　また、社会の安定を維持するという同様の理由によって、国家は企業単位に行政組織、政治組織としての機能を持たせ、単位成員をコントロールする組織的手段の役割を果たせたのである。この意味では、単位による労働者の採用は「雇用」という経済的目的をはるかに超え、人々を単位という空間の中に収束することによって安定した政治支配、経済運営を図ったのである。中央集権的計画経済時代において、「モノ」「カネ」の管理に比べ、「ヒト」に対する政府の管理・統制がはるかに厳しい（王2000：98）理由もここにある。しかし、厳しい管理と裏腹に、「解雇しない」雇用制度（「鉄飯碗」）は従業員の競争心と危機意識を喪失させ、上昇志向や働く意欲を弱め、国営企業の非効率性、経営の悪化をもたらす大きな原因となった。

（3）企業単位の給与制度

　建国後から1950年代初頭まで、中国には統一した給与制度が存在しなかった。当時では、共産党幹部と職員に対しては供給制（食料品、日常生活用品とわずかな現金の供与）、国民党時代からの技術者、教師、職員、店員、労働者などに対しては給与制を採用していたが、給与基準は数百種に上り、混乱を極めた。物価水準がある程度安定してきた55年7月より、まず機関単位および事業単位で実験的に給与制度の改革が始まり、翌年の56年7月に国務院が発表した「賃金改革に関する決定」（「関于工資改革的決定」）「賃金改革におけるいくつかの具体的な問題に関する規定」（「関于工資改革中若干具体問題的規定」）および「賃金改革案の実施手順に関する通知」（「関于工資改革方案実施程序的通知」）など一連の通達によって、給与制度改革が全国に波及し、中央に高度に集中した統一的な新しい給与制度が成立した。改革の結果、供給制が廃止され、賃金による給与制に統一された。また、「等級給与制」が実施され、幹部が30の行政級、労働者が8の技術級に分類された。この新しい給与制度の特徴は次の4点に要約できる。すなわち第一に、給与制度がすべて中央によって高度に統一された管理のもとに実施されたこと、第二に、都市戸籍を持ち、労働年齢に達した中国人は、所属「単位」の業績の如何にかかわらず、中央から割り当てられた給与を支給されたこと、第三に、給与格差の少ない平均主義的な配分制度であったこと、第四に、昇級が、企業の成績や個人の実績と関係なく、中央の計画に基づいて全国一律に行われたことである。この給与制度は個人の能力や効率よりも、国民全員に衣食を与える福祉重視の制度であったことが明らかである（岩田ほか1997：59、侯ほか1996：4-7）。

　以上の改革と同時に、各地域の自然条件、物価水準、生活水準、現在の給与レベル、さらに重点発展地域か否か、自然条件が過酷な地域か否かなどの基準に基づいて、全国を11の地域別給与等級区（工資区）に分類した。給与等級区の等級が高い地域は給与水準も高く設定されている。例えば、11類地域（最高レベル）には、新疆ウイグル自治区、寧夏回族自治区、青海省、チベット自治区が含まれている。また、その次の10類地区には広州市、8類

地区には上海市、西安市、廈門市、6類地区には北京市などが含まれている(6)。

　国家が決めたこれらの地域別、等級別の給与水準を、すべての従業員に当てはめるように運営されていたのだが、20年以上にわたって賃金額が低めに抑えられ、出来高給と賞与システムが廃止され、企業や個人の業績とも連動しなかったため、能力、貢献度と無関係の均等主義的傾向が強かった（白ほか2011：327）。そして、低賃金制度のもとで生活している従業員にとっては、生活物資や福祉サービスを提供してくれる単位の存在がますます重要となり、単位に対する依存は大きくならざるをえなかったのである。

(4) 企業単位の評価制度

　企業単位の評価制度のもとで、評価は組織成員を幹部、共産党員従業員、非党員従業員に分けて、ほぼ1年ごとに行われていた。通常、幹部、党員の評価は単位の「組織部」「組織科」など党の人事管理部門によって行われるのに対して、非党員の一般従業員は単位の「人事科」「労資科」「政工科」などによって行われる。幹部、党員、さらに労働者の中の「積極分子」(loyal clients, 党に忠誠し、政治活動に熱心で積極的な人) に対する審査、評価の目的は、単位幹部の選考と育成、昇進する際の根拠を提供することにあるが、労働者への評価の目的は出退勤管理、資格試験にある。ただし、両者に共通する評価内容は「政治表現」であり、党の方針、政策に対して正しく認識し、きちんと実行しているかどうかが必ず審査される項目である（「積極分子」「表現」については後述）。業務能力や貢献度、任務完成の状況もある程度評価の対象となるが、党や国家に対する政治的態度に比べれば、さほど重要ではない(1980年3月、中共中央組織部は幹部選考の基準として、「革命化、若年化、知識化、専門化」を打ち出したが、それまでは原則上「革命化」だけが評価の基準とされていた)。1950～70年代の企業単位の評価制度は、一言でいえば、能力、実績、企業への貢献度ではなく、主に政治的な考え方や行動、イデオロギー的なものが評価の中心となっていた。幹部、労働者、あるいは党員、非党員にかかわらず、各個人に対する毎回の選考、評価の経緯や結論はすべて詳細に記録され、「档案」と呼ばれる人事管理書類にファイリングされ、厳重に保管されている。

そこで、次は単位の人事管理に欠かせない重要な手段として運用されてきた「档案」制度について検討しよう。

2 単位組織の管理・支配手段──「档案」制度

「档案」(Dangan) とは「人事档案」(Personal records) の略で、個人の人事記録（身上調書）である[7]。中国では何らかの組織、団体に所属していれば、すべての構成員に対して档案が作成される（農村では基本的に農民党員、幹部のみに限定される）。档案は中学入学時から記録され始め、本人が死亡してからも数年間保管されるので（国家の重要人物であれば、永久に保存される）、まさに個人に一生ついて回るものである。档案は単位の「組織部」「人事部」などの档案室、档案櫃に厳重に保管され、「いかなる個人も、本人またはその直系親族の档案を閲覧または借用することができない」（中共中央組織部・国家档案局「幹部档案工作条例（1980年実施、1990年改訂）」第7章第31条 (5)、以下「条例」と称す）ことになっている[8]。このような档案制度は、単位組織の個人情報の掌握による人間管理、情報統制において大きな役割を果たした（西条 1984：233）と同時に、組織成員が経済生活、社会生活における単位への依存と同様に、政治面においても、档案制度によって個人に対する組織の優位性、組織に対する個人の従属関係を確保するものとなっている。

既述のように、档案はすなわち、全組織構成員の「個人情報記録書」である。企業従業員の場合は通常、個人の経歴（学歴、就職する際の採用通知書、賃金等級表、年度ごとの勤務評価表、職務評価表など）のほかは、入団（共産主義青年団への加入）関係書類、入党（共産党への加入）関係書類、出身階級（例えば地主、富農、自作人、小作人、資本家、軍人、労働者など、先祖から親の代までの社会的身分や職業）、本人の所属階級（本人の社会的身分や職業、例えば幹部、兵士、労働者、農民、教師など）、本人の政治態度および政治との関わり（政治的組織、団体との関わり・ポジション、共産党に対する態度）、本人の社会関係（親族関係・交友関係）、海外関係（海外に親戚や友人がいるか、特に国民党関係者、台湾出身者がいるか否か）などが記されている。以上で分かるように、その人物の経歴や思想動向、人間関係、政治的背景や社会的階層・身分などに関する詳細な記録があるため、

人事ファイルの内容を大幅に超えている。档案の内容は本人が書いたものもあれば、組織が書いたものもあり、さらにその人に関する投書まで含まれている。档案の記録は人間の成長とともに増えていき、それを読めば、「その人はいつ何をして、何を考えたか、どういう人に関係していたか」など、一人の人間の全体像をつかむことができる（西条 1984：212）。組織に所属するすべての中国人にとって、档案は入試、就職、転勤、昇進、留学など個人にとって重要な局面で決定的な役割を果たし、将来を大きく左右することはいうまでもない。

以下では、「条例」に基づいて、「幹部档案」を例に档案の中身を見てみよう。

まず、この場合の「幹部」には、党組織の幹部、行政機関・事業単位の幹部、企業単位の管理者、科学者・専門技術者・学者などが含まれるが、「条例」では「幹部档案」が次のように定義されている。「幹部档案とは、組織・人事などの関係部門が党の幹部政策に従って、幹部の育成・選抜・任用の中で形成された幹部個人の経歴、政治思想、徳性・行い、業務能力、勤務態度、実績などの内容を記載する文書資料であり、歴史的・全面的に幹部を考察し、正しく幹部を選抜し任用する重要な根拠であり、また国家档案の重要な構成部分である」（第 1 章第 1 条）。

次に、档案の内容と分類について見てみよう。档案の内容を以下の 10 の部分に分けることができる。すなわち、

第 1 類　履歴関係書類

第 2 類　本人の自叙伝

第 3 類　鑑定、評価、考察資料

「鑑定」（Jianding）は档案の主な内容の一つであり、関係する組織の責任者が個人の優劣についての評定・評価した記録である。中国人は通常、小学校の「卒業鑑定」が与えられ、成人は党員、幹部であれば、単位党組織からの評価があり（「組織鑑定」）、一般労働者の場合は職場の責任者、人事管理部門からの評価がある（「工作鑑定」）。

第 4 類　学歴と専門的技術・職務を評定する書類（学歴、学位、成績、研修修

了成績表、専門的技術・職務を評定する書類、考察・審査・批准する書類を含む）

西条正の研究によれば、勤務評定は、普通５つの側面から行われる。①政治思想、②業務能力、管理能力、③出勤状況、仕事ぶり、④業績、効率性、⑤政治学習、理論学習、業務研修の成績である。また、勤務評定は、年に１回（また１年おきに）行われる。行うのは組織部門と人事部門である（西条1984：224）。本人には見せないのはもちろんのことである。

第５類　政治的・歴史的状況に関する審査資料（選別資料、再調査資料および依拠資料を含む。さらに党籍、就職年月などに関する資料）

第６類　中国共産党、中国共産主義青年団および民主党派への参加に関する資料

第７類　褒賞資料（科学技術と業務に関する奨励、英雄的・模範的業績を含む）

第８類　処罰資料（選別資料、再調査資料、処罰を免れる処理意見を含む）

第９類　採用、任免、招聘、転業、給与、待遇、出国、停年・離職・退職資料およびさまざまな代表大会代表の登記表などの資料

第10類　その他組織にとって参考になる資料（以上は「条例」第３章第10条）

このように、「幹部档案」は「歴史的・全面的に幹部の状況を反映するための書類資料」であり、その人の人生の詳細な記録であることが確かである。単位組織は档案の記録をすべて把握することで、個人に対する生殺与奪の権力を握っているといってよい。しかし、管理される側にとって、このような詳細な記録が組織に掌握され、人生の節目で利用されるので、档案は実におそろしい存在である。

第３節　企業単位における党組織の強い権限

第５章で述べたように、中国の国有・国営企業の重要な特徴の一つは、政治組織である共産党の下部機構が企業の中でネットワークを張り巡らせ、あらゆる重要事項の意思決定に関して強い権限を持っていることである。本節では、企業単位党組織の権限強化の背景と過程を考察し、企業における党幹部の権力行使の手段や個人と党組織との関係を分析する。

1 企業党組織の権限強化の過程

(1) 建国初期の企業指導体制 (1949～50年)

新中国建国初期の企業管理は企業長（工場長）を中心とする管理委員会によって行われ、職工（従業員）代表会議は管理委員会に協力する立場にあった。また、経営管理者と従業員との関係は企業対工会（労働組合）の関係であるとの考え方が支配的であり、工会は労働者の代表として、企業や党組織とは異なった立場に立ち、相対的独立性を持って、賃金、福祉厚生などの労働条件について企業と交渉する主体であった[9]。当時の中華全国総工会の責任者は、党組織の存在がこうした「企業対工会」の構図を崩す要因となると考え、上級党組織が企業へ党幹部を派遣し、企業内に党組織を設置することに反対した（李2000：98）。

また、この時期の企業管理委員会には大きな権限が与えられており、同委員会が企業の最高管理機構となっていた。例えば、華北人民政府が1949年に発布した「国営・公営企業における工場管理委員会および職工代表会議の設立に関する実施条例」（「関于在国営公営企業中建立工場管理委員会与職工代表会議的実施条例」1949年8月10日）の中で、次のように述べられている。「あらゆる国営・公営企業、工場の行政管理者、党関係者、工会関係者は、下記事項を明確に認識しなければならない。すなわち、企業長をはじめとする企業管理委員会が、企業内の統一的指導機構である。この新しい管理組織と管理制度を以て古い組織・古い制度にとって代わり、企業内の重要問題はすべて管理委員会で討議しなければならない」（中国社会科学院ほか1993：193）。さらに、1950年2月末に、中財委（中央人民政府政務院財政経済委員会）は、まだ管理委員会を設立していない国営・公営企業に対して、上述華北人民政府の「実施条例」に従って、直ちに管理委員会を設置し、その実施結果を随時報告することを指示した（中国社会科学院ほか1993：194）。すなわち、49～50年は戦争が終わって間もない時期に当たり、混乱の中で戦後復興を図り、生産を回復し、工場管理の民主化を実現するためには、差し当たり旧経営陣を利用しながら、工場管理委員会および職工代表会議を通して、管理する方法をとって

いたのである。少なくともこの時期においては、企業内の党委員会指導体制は存在しておらず、企業管理の権限は企業長を中心とする管理委員会にあったと考えられる。

(2)「一長制」と「党委員会指導制」との併存（1951～56 年）

1950 年代前半では、地域によって国営企業の指導体制が異なり、「一長制」（企業長単独責任制）と「党委員会指導下の工場長責任制」が併存し、党内の意見の対立による混乱が見られた。まず、旧ソ連の影響が強い東北地区において、中共中央東北局[10]は党中央委員会の同意を得て、51 年 5 月から「一長制」を導入した。この制度の主な特徴は、①企業長が生産経営の指揮を行う、②生産方針、管理制度、人事任免および給与・福祉といった重大な問題に関しては、工場管理委員会は企業長に協力して意思決定を行う、③企業党委員会が政治思想工作の指導を行い、生産と行政について「保証・監督」の役割を果たすというものであった（唐 1997：227）。

しかし、同じ時期に、華北、華東などの地域では、国営・公営企業内に党委員会を設置し、党組織のもとで統一的指導体制を実施しようとする機運が高まっていた。51 年 5 月 16 日、当時の中央人民政府副主席である劉少奇は、高崗（当時の中央人民政府副主席、東北行政委員会主席、後の 52～54 年に中央人民政府国家計画委員会主席を兼任）に書簡を送り、国営企業の管理体制、党委員会の指導的役割について次のように強調し、「党委員会指導制」を提起した。

「国営工場で統一的指導体制を実現する問題について、華東都市工作会議の参加者やその他数多くの関係者が、工場で党委員会を設立し、党による統一的指導を実現することを切望している。その理由は、我々にとって、現在企業管理者として経済や技術に精通し、そのうえ党と大衆に関連する仕事も熟知する幹部が余りにも少ないか、ほとんどいないことにある。したがって、『一長制』による企業管理は大変難しい。しかし、党委員会の形で集団的指導体制をとっていれば、工場長の欠点を補うことができるし、また党、行政、工会、青年団など各団体に対する統一的指導もできる。言い換えれば、緊急事項の場合のみ工場長によって先に処理してもよいが、これ以外の場合は企業のあらゆる重要問題に関して、すべて事前に党委員会の討議に付し、多数

決で可決したうえで実行すべきである。企業の日常の業務について工場長が指示し、実行を促してもよいが、党、工会、青年団の仕事は、それぞれの団体に委ねるべきである」。

「党委員会責任制は、工場長責任制を取って代わる、または妨害するものではない。逆にそれは工場長責任制を強化し、支えるものである。……かつて我々は軍隊の中で党委員会制を実施し、軍隊が党組織に助けられた経験がある。当面の企業管理についても党委員会制が最善の策だと考える」。

「会議（引用者注：華北局都市工作会議）では、企業内の指導体制について、党委員会制にするか、一長制にするかをめぐって激しい論争が繰り広げられたが、最終的に党委員会制の実施に一致で同意した」。党委員会制の実施を主張する理由は次のとおりである。すなわち「多くの大企業では従来の経営者が企業長を務めており、党、行政、工会、青年団に共通する問題を解決できないでいる。その主な原因は労働者階級に頼らないことである。一方、小企業では共産党員が企業長を務めているにもかかわらず、生産管理を知らないし、大衆の立場に立って物事を考えることもできない。したがって、党委員会の集団指導体制が必要である。……当面の問題は企業長に権限がないのではなく、経済が政治から離れる傾向が強まり、企業長が労働者階級に頼る考えが欠けていることである。我々にとって技術力があって、政治をも理解できる『文武両道』の幹部が不足している。党の一元的指導はすでに長い歴史的経験があり、抗日戦争、解放戦争、土地改革のいずれも、党の一元的指導のもとで勝利を収めることができた。軍隊のような集中的な組織にも党委員会制が導入されたのに、どうして工場だけは党の指導が実行できないのか。……党委員会指導下の工場長責任制はすなわち、党委員会を中心に、統一的に指導を行う体制である。党、行政、工会、青年団のそれぞれの上級主管部門からの指示・方針、および工鉱企業での具体的実施案や計画は、すべて企業党委員会の討議・可決と役割分担に関する決定が必要である」。生産計画、生産・行政上の諸措置については、「党委員会の決定に背かないことを前提に、工場長は決定権を持ってもよい」（中国社会科学院ほか 1993：195-197）。

以上の考えに基づいて、中共中央華北局は 1951 年 6 月より「党委員会指

導下の工場長責任制」を実施することを決定した。これによれば、企業の重要問題に関してはすべて党委員会が決定権を持ち、工場長が党委員会に責任を負い、党組織の決定事項を実行する立場にあるとした。その結果、当時、多くの地域が華北局に追随し、党委員会指導下の工場長責任制を取り入れたのである。

　しかし、この時期には、企業内党員幹部の考え方の違いや党組織自身の問題点が存在していた。例えば、中共山西省党委員会が 52 年 7 月 24 日付で中共中央に提出した「全体報告書」において、次のように述べている。「民主的改革と『三反』運動の結果、国営・公営企業における党の指導的役割が強化されてきたが、しかし、党委員会制は健全とは言えず、党と行政との関係も協調性に欠けている。その原因は主に以下の 3 点にあると考える。第一に、行政担当の一部の党員幹部は、思想的・情緒的に『一長制』を以て党委員会制に対抗しようとしている。彼らは仕事に関しては行政上の縦割りを強調し、横割りの同級党委員会の指導を尊重しない。第二に、党委員会の責任者の多くは生産や行政（管理）業務を熟知しておらず、党の指導とその他の組織との関係を理解していない。第三に、党委員会が党の基層組織の建設を軽視し、全党員を動員して工会と青年団において積極的に活動し、それを通じて党の指導的役割を発揮することを怠っている」(中国社会科学院ほか 1993：204)。そして、党委員会の指導を強く主張した中共中央華北局も、党委員会の集団指導体制のもとでは、責任の所在が不明確であり、企業管理が混乱に陥ったため、54 年 4 月、再び「工場長責任制」への移行を決定した（「関于在国営廠鉱企業中実行廠長責任制的決定」）。翌 5 月、中共中央は華北局の決定を批准し、党内での反対意見を押し切り、各地域に対して「工場長責任制」の実施を通達したのである（唐 1997：227-228)。

(3) 党委員会指導体制の全面的導入（1956〜80 年代はじめ）

　ところが、1956 年 9 月に開かれた中国共産党第 8 期中央委員会第 1 次全体会議において、旧ソ連から導入された「一長制」は労働者の民主的権利を形骸化させたものとして批判され、「党委員会指導下の企業長責任制」の導入が決定された。こうした党組織の指導を前提とする企業管理体制は、企業

体制改革が始まる80年代初頭まで存続し続けた（李2000：100、中国国家経済委員会経済法規局1984：79）。企業指導体制について、毛沢東は建国初期から、党を中心とする集団指導体制を主張し、党書記、工場長、工会主席の3人、あるいはそれに技術者、労働者を加えた5人指導体制をとるべきだと説き、「工場長責任制」に反対していた。56年春、毛は中央政府の34の部・委員会の報告を聞いた際に、「工場長責任制」に賛成している部長（閣僚に相当）らを厳しく非難し、彼らを「一長制主義者」と決めつけて一蹴した。また、その後のある政治局拡大会議の席上で、毛は国務院総理の周恩来に「『一長制』を進めたのは、いったいどこの党中央の命令によるものか？　北京の党中央なのか？　それともモスクワの党中央なのか？」と詰問したという（薄1997：995-996）。中共八大（中国共産党第8回全国代表大会）における「一長制」への否定と全国範囲での企業内党指導体制の導人決定は、こうした毛沢東の考え方と大きく関連しているのはいうまでもない。

　ただその後、「大躍進」後の企業内の問題を解決し、生産・経営への党委員会の過度な干渉（これが「党書記一長制」と呼ばれていた）を制限するために、「党委員会指導下の工場長責任制」の形を維持しながら、工場長の責任・権限を強化する動きもあった。これはすなわち「国営工業企業工作条例（草案）」（略称「工業七十条（草案）」、以下「工作条例」と称す）の制定である。この「工作条例」は、61年6月に中央書記処総書記鄧小平の指示に従って作成された中国最初の企業管理法であり、「大躍進」失敗後の経済の立て直し、生産の回復に重要な役割を果たした。「工作条例」では、国家の「統一計画・統一分配」という社会主義計画経済体制を堅持し[11]、「党委員会指導下の工場長責任制」を継続することを前提にしながら、生産・経営方針における党委員会の決定権を制限し、車間（作業場）、工段（作業場の部門、職区）、班組（班）には党支部、党小組を設置せず、車間主任、工段長（職能組長）、班組長（班長、グループリーダー）の生産責任制を実施することを決めた。作業現場から党組織の指揮系統を排除する考えは、鄧小平が示唆したものである（薄1997：996）。また、専門家、技術者を重視し、企業内に「3つの責任制」を確立することも決定された。すなわち工場長を中心とする全企業の生産管理責任制、

総工程師（技師長）を中心とする技術管理責任制、会計師を中心とする財務管理責任制である。これらを通して、生産責任の明確化を図った。さらに、労務管理に関しては、「いくら戒めても改めない悪質な労働者に対して、企業は解雇する権利がある」と規定した。建国後の中国の法律において、企業に労働者の解雇権を与えたのはこれが初めてである（薄 1997：998-999）。

しかし、「四清運動」の拡大や文革の始まりによって、「工作条例」は「社会主義経済を崩壊させ、資本主義を復活させるブラック・テーゼだ」として激しく批判され、1961～65年の数年間しか機能しなかった。

こうして、50年代半ばから企業体制改革が始動した80年代初頭までは、企業における党委員会の地位・権限の強弱は政治情勢によって変化したものの、全体的にいえば、企業党組織はかなり強い権限を握り、企業に対する支配的地位を不動のものにしていた時期である。特に文革が盛んだった60年代末より、「党委員会の一元化指導体制」が強調され、党書記が企業のすべての事項に対して決定権を持つに至ったのである。文革中の党組織の中心任務は「階級闘争」「政治運動」だったため、企業という生産組織は、党委員会の指導下でますます政治組織に変わっていった。

(4) 企業体制の改革 (1980年代以降)

1980年代から国営企業のガバナンス改革が始まり、その狙いは党組織の企業経営への指導・干渉の制限と経営者への権限委譲にあった。企業管理体制の改革が本格的に始動したのは83年末である。中央政治局常務委員会は「党委員会指導下の工場長責任制」から「工場長責任制」への移行を正式に決定し、工業企業法調査グループを発足させ、工業企業法の作成準備に入った。84年4月、中央書記処は調査グループが提出した調査報告を審査したうえ、「工場長責任制」の試行実施を決定した。こうした過程を経て、「国営工業企業法（草案）」は85年5月に制定された。同法の内容について、国家経済委員会副主任の袁宝華（当時）は国務院の委託を受け、次のように説明している。すなわち、現行の経済体制にはさまざまな弊害が存在し、企業発展が大きく阻害されている。企業法制定の目的は、企業の法的地位、責任、権限、指導体制を明確にし、企業の合法的権益を保障し、改革によって確立

された企業と国家、企業と従業員、さらに企業内の行政（管理）・党組織・一般従業員間の正しい関係を法律の形で規定し、定着させ、「責任者がいない、責任を負う権限がない、責任の負い方が分からない、責任を負う力がない」問題を確実に解決し、企業に活力を注入して社会主義現代化建設を促進することにある。

　また、企業内党組織の役割分担や位置づけについて、袁氏は次のように述べている。56年から全国で「党委員会指導下の工場長責任制」を実施してきたが、この制度のもとでは党委員会が企業管理を一手に引き受け、遅い意思決定、低効率、責任者不在などの弊害が生じている。したがって、企業指導体制の改革、工場長責任制の実施はすでに避けて通れないものとなってきている。工場長は企業の生産と経営管理のすべてに責任を負い、企業内党組織はそれまでの「指導的立場」から企業に対する「保証・監督」へと変わり、生産・経営方針に関しては「提案してもよいが、決定はしない」役割に大きくチェンジしたのである[12]。国営工業企業法の制定をきっかけに、改革の成果が徐々に現われ、企業内党委員会の影は次第に薄くなったが、近年に至っても、政治情勢によって党の指導的役割が再び強調され、その影響力が強まるケースも少なからず存在しているため、企業内「党政分離」の改革はなお続いている（第5章参照）。

2　個人に対して絶対的優位に立つ企業党組織

　新中国建国後の企業内党組織の権限強化の過程は既述のとおりである。次は他国では見られない企業内党組織と個人との関係、党委員会の存在が組織成員に与えた影響、党委員会と組織成員との緊張関係の特徴を検討する。

　長い間、企業において指導的立場に立ち、最高経営責任者として実権を握ってきた党委書記、および党委書記を頭とする党幹部らは、組織成員にとって、入党、提幹（幹部への昇進）、住宅分配など福祉上の優遇、およびこれらに伴うさまざまな利益獲得を決定する最も重要な存在であり、また「人事档案」の中身を利用して個人の将来を左右するおそるべき存在でもあった。こうした単位内党組織の強い権限と支配手段としての入党審査、「政治表現」

評価、人事档案制度などは、単位の組織的特徴をなしている。

　単位時代の中国人は、しばしば「入党」と「提幹」をセットで考え、「入党」が「提幹」の前提であり、「入党」できない者が「提幹」も望めないことを心得ている。出世コースは何よりもまず入党を果たし、それから一歩ずつ昇進していくのが不文律であり、党員でなければ幹部の候補者になる可能性はきわめて低かった。また、当時では党組織はエリート集団（「先鋒隊」）と見なされていたため、党に対する憧れから入党を渇望する若者も少なくなかった。このような党組織がトップに位置するヒエラルキーのもとで、政治組織化された企業は個人に対して絶対的優位に立っているため、党委員会が決定権を握る企業単位での昇給・昇進、奨励金の分配、住宅分配などにおけるアドバンテージを望むのなら、党組織（その象徴としての党委幹部）に忠誠を誓い、その意向に従い、積極的に党を支持する態度と行動を示さなければならない。

　ところが、党員になるためにはいくつかの高いハードルを乗り越えなくてはならない。まず入党申請者は自らの「出身階級」「出身家庭」の状況をさらけ出し、党組織の審査を受けることになるが、資本家、地主、富農、特務（スパイ）、反革命分子などの家庭に育った人間は決定的に不利であることはいうまでもない。こうしたいわば先天的な要件に対する本人の対応をチェックするために、その人の言行が日々監視・考査されるが、親、親戚、ひいては配偶者との間で政治的な立場に一線を画し、家族などに批判的な態度を示せば、入党のチャンスが与えられる可能性がある。続いて、入党志願者は「入党申請書」と「思想汇報」（思想・認識の変化に関する報告書）を書いて所属部署・作業場の党支部に提出しなければならない。提出回数が多ければ多いほど、入党を切望していると見なされるが、幾度提出しても入党を認められない者も少なくなかった。入党できない申請者のほとんどは、政治的「表現」に対するマイナス評価が主な原因であった。

　「表現」がどう評価されるかは個人にとって実に重要なことである。特に入党、昇進を強く期待している者は、「表現」の評価次第でその前途が大きく影響される。また、入党、出世を期待しない成員にとっても、昇給、奨励

金や住宅の分配、理想の職種への配置（例えば、作業場からオフィスへの異動など）で有利・不利に「表現」評価が直接結びつけられるので、評価の結果は無視できない。

ところで、「表現」とは何か。アメリカ人社会学者のワルダー（Walder, A. G.）によれば、「表現」には個人行為のさまざまな面が含まれている。例えば、勤務態度、思想的傾向、個人の品性・資質、道徳、信頼度、政治態度（共産党の政策を理解し、党の指導を積極的に支持しているかどうか、愛国心があるかどうか、政治運動に積極的に参加しているかどうか、など）、ほかの従業員と助け合うこと（「団結互助」）ができるかどうか、組織のリーダーに従い、協力することができるか（会議での意見や提案が一つの目安となる）など、要するに、仕事に関係することだけでなく、成員によるすべての行為が「表現」の中に収められている（Walder 1986：132-134, 160）。こうした内容から見れば、「表現」は業務能力や実績との関連が小さく、評価の中心はむしろ共産党・政府に対する日常の態度や考え方などイデオロギー的なものであり、そのため数多くの政治キャンペーンでの行動が重要になってくる。また、「表現」は実績に基づく評定ではないので、タテマエ・ホンネを使い分け、「表現よく」振る舞う人が得をすることになる。この場合は「表現」がパフォーマンスと等しい。いずれにしても、すべての物質や社会サービスが単位を通して分配され、分配権が単位の党委書記、職場幹部の手中に収められている時代では、「表現」に対する評価は重要な意味を持つ[13]。

「表現」はきわめて幅広い内容を含む曖昧な言葉であり、評価する明確な基準やルールがないため、党幹部などの裁量（主観的評価）に委ねられることが多く、彼らの考え方や被評価者との人間関係が審査結果を大きく左右する（谷川 1997：19-20）。言い換えれば、ある個人に対する党幹部や企業幹部の印象がよくなければ、「表現が悪い」と評価され、昇進などに際して不利な立場に立たされる。このように、「『表現』という評価基準の導入によって、二つの面から評価結果を変えることとなった。一方では、『政治的表現』（political showing）において優位に立つが、そのほかでは平凡な人が昇進・昇給が保障される。他方では、発言が一線を越え、あえて権威に挑戦し、ある

いはそれ以外の事項についても『表現の悪い』人が昇進の対象から排除された」(Walder 1986：136)。

　企業党幹部・職場幹部は指導・管理の優位を確保し、維持するために、党に好意的で政治活動にも熱心であり、党の指示・命令に積極的に従う「積極分子」と呼ばれる少数の組織成員（通常、積極分子の比率は党員の10％前後よりも少ない）との間に、安定的で制度化された上下の互恵関係のネットワーク(network of patron-client relations)を作り上げた。ワルダーによれば、「積極分子」を次のようにいくつかのタイプに分類することができる。野心家で口のうまさで出世のエスカレーターに登ろうとする人、思想的に幼稚で、ただみなのために役に立ちたいと思っている若者、忠誠心があり努力もしているが、政治にはあまり関心を示さない「模範的労働者」、人間的に成熟していて、企業のために自らの貢献を惜しまず、同時に国家のイデオロギーを自己の道徳観に内在させる人、などである (Walder 1986：148)。彼らは党幹部への忠誠・支持と引き換えに、入党・昇進のチャンスや福祉関係の利益を手に入れようとし、両者の関係は互恵・交換の関係である。この場合、「積極分子」が党組織・党のイデオロギーに対する忠誠と、党幹部個人に対する忠誠を混同させているのが特徴である。そして、こうした党幹部・企業幹部と「積極分子」とのネットワークの存在が従業員の分裂をもたらし、「積極分子」ではない大多数の組織構成員が、企業党幹部への敵意や不満を「積極分子」に向かわせ、その結果、従業員の中で孤立している「積極分子」がますます党組織に近寄ることとなったのである (Walder 1986：7, 26, 166-175)。

第4節　企業単位における組織と個人の関係

1　ワルダーの3つの従属論

　ワルダーは1979〜80年に、中国国営企業の工場長、技術者、および労働者へのインタビューに基づいた研究を行い、優れた成果を残している。同氏は産業組織論の観点から、主に毛沢東時代の中国国営企業[14]の権力構造、

組織内の権威関係の解明を試みた。彼の研究がきっかけとなって、単位を一つの組織制度として分析する理論的フレームワークが形作られたのである。ワルダーは企業に対して、中国の労働者がきわめて高い従属（dependence）関係にあると主張し、この従属関係を次の３つの側面から見ることができると指摘した。すなわち、第一に、従業員の企業に対する社会的・経済的依存である。もっとも、労働者の企業への従属関係は世界のすべての工場に存在し、企業内権威関係の基礎となっている。こうした従属関係の程度は、組織成員の満足度（または潜在的満足度）と企業の外部での選択機会の有無によって決まる。言い換えれば、組織成員が（企業に頼らず）ほかの方法を通して欲求を満足させる機会が少なければ少ないほど、所属企業への依存度が大きくなる。単位制度下の中国では、国営企業が労働者に対して、給与だけでなく、住宅、医療保険、年金などすべての社会保障を提供することで（単位がこれらの唯一の提供元である）、また、労働力市場の未発達を背景とする雇用機会の少なさによって、国営企業の労働者は単位組織に対して高度な従属関係にあるのである[15]。

　第二に、従業員の経営側への政治的依存である。国営企業の大きな特徴は企業の政治組織化である。企業には党委・党支部・党小組、共青団、工会、婦女連合会、保安部（科）などさまざまに重なり合った政治組織が存在し、これらの組織は労働者の連帯や反対派の組織化を防ぐと同時に、従業員から「積極分子」を発見し、彼らを育てる役割を果たしている。また、政治組織は「積極分子」を通して一般労働者の思想的動向を探知することもできる。企業の政治組織に対して異論を唱える者は、その言論の記録が「档案」に保存され、不利な資料として本人に一生ついて回ることになる。したがって、昇進・昇給や企業幹部に高く評価されることを期待し、集団の中で優位に立つことを望むのであれば、政治的、思想的に党幹部らに従属し、「積極分子」になるか、企業幹部と個人的な「関係」（guanxi、コネ）を持つかのどちらかが出世の道具として必要である。

　第三に、従業員の上司への人格的依存である。中国の国営企業では、かなりの程度において「権力の個人化」が見られた。単位の車間主任などは、人

事および賞罰制度について大きな権限を有しているが、企業内党組織の存在によってその権限がさらに強化されている。党の指導が基層に浸透し、各車間に党支部が設置されているため、支部書記と車間主任に人事・行政権が集中している（例えば、住宅や物品の分配、研修の許可、休暇の許可、個人評価書の作成、上級党組織への情報の提供、規則違反者への懲罰など）。このような個人による強い権力の行使はアメリカや日本の企業ではまったく存在しない（Walder 1986：15-22, 80）。

　ワルダーによる国営企業労働者の広範な従属関係に関する研究は、単位時代に個人の自由・自立が確立しなかった社会的・政治的・組織的要因を明らかにし、単位の組織と個人の関係、およびその権威構造研究の新境地を拓き、実証的にも理論的にも大きな貢献をしたと評価され、注目されている[16]。しかし、その一方で、同氏の研究にはいくつかの問題点が存在している。以下、それらの問題点を指摘していく。

　第一に、ワルダーは個人の単位組織への高度な従属関係、言い換えれば、組織の個人に対する強い束縛・制約を強調するあまり、企業単位内の権威構造や組織と個人の関係は党委書記・車間主任─「積極分子」─労働者のように単純化・図式化されている印象が強い。確かに、この図式に示されている関係が、国営企業の権威構造を象徴するものとして存在していたことは否定できないが、しかし、職場の人間関係がすべてこれに当てはまるかは疑問である。

　ワルダーの主張に対して、ウーマック（Womack, B.）は「中国社会の現実により適合している概念」として「単位社会主義」（work unit socialism）を打ち出している。この概念のポイントは、個人による対抗が不可能である国家権力と単位成員の終身雇用（就業の永久性）という二者間の張力（tension）を重視していることにある。単位という永続的で固定された空間の中で、国家および単位指導者の権力と対極に位置しているのが、欠くことのできない単位成員の長期的協力であり、この権力と協力の関係を前提に、単位組織と個人の関係を考えなければならないと強調した。

　具体的に見ると、「単位社会主義」には3つの内容が含まれている。一つ

目の内容は、組織成員に対する評価は、忠誠心と庇護主義的原則に従いながらも、個人の技術力、キャリア、家庭関係、性格などが考慮されているというものである。また、縦割りの上下関係のほかにも、組織成員間にインフォーマルな道具的・実用的互恵関係のネットワークが存在している。二つ目の内容は、工場およびすべての生活空間の中で顔なじみの人々によって小グループが作られ、彼らは互いによく知り合っているため、公の場での衝突をできるだけ避けようとしている、というものである。三つ目の内容は、強い人間関係の絆が存在し、血縁関係が優先されているというものである。人間関係には親疎の別があり、親疎の程度は付き合う頻度に対する予測で決まる（Womack 1991：313-332）。ここで、ウーマックが言及している組織成員間の「インフォーマルな道具的・実用的互恵関係のネットワーク」について、ワルダーは「党組織がコントロールできないさまざまな個人関係のネットワーク」を国営企業従業員のサブカルチャー（subculture）と定義し、著書の中でもこのキーワードに頻繁に触れている（例えば、Walder 1986：6, 7, 12, 26）ものの、その実態や仕組みを解明してはいない。

　第二に、ワルダーは組織構成員の企業（幹部）への社会的・経済的・政治的・人格的な依存関係を強く説いたものの、構成員の組織との消極的な関わり方、例えば、組織の一員としての自覚の欠如、仕事に対する無責任、組織過程・協働への低い関与意識、および組織への貢献意欲の欠乏などに関しては、掘り下げた検証がほとんどなされていない。資本主義経済ではありえない「企業が破産しない」「企業が労働者を解雇できない」「企業（単位）に入れば生活のすべてが保障される」など、本人および家族の生存に必要な基本的環境や条件が満たされている国営企業では、入党・昇進の可能性を持たずまた期待もしておらず、そして一生懸命に働くことにも無関心で、ただ「混日子」（いい加減に働き、怠惰に暮らす）している労働者にとっては、国営企業はまさに楽園であろう（共産党や政府を公然と批判したり、重大な罪を犯したりする人は「開除」＝職場から追放されることになるが）。これらの従業員の存在は効率的な生産活動に悪影響を与えているといわざるをえない（岩田ほか1997：106-107）。要するに、同氏の記述では、「服従における利益」（ウェーバー）の「服

従」が強調される一方で、組織成員が享受している「恩恵・利益」や果たすべき「義務」の側面には紙幅が割かれていないように思われる。

　第三に、ワルダーは1年間あまりの時間をかけて、80人のインフォーマントに対し500時間以上にわたってインタビューを行ったが、訪問対象者はほぼ全員が大陸から香港への移住者である（うちニューヨーク在住者2人）。何らかの背景や事情で移住した彼らが、かつて勤めていた国営企業、職場の上司や同僚を色眼鏡で見ていた可能性は否定しきれないだろう。単位を退職してからも中国（本土）で暮らす人々や1980年当時国営企業で働いていた人々をも訪問対象に加えれば、あるいは異なった結論が下されたのかもしれない。

2　企業単位における「組織圧力」とその解消方法

　組織とは、「意識的に調整された人間の活動や諸力の体系」である（Barnard 1938：72-73, 山本ほか訳：75）。いかなる組織にも、組織とその中で働く「個人」との対立・葛藤から生じる緊張関係が存在している。個人の立場から考えると、このような緊張関係は「組織圧力」として重くのしかかってくるが、組織から脱退しない（または脱退できない）以上、個人は何らかの方法や手段によってこの圧力を解消し、組織への依存関係を維持しようと考えるのである。

　以下においては、中国の国営企業単位における「組織圧力」の内容とその独自性、そして構成員の不満解消手段の特徴を、岩田龍子による組織と個人との関係に関する理論的枠組みを援用し、国際比較経営学の視点から検討する。

(1) 欧米型・日本型の「組織圧力」と解消方法

　岩田によれば、「組織圧力」とは、「構成員にある行為を強制したり、志向・欲求を抑圧、あるいは変更を強いるような組織の要求」のことであるが、その本質的な部分は、「組織の要求」と「個人の欲求」との間にある緊張関係である。組織の圧力は、組織の型（組織のタイプ・構造のあり方）によって異なり、例えば、欧米型の経営組織と日本型の経営組織とでは、構成員が受ける「組織圧力」は異なったものとなる。欧米型の組織にあっては、明確に規

定された職務内容と範囲、職務構成の中で「権力的志向の強い上下関係」が広く見られ、「組織圧力」は、中間管理職のレベルにまで委譲された解雇権と、それを背景とした権力的な指揮・命令関係に集中的に現われる。こうした組織の中での緊張関係の処理方法は、(1) 組織との関わりを時間面・機能面で極力限定し (契約した労働時間を厳格に守り)、特定の集団に深く埋没することを避けること、(2) 常に組織・集団からの脱退の自由を確保すること、によって個人の組織からの自立を堅く守ることにある。

　欧米型の経営組織に対して、日本の組織では権力的な指揮・命令関係は意識的に抑えられるが、反面、集団的圧力のもとで、範囲や限界の不明確な協力要請が行われる。特別な事情がない限り組織の要求が優先され、個人の欲求が抑圧され、欲求不満の蓄積がもたらされる。そのうえ、長期雇用慣行と閉鎖的な労働市場のために、こうした状況からの退避の機会が大きく限定されている (「退路が塞がれる高圧釜状況」)。日本の経営組織のもとでは、個性的な人間の受ける「組織圧力」は、欧米型組織に比べて強くなりがちである。

　以上のような「組織圧力」のもとで、欧米社会と異なった緊張関係の日本的な処理方法が取られた。すなわち、とりあえず組織の要求を受け入れ、その要求に対する不満を別の場で解消する (仲間うちの「ガス抜き」など) といった、タテマエとホンネ、表と裏との分離による処理方法である (岩田 1977：45-58, 1985：42-55, 岩田ほか 1997：166-177)。

(2) 中国型の「組織圧力」と緊張関係の解消方法

　1) 中国型の「組織圧力」　中国の企業組織、特に改革・開放前 (1980年代以前) の国営企業単位においては、強い組織圧力があった。以下では、中国型の組織圧力の中で特に際立ったものについて見てみよう。

　まず挙げなければならないのは、組織からの脱退が許されない圧力である。本来は「人材は必要とされるところに集まり、ふさわしい処遇を受けるところに留まる。それは人為的には操作できない。自然にそうなる」[17]のだが、改革・開放前の中国の企業単位では、構成員が組織から脱退する自由が大きく制約され、自己実現やキャリア・アップを望む人ほどこの圧力を強く受けていた。この状況は終身雇用を強く打ち出していた日本の経営組織に類似し、

まさに「退路が塞がれる『高圧釜状況』」であった。これが「組織圧力」が発生する最も根本的な原因となっている。

　しかし、「脱退の自由への制約要因」に関して、中国と日本とは大きく異なっている。中国の企業単位は生産組織のみならず、同時に政治組織、政府の末端行政組織、および社会福祉組織でもあり、本来の経営組織とは無関係の機能をも兼ね備えている。この制度のもとでは資源分配、社会サービスのすべてが単位を通じて行われるため、企業単位からの脱退は、生活への幅広い保障と社会における特権的身分を失うことを意味する。そして、たとえ保障や特権をすべて放棄する覚悟ができていても、戸籍制度が立ちはだかっているため、地域間の移動ができない(補章参照)。これが49年から改革・開放前までの中国社会および中国企業単位の独自性であり、日本などの資本主義国家のみならず、旧ソ連などの社会主義国家とも制度的な違いが見られる。

　次は、政治的・イデオロギー的圧力である。既述のとおり、中国の企業単位は政治化された経営組織である。企業内にはさまざまな政治組織があるが、それらに非協力的であったり、組織の幹部に異論を唱えたりする者は、仕事や生活面において、より強い圧力を受けることとなる。また、政治についての考えを表面に出さずに従順な態度をとる者も、「政治学習」(週に数回、共産党の文章や新聞・雑誌の「社論」〔社説〕を勉強すること)への参加が強要され、そこで「批判と自己批判」をしたり学習の感想を述べたりすることに恒常的に耐えなければならないが、これは彼らにとってまさに大きな精神的な苦痛である。国営企業単位では、労働規律に違反しても解雇されないが、一線を超えた政治的発言は必ず問題視され、懲罰または追放の対象になる。こうした組織的抑圧のもとで、普段から細心の注意を払って発言し、周囲の情勢を見極めて行動しなくてはならないため、成員にとって強い心理的圧力となって組織圧力が伸し掛かってくる。このほかに、個人の「表現」に対する党幹部の恣意的評価、組織内の党員と非党員との身分・待遇における格差、「档案」の利用による個人へのコントロールなど、個人としては到底、対応しきれない権威構造と評価システムも、組織圧力をさらに強める結果をもたらした。

　さらに、実力が発揮できず、悪平等となっていることによる欲求不満の圧

力（抑圧）である。企業組織とは、経営目的を達成するために、構成員が十分に意思疎通を図りながら、貢献意欲を持って協働する体系である。ところが、国営企業単位には、貢献意欲を刺激してモチベーションを高めるメカニズムや、実績に基づいた評価システムが存在しないため、特に能力の高い人材や技術力・専門知識を持っている人材にとっては、自己実現が抑圧される圧迫感、悪平等による不平等感、企業内政治組織に翻弄される無力感が入り交じり、これらが組織圧力として構成員の心理に強く作用している。岩田はこれを「不充足感の圧力」と呼んでいる（岩田ほか1997：191）。

　マズロー（Maslow, A. H.）は動機づけ研究において、有名な「欲求階層説」を提出した。氏によれば、人間の基本的欲求として「生理的欲求」「安全の欲求」「所属と愛の欲求」「承認の欲求」「自己実現の欲求」の5段階があり、より低次の欲求が満たされると、直ちに順により高次の欲求が現われてくるが、欲求の相対的優勢さによってその階層を構成している。具体的には、「生理的欲求」は他のいかなる欲求よりも主要な動機づけとなり、最も優勢なものである。「安全の欲求」は安全、安定、依存、保護、恐怖・不安・混乱からの自由、構造・秩序・法・制限を求める欲求である。「所属と愛の欲求」とは疎外感、孤独感、違和感、孤立感などを克服し、所属する集団や家族においての位置を求める欲求である。「承認の欲求」とは、自己に対する高い評価、自己尊敬、自尊心、他者からの承認などに対する欲求と願望である。自尊心の欲求を充足させることは、自信、有用性、強さ、能力、適切さなどの感情や、世の中で役に立ち、必要とされるなどの感情をもたらす。しかし逆に、これらの欲求が妨害されると、劣等感、弱さ、無力感などの感情が生じる。最後の「自己実現の欲求」は、人間の最も高次の欲求であり、人の自己充足への願望、すなわちその人が潜在的に持っているものを実現しようとする傾向を指す。この傾向は、より一層自分自身であろうとし、自分がなりうるすべてのものになろうとする願望のことといえる。この段階では、個人差が最も大きいとされる（Maslow 1970, 小口訳：56-72）。マズローの「欲求階層説」に照らして見れば、国営企業単位の組織構成員は、生理的欲求や所属の欲求など低次のものが満たされているものの、承認の欲求や自己実現の欲

求など、高次のものについては、明らかに欲求不満に陥っているといわざるをえない。

　シロタ (Sirota, D.) らは、モチベーションの3要素として公平感、達成感、連帯感を挙げ、この中では公平感が最も重要で、ほかの2要素より士気に与える影響が大きいと指摘している (Sirota et al. 2005, スカイライトコンサルティング訳：43-53)。すなわち、正当な評価と貢献度に応じた報酬が構成員に公平感を与え、モチベーション向上に寄与するのである。しかし、中国の単位組織では、実績や貢献度が不問にされ、仕事ができてもできなくてもみなが一人前の給料を受け取るシステムになっている。また、能力、知識、技術、経験などがなくても、党組織に「政治表現」が評価され、信頼される者 (例えば「積極分子」) が昇進し、重要なポストを占めてしまうケースが少なくなかった。こうして、長い間続いた企業単位の悪平等は、特に職業能力が高く、また政治的・イデオロギー的に単位組織に迎合しない組織成員にとっては不公平感が重なり、モチベーションが低下し、大きな精神的・心理的圧力となった。

　ところで、組織成員の置かれた組織上の位置、身分の違い、個人と組織との関わり方の違いなどによって、組織圧力の持つ意味や圧力の受け止め方も異なってくる (岩田ほか 1997：166) ので、細分して検討する必要がある。国営企業単位の場合は、例えば、熟練古参労働者 (「老師付」「老工人」, veteran workers) は勤務年数が長く、技術力があり、給与も相対的に高いうえ、過去に党幹部・職場幹部および「積極分子」の師匠であった場合が多いため (Walder 1986：177-178)、彼らは職場で尊敬の対象であり、権威のある存在である。このグループのメンバーはほとんど党員ではなく、政治にも関心を持っていないが、批判されたり、政治運動への参加を強要されたりすることも稀であり、組織圧力の程度が軽いと考えられよう。次に、党幹部・職場幹部について見ると、上級党組織・行政機関からの指示・命令による圧力がまったくないとはいえないが、企業組織の中では大きな権限を握っているため、むしろ組織成員にプレッシャーをかける側に位置しているといわざるをえない。また、入党や昇進を期待できず、業務上有能とはいえず、学歴や専

門知識がなく、組織活動・組織目標の達成を通しての自己実現も望んでいない構成員にとっては、国営企業単位は「鉄飯碗」「大鍋飯」（どんぶり勘定による平均主義）なので、彼らは、自分のイデオロギーさえ主張しなければ、それほど圧力を感じることなく単位生活を送れるだろう。

組織圧力を最も強く受けているのは「積極分子」および悪平等に不満を持つ構成員である。「積極分子」は党や職場幹部に忠誠心を示すために、常に積極的に「表現」しなければならないが、このこと自体が大きなストレスとなる。そして、「積極分子」相互間の競争や組織成員の中での孤立は、彼らに対する精神的・心理的圧力をより深刻化させていた。一方、党組織に政治的に同調できないにもかかわらず政治から離れることができず、仕事を通じて企業に貢献し、自己実現を図りたいがそれも満足にできず、さらに組織から脱退したくても脱退が許されない状況にある構成員にとっては、「組織圧力」が強く作用し、欲求不満によるストレス（ストレスは中国語では「精神圧力」「精神緊張」「精神抑圧」などに訳されている）が日々蓄積し、簡単には解消できない状態に陥ってしまうのである。

次に、中国型の「組織圧力」、すなわち個人と組織との緊張関係の解消方法を、個人の立場から検討してみよう。

2）「組織圧力」の解消方法　　国営企業単位における組織・個人関係の最も大きな特徴は、企業組織に対する個人の強い一体感、強い依存意識と低い帰属意識、低い忠誠心が併存していることである。組織成員およびその家族の経済的・社会的生活の基盤が単位にあり、自分たちにとって単位が必要不可欠な存在だと思う反面、自己実現の欲求が満たされず、悪平等のため働く意欲も湧かず、さらに政治的「表現」が評価の基準とされている状況のもとでは、成員の多くは組織過程への参加意識や組織への関心度が低かった。こうした組織への消極的な関わり方、言い換えれば、所属企業単位に対する強い「手段的志向性」（松本1995）が、組織圧力を解消する方法の一つとなっている。特に単位時代の全盛期、つまり文革期に当たる1960年代半ばから70年代まででは、個人は組織と「不即不離」の関係を保ちながら、仕事に対して「混」（いい加減に処理する）、「磨」（時間を引き延ばす）、「偸懶」（サボタージュ

をする)などの態度で臨み、そういった方法を通して単位およびヒエラルキーの頂点にある党組織・職場幹部への不満を発散していた。そして、一生懸命に働いてもそれだけでは評価されないし、インセンティブやフィードバックは制度的に存在しなかったため、「人より多く働いたら損する」と考える人が少なくなかった。その結果、労働規律が乱れ、非効率と品質低下が恒常化し、企業の物品・機材を私物化する行為が蔓延した。

　以上をまとめると、次のようになる。すなわち、単位における不健全な企業制度、歪んだ人事・評価システム、処遇における悪平等、さらに企業の政治組織化などに起因する「組織圧力」に対して、個人は組織制度の変革や法的手段による訴求、あるいは転職による離脱などの不満の処理方法を持ちえなかったために、消極的な勤務態度を示したり、企業からより多くの利益を得ようとしたり、不満を仕事に八つ当たりする方法によってストレスを解消し、心理的な平衡状態を保とうとしたのである。

　組織との緊張関係を解消するために、構成員はタテマエとホンネとの使い分けも多用した。日本社会では、構成員はひとまず組織の要求を受け入れ、それに対する不満を別の場で解消するといった、タテマエとホンネの分離による処理方法がとられているが、この点に関しては中国社会も基本的に同じである。ただ不満を「別の場で解消する」ことについては、日本では「無礼講、ガス抜き、赤提灯で一杯やりながらの上役の品定め」(岩田ほか1997：169)などによって処理されるのに対して、中国の単位では、不満は勤務時間中に仕事の中で処理されており、幹部や上司の前では「忠誠」「服従」を装いながら、裏では「消極抵抗」(消極的な態度を示し仕事を拒む)などの手段がとられがちである[18]。

　「組織圧力」を解消するもう一つの方法は、成員が中国社会独特な「関係(グワンシ)主義」の原理に従って、企業党組織でさえコントロールできないさまざまな個人関係のネットワークを構築し、利用することである。李漢林によれば、「関係」とは、人々が自分を中心に、他者との親疎によって、意図的に丹念に構築した社会的ネットワークである(李2004：28)。黄光国はこのような「関係」を「感情型」「道具型」「混合型」に分類しているが、感情

型の関係とは、きわめて親密で深い感情のつながりに基づいて築かれた関係であり、この種の関係は血縁関係（父母、兄弟、親戚）と非血縁関係（苦難をともにする同僚、同じ戦場を戦い抜いた戦友、義侠の仲間集団など）のどちらもありえるのである。道具型の関係とは、ある目的を達成するために、関係者の間で長期的に維持されている、理性的で強い互恵関係の性質を持っている社会関係である。混合型の関係とは、上述の「感情型」と「道具型」の関係を併せ持ち、人情と面子によって「他者との関係が最も影響されやすい関係の範疇である」と黄は指摘している[19]。

　ところで、これまでの「関係」研究においては、就職、昇進、物資欠乏時代の資源分配などに「関係」が利用されることに論点が集中しているが、実は組織内で自分を守るために、保護傘としての「関係」を作ることも人々にとって重要である。すなわち、多くの成員は単位組織の重要なポストにいる人物、または実権を握っている人物との「個人的関係」を築くことによって、その人物の庇護を受け、組織における優位を確保すると同時に、自分に不利な要素を排除し、少しでも組織圧力を解消しようとするのである。単位組織のキー・パーソンとの個人的関係が後ろ盾になっていれば、万一発言や行動に問題が起きても、「大事化小、小事化了」（大きな問題を小さな事として済ませ、小さな問題はなかったことにして済ませること）で揉み消すことができる。逆に、そのような後ろ盾の「関係」がなければ、「公事公弁」（公の規定に従って情実にとらわれず処理すること）で対処され、場合によっては「小題大做」（小さな問題を大げさに処理すること）さえもありうるのである。

　本章では、改革・開放前の中国の企業単位における組織・個人関係について分析を試みた。生産・経営組織としてだけでなく、同時に政治組織、政府の末端行政組織、さらに社会福祉組織としての機能を兼ね備えていたことが、中国の企業単位の大きな特徴である。また、企業の政治組織化に起因する「政治表現」評価制度や「档案」制度も、企業単位の独特のものといえよう。こうした企業組織のもとでは、組織の個人に対する優位性、組織に対する個人の従属関係が決定的となっていた。一方、日本に比べてより強い組織圧力

を解消するために、単位の組織成員の多くは組織に対して消極的態度を示し、仕事の中で不満を処理するようになり、また個人的「関係」を築くことによって保身を図ろうとしたのである。このような企業単位における組織・個人関係が、2010年代の中国企業においてどのように変化しているかについては、第8章で考察する。

注：

(1) 単位システムを制度上から保障する重要なものとして、戸籍管理制度が挙げられる。戸籍制度によって農村人口の都市への流入が厳しく制限され、さまざまな機能を持つ単位システムの運営が可能となった。戸籍管理制度に関しては補論Ⅰ、Ⅱを参照。

(2) 例えば、周ほか1999、李漢林（1996）「関于中国単位社会的一些議論」潘乃谷・馬戎編『社区研究与社会発展』天津人民出版社（同論文では初めて「単位社会」の概念を打ち出した）、路1989、李路路・李漢林・王奮宇（1994）「中国的単位現象与体制改革」『中国社会科学季刊』（香港）第2期、などが挙げられる。

(3) 中国現行の婚姻法には、結婚するのに組織の長や上司の同意が必要との規定はないが、単位時代の習慣（不文律）として、結婚届の際に所属組織が発行する「婚姻状況証明」が必要であり、現在も廃止になっていない。「上司の同意」が必要なのは、個人が組織に絶対服従し、結婚にも「組織の階級的純潔性を維持する」ことが目的であったが、単位の「晩婚率」「出生率」の評価を高めるために、「結婚後3年間は子どもを産まないとの約束を取りつけてから結婚を認める単位組織もある」という。このような人権侵害と受け止められても仕方がないやり方に対して、中国国内では批判の声が高まっている（『読売新聞』2000年9月22日付を参照）。

(4) 例えば、単位の付属小学校などは単位成員の子弟以外の入学者を基本的に受け入れない。劉晴暄（2009）「中国の『国家一元化構造』とその基盤となる『単位』制度」『人間社会環境研究』第17号、105-107頁を参照。

(5) 内務部政府機関事業局（1964）『関於国家機関、企業、事業単位録用幹部暫行弁法』、周ほか1999：42。

(6) 『大家文摘報』2005年9月19日。なお、計画経済時期の賃金制度について、唐伶（2008）「近年の中国国有企業における賃金制度改革——動向、意義と今後の課題」『桃山学院大学総合研究所紀要』第33巻第3号が詳しい。

(7) 広義の「档案」には、「文書档案」（人事档案、歴史档案、現代档案）、「技術档案」が含まれている（西条1984）が、この広義の「档案」に対して、『中国档案法』（1988年実施、1996年改正）では次のように定義している。「本法で称する档案とは、過去と現在において、国家機構、社会組織および個人が、政治、

軍事、経済、科学、技術、文化、宗教などの活動に従事し、直接に形成された国家と社会にとって保存価値のある文字、図表、音声映像などのさまざまな形の歴史的な記録を指す」（第1章第2条）。本書では個人の「人事档案」のみを考察の対象とする。
(8) 档案管理者および同じ単位に所属するその直系親族の档案は、所在単位組織が指定する関係部門の専任者が保管する（「条例」第4章第19条）。
(9) ただし、企業による労働者の解雇や工会の争議権を制度的に認めなかったので、現代資本主義社会の労使交渉とは大きな違いがある（李2000：121-122）。
(10) 建国初期、全国には華北、西北、東北、華東、中南、西南の6つの大行政区が設置されたが、中共中央は各大行政区に華北局、東北局など党の代表機関を置き、六大行政区の党の最高機関として機能させていた。その後、1954年4月中共中央政治局拡大会議の決定によって、大行政区ならびに同地区党機関の管理体制が廃止された。
(11) 国家と企業との関係は「五定」「五保」の関係であると規定している。「五定」とは国家が企業に対して企業の製品プランと生産の規模を決めること、企業の人員と組織機構を決めること、企業の主な原材料、燃料、動力、道具の消費量と提供先を決めること、企業の固定資産と流動資産を決めること、企業の外部との協力関係を決めることである。「五保」とは企業が国家に対して製品の種類、品質、生産量を保証すること、決められた給与の総額を超えないこと、コスト計画を達成し、コスト削減に努めること、国家に上納する利潤を保証すること、主な設備の使用期限を保証することである。「五定」は5つの生産要素を意味し、「五保」は企業が国家・社会に果たすべき義務を意味していた（薄1997：992-993）。
(12) 「国家経委副主任袁宝華在六届全国人大常委会第九次会議上作関于『中華人民共和国国営工業企業法〈草案〉』的説明」新華社、1985年1月16日、中国社会科学院HP http://www.cass.cn/zhuanti/60/index.asp 文献資料（閲覧日：2012年6月12日）。
(13) 1970年代末からの改革・開放政策が始まると、「表現」に基づく評価が問題視されるようになった。80年代に入ってから、「表現」という言葉はそのまま使われているものの、中身はイデオロギーではなく、企業への忠誠心を意味するものに変わり、忠誠心を示す具体的な指標は仕事の実績とされている。
(14) ただしワルダーは代表的な著書である *Communist Neo-Traditionalism: Work and Authority in Chinese Industry* の中では、「Danwei」「work unit」の概念をほとんど用いていない。
(15) ワルダーは企業福祉に関して、日本の大企業においても常に社員に住宅などを提供しているが、それらは企業に頼らなくても市場から入手できるので、中国の状況とは大きく異なっていると指摘している（Walder 1986：17）。
(16) 例えばWomack 1991：323、Perry 1989：579-591など。

(17) Sirota *et al.* 2005, スカイライトコンサルティング訳：37。
(18) タテマエとホンネを使い分け、仕事の内容や上司に対する不満を仕事の中で解消する事例は、著者らが 2011 年に行った調査でも確認することができた（第 7 章第 3 節参照）。調査目的は組織における従業員の権威勾配の日中比較であったが、中国の生命保険会社（有効サンプル 30）と地方裁判所（有効サンプル 35）の従業員に対するアンケート調査の結果、権威者（上司）に対する行動（面従腹背）と、上司のリーダーシップスタイル、上司への対応、忠誠心、信頼感、権威勾配（支配性尺度）とは有意な相関が見られた。すなわち、権威勾配を急にする上司や独断的傾向の強い上司には、部下は「サボる」「責任逃れ」をし、仕事を「裏で引き延ばす」など、「面従腹背」的傾向を高め、忠誠心を下げることが示されている（古澤ほか 2011）。
(19) 黄 1985：133。

第7章

中国の組織機構における権威と服従の様相

　本章の目的は、先行研究の理論的枠組みを検討するうえで、独自の調査結果に基づき、中国の組織機構成員が持つ権威観、権威・服従関係についての考え方を明らかにすることである。従来、社会心理学分野における中国人（華人）の権威観に関する研究、および中国人社会における伝統的権威スタイル——家父長的リーダーシップに関する研究が行われているものの、現代中国の組織機構における権威と服従の様相、中国人の権威についての考え方などについては、ほとんど検討されてこなかった。しかし、中国人の組織観や組織における行動パターン、中国スタイルのリーダーシップ・フォロワーシップなどを理解するためには、組織内の権威・服従関係の研究が欠かせないものと考える。著者が特に注目したいのが次の2点である。第一に、中国人にとって権威・権威者とは何か、彼らは権威・権威者をどう理解し、評価しているのか、そして権威の必要性や存在感をどのように感じているのか。これらの問題を検証することによって、中国人の「権威像」または「権威観」を提示したい。第二に、組織の一員としての中国人は組織階層、あるいは上司と部下との命令・服従関係をどう理解し、対処している（または対処しようとしている）のかを明らかにしたい。こうした検証は中国の組織機構における権威と服従のメカニズムを探る一つの手がかりになると考える。

第1節　先行研究の考察——権威論、組織行動論の観点から

1　ミルグラムの服従実験[1]

(1) 実験の目的と結果

　1960年から63年にかけて、アメリカ、エール大学教授のミルグラム（Milgram, S.）を中心とする心理学研究室によって、「人はいかに権威に服従するか」を示す一連の実験が行われた。この実験はナチスのユダヤ人絶滅作戦におけるアイヒマンたちの行動を連想させるため、「アイヒマン実験」とも呼ばれている。ミルグラムは、むしろ平凡で普通の職務についている人々が、誰でも権威の命令に従い、アイヒマンたちと同じ行動をとるのではないかと考え、この実験で証明しようとしたのである。実験は応募してきた参加者（被験者）が必ず実行者（「先生役」）になる仕組みとなっており、「生徒役」はサクラである。「生徒」が誤った答えをすると、「先生」は実験者の指示に従って電気ショックを与えるというルールで進められた。実験の結果、人間は「個人としての内面倫理による自由意志によれば、高い電圧ショックの攻撃は行われなかった」にもかかわらず、「権威ある指示のもとで人間は個人としての内面倫理の自由意志を容易に権威への服従の倫理にすりかえて、まことに身軽に最高限度の電圧ショックで他人を攻撃しつづけるようになってしまうのである」（津田1977：17）という事実が明らかになり、人々が権威への服従の強さを提示した衝撃的な結果が得られたのである。ミルグラムはこうした服従の本質を、「人が自分を別の人間の願望実行の道具として考えるようになり、したがって自分の行動に責任をとらなくていいと考えるようになる点にある」と定義づけた（Milgram 1974, 山形訳：8）。

(2)「代理状態」と「代理人」

　個人が自分の意志で行動している状態を自主性や自律状態というが、社会の階層としての組織に組み込まれると、個人が自律状態からまったく違う場面、すなわちより高い権威の統制に服従しなければならない社会的場面に置

かれるのである。この状態をミルグラムは「エージェント状態＝代理状態」（agentic state）と名づけた。そして、「権威システムに参加する人物は、もはや自分が独自の目的に従って行動しているとは考えず、他人の願望を実行するエージェント（代理人）として考えるようになる」のである。「代理状態」になると、個人は自分の行動に責任があるとは考えなくなり、他人の願望を実行する道具にすぎないと自分を定義するようになる。また、「エージェント状態に移行する傾向はきわめて強力になるし、いったんその推移が起こったら、それは自由に元に戻せるものではない」とミルグラムは論じた（Milgram 1974, 山形訳：180-181）。

(3) 実験への評価

　ミルグラム実験は世界に衝撃を与え、大きな反響を呼んだ。実験の有効性を疑問視する声や被験者たちへの同情から実験を非難する声が少なくなかった（Milgram 1974, 山形訳：301-302 を参照）が、実験の結果から導き出された「代理状態」の理論に基づく人間組織と管理のモデルは、組織内個人の行動原理を解明したものとして、ウェーバーの官僚制理論やフェイヨル、テイラーの企業経営組織・管理の理論を補完し、「組織内で行動する基礎単位としての個人の行動の源泉に進み、そこから行動原理を解いていこうとするこころみの中で人間の深部に最も直接に立ちいったもの」であると高く評価されている（津田 1977：37）。

2　バーナードの「権威の理論」

(1) 権威の定義

　権威とは何か。バーナードは「権威とは、公式組織における伝達（命令）の性格であって、それによって、組織の貢献者ないし『構成員』が、伝達を、自己の貢献する行為を支配するものとして、すなわち、組織に関してその人がなすこと、あるいはなすべからざることを支配し、あるいは決定するものとして、受容するのである」と定義している。そして、権威には 2 つの側面があり、一つは主観的、人格的なものであり、命令を権威あるものとして受容する側面と、もう一つは客観的側面、つまり命令そのものの性格である

(Barnard 1938：163, 山本ほか訳：170-171)。

(2) バーナードの権威受容説

バーナードの権威論において最も注目されている論点は権威受容説（acceptance theory of authority）である。「もし命令的な伝達がその受令者に受け入れられるならば、その人に対する伝達の権威が確認あるいは確定される。それは行為の基礎と認められる。かかる伝達の不服従は、彼に対する伝達の権威の否定である。それゆえこの定義では、一つの命令が権威を持つかどうかの意思決定は受令者の側にあり、『権威者』すなわち発令者の側にあるのではない」(Barnard 1938：163, 山本ほか訳：171)。言い換えれば、権威は命令を発する側とそれを受け入れる側の二者関係の中に存在し、一方的なものではない。権威の源泉はそれを受け入れる側にあり、命令が受容された時、権威はあり、受容されなければ権威は成り立たないという考えである。

(3) 権威受容の条件

このように、バーナードによれば、権威は個人の受容または同意に基づいたものであり、個人に対する権威を確立するためには、どうしてもその個人の同意が必要と指摘したうえに、人を満足させ、権威を認めてもらうための4つの条件を挙げた。(a) 命令が理解でき、また実際に理解すること（理解できない命令は権威をもちえない）、(b) 命令が組織目的と矛盾しないと信じること（受令者が考えている組織目的と両立しない命令は受容されない）、(c) 命令が個人的利害と両立しうると信じること（命令が個人的利害と対立すると思われれば、個人を組織へ貢献させる誘因は消失する）、(d) 受令者は精神的にも肉体的にも命令に従うことができること（泳げない人に川を泳いで渡れと命じても、実行不可能である、Barnard 1938：165, 山本ほか訳：173-174)。さらに、バーナードは権威と組織の存続との関係について、「組織が失敗するのは、権威を維持しえないからである」と権威を維持する重要性を説いた。

3　三隅二不二の PM 理論と凌文銓の CPM 理論

(1) 三隅二不二の PM 理論

権威と服従の関係に類似する仕組みを持っているのはリーダーシップと

フォロワーシップの関係である。リーダーは上司であり、権威者または発令者であるのに対して、フォロワーは権威者が発する命令を受け入れる側である。また、権威は命令を発する側とそれを受容する側の二者関係の中に存在するのと同じように、リーダーシップもフォロワーとの相互関係の中に成立しているので、フォロワーがなければ、リーダーは存在できないのである。したがって、フォロワーがリーダーの存在を認めることにより、初めてリーダーシップが成り立つのである。

　PM理論は、三隅二不二がオハイオ州立大学におけるリーダーシップ研究（組織目標を達成するための「構造作り, initiating structure」と人間関係における「配慮, consideration」）をもとに、「目標達成機能」と「集団維持機能」を基本として、リーダーシップを類型化する考え方である。前者のPはパフォーマンス（Performance）の頭文字であり、「集団や組織体における、目標達成に志向したリーダーの働きを意味」し、生産中心的・仕事中心的なリーダー行動がこれに当たる。これに対して後者のMはメンテナンス（Maintenance）の頭文字であり、「集団や組織体の過程を維持、強化する働きを意味」し、人間中心的・部下中心的なリーダー行動がこれに当たる（三隅1966：ii）。すなわち、この理論は組織には生産効率面と人間関係面という2つの機能があると考え、リーダーがこれら2つの機能においてどの程度有効なリーダーシップを発揮できるかを測定するものである。具体的には、リーダー（直属上司である監督者）の行動に対してフォロワーが評価し、評価対象全員のP得点とM得点の平均値を求め、その平均点に基づいてリーダーシップを4つの類型に分類する方法を用いた（図表7-1）。特定のリーダーの得点がその平均値以上であれば強、平均値以下であれば弱とする。したがって、リーダーのP得点とM得点がともに全体の平均値以上ならPM型（集団の生産性と部下の満足度・モラールは相対的に最高である）、ともに平均値以下ならpm型（生産性もモラールも低い）、P得点が平均値以上、M得点が平均値以下の場合はPm型（生産性ではPM型に次ぐが、モラールは低い）、逆にP得点が平均値以下でM得点が平均値以上ならMp型（モラールはPm型より高いが、生産性は低い）となっている。さらに、P機能とM機能の関係について、「実際の集団行動や組織体の行動

図表 7-1　PM 理論によるリーダーシップの分類

```
P 次元
強 │ Pm        PM
   │
   │
弱 │ pm        Mp
   │
   └─────────────── M 次元
     弱        強
```

は、つねに全一的なもので、PとMの要素をともに含んでいるもの」なので、厳密にはP、Mという表現よりPm、Mpを使うべきだと三隅は考えている（三隅 1966：128-129）。三隅は、実験室における理論的研究の結果が炭鉱、鉄工所、金融機関、新聞社などの企業の現場で実証されたと述べ、この研究によって提唱されるリーダーシップ論が、期待される指導者の個人的人間像や人物論ではなく、職務の条件、組織体の構造、社会的環境などの違いによって変化するものこそ望ましい指導者像であり、指導者の人物、性格の条件がこれらの諸要因の一つにすぎないと結論づけた。

(2) 凌文輇のCPM理論

　三隅のPM理論は中国のリーダーシップ研究においても導入され、凌文輇を中心とする中国人研究者らはこのPM理論に基づいて、中国のリーダーシップ行動モデル（「中国領導行為模式」）を提出した。中国版PM理論は、パフォーマンスのP因子、メンテナンスのM因子のほかに、キャラクターとモラール（Character and Moral）のCを加え、CPM理論とされた。これは中国人の根強い人物重視に対応するものであり、中国人のリーダーに対する期待には、能力のほかに、あるいは能力以上に「徳行」、すなわち人格的に優れていることが含まれており、リーダーがどのように「公」と「私」の関係（公平性や政治的倫理観）を処理するかについて、フォロワーが常に強い関心を寄せていることを根拠としている（凌ほか 1987, 1991）。また、凌らは1万人に

上るサンプル調査の結果に基づいて、CPM 理論が中国の伝統文化、社会的理念（歴史的には指導者の人格を重視する伝統があり、人格高潔のリーダーを「清官」＝清廉な役人と称え、道徳心のない者を「貪官汚吏」＝賄賂を貪る悪役人と蔑称していた）、現在の中国の国情（法体制の不健全や人々の法意識の低さが原因で、ある程度指導者の徳行や人望が社会の公平性を保つ重要な要素となっている）にマッチするものであり、仕事との関係 (P)、組織成員との関係 (M)、自分との関係 (C) の３つを正しく理解し、対処することがリーダーシップを発揮する前提であり、特に C のキャラクターに関連するリーダーの人物像やパーソナリティが中国では不可欠な要素であると主張した[2]。

第２節　中国における伝統的権威・服従スタイル

1　中国人は権威的パーソナリティを持っているか

　中国人（中国大陸以外の国・地域に暮らす華人・華僑を含む）は伝統的・文化的に権威的パーソナリティ（Authoritarian Personality, 権威的人格や個性）を持っているのだろうか。まずはこれについて、楊中芳の研究をベースに考察しよう。

　1970 年代から、心理学者を中心とする一部の学者によって、中国人の人格的特徴の一つに権威的パーソナリティがあり、中国人が権威的リーダーシップを好み、権威者の命令に服従する傾向があると指摘されている[3]。では、権威的パーソナリティとは何か。アドルノ（Adorno, T. W.）らは次のように定義している。(1) 伝統を重んじる、(2) 権威者の命令にきわめて従順である、(3) 自分より下位である権威のない者を激しく攻撃する、(4) 迷信、固執、自分の意見を堅持する、(5) 権威を崇拝し、権威者から何らかのメリットを得ようと考える、(6) 悲観的人生観、(7) 疑い深い、(8) 保守的、(9) 反省せず、いつも自分が正しいと思っている、などである[4]。アドルノらの研究のきっかけは、第二次世界大戦中にユダヤ人を虐殺したナチス戦犯の心理状態や殺戮の動機を分析するためだったといわれているが、そのためか、定義の内容はほとんどすべてがマイナス的なものであった。さらに、ア

ドルノらは、こうした権威的人格の形成は、当該国・地域の文化的・社会的背景、経済発展水準、宗教などと関係しているのがもちろんのこと、そのほかに家庭内での教育方法とも大きく関連すると強調した。

一方、楊中芳によれば、中国の歴史・文化、伝統、社会という大環境に関していえば、ドイツ文化と多くの面で類似点を持っている。例えば、権威への服従を重視すること、教育に関しては従順を強調し、体罰のようなペナルティ手段を多用することなどである。このような環境に育った個人は、少なくとも表面上では権威に服従する行動をとろうとしている特性があるといえる。しかし、これを根拠に、中国人が権威的人格を有すると論じるのは短絡的であり、たとえ中国人が文化的、伝統的に権威を重んじる考え方、または思考様式を持っているとしても、それが実際に権威者に服従することとは別問題と楊は反論している[5]。

2　中国人（華人）社会における伝統的権威・服従スタイル

1960年代より、経営学、社会心理学のアプローチから華人系企業の階層的組織、権威・服従スタイル、中国式リーダーシップなどについて、主に調査・インタビューに基づく実証研究が行われていた。その中では、最も早く華人社会の経営組織に注目し、その組織に欧米とは異なった独特な権威・服従関係、リーダーシップ・スタイルが存在していると指摘したのはシーリン(Silin, R. H.)である。シーリンは60年代に1年間にわたって台湾のある民間大手企業を調査し、トップ経営者、中間管理職および一般従業員に100時間以上に及ぶインタビューを実施した。その結果、シーリンは台湾の大企業には数多くの教諭型、徳行型リーダーが存在していること、中央集権的意思決定がなされていること、リーダーとフォロワーとの間に距離があること、権威者が部下に対して強くコントロールしていることなど、いくつかの明確な特徴があると指摘した。そして、このような組織の中で、フォロワーへのコントロールの有効性を保つために、権威者に対するフォロワーの高い信頼感と尊敬心、および強い帰属意識が常に求められていると説いた[6]。シーリンの研究を皮切りに、華人経営者の企業組織における「家父長的リーダーシッ

プモデル」（paternalistic leadership model,「家長式領導模式」）に対する関心が高まった。

　シーリンに続いて、レディング（Redding, S. G.）は1970～80年代にビジネスを成功させた香港、シンガポール、台湾およびインドネシアの華人企業家を検証するため、これら企業の経営・管理システムに対して独自の調査を始めた。レディングは70人以上の華人経営者を訪問し、そのインタビューを分析した結果、華人企業の経営管理組織には「父親的な温情主義」（paternalism）的要素が存在しているとの結論を導き出し、「中国式資本主義」（Chinese capitalism）と名づけた[7]。レディングは、このような企業組織において、威厳・徳行・仁慈を兼ね備えるリーダーシップと、権威者に対して服従、信頼、尊敬、忠誠ができるフォロワーシップが求められると同時に、権威者があたかも父親のように「ご恩を施し」、部下の面倒を見ることも強く期待されている。だが、こうした上下関係のもとでは、「人治主義」の風潮が組織に定着し、権威者が集団の意思決定に対して絶えず影響を与えるなど、マイナス要素も無視できないと指摘している[8]。

　中国人研究者の成果として、80年代から数多くの台湾私営企業を調査し、「家父長的リーダーシップ」に関する研究を進め、いわゆる「三要素モデル」を提出した鄭伯壎らが挙げられよう。鄭らは「家父長的リーダーシップ」とは、人治主義的雰囲気と厳正な規律のもとで、リーダーが父親のような仁慈と清廉潔白さを持ってリーダーシップを発揮することであると定義し、そのキーワードは3要素をなした「威厳」「仁慈」「徳行」としているが、このうちの「徳行」とは公私を混同せず、身をもって範を垂れることとしている。こうした家父長的リーダーシップは、人治主義的要素がきわめて強く、権威者が従業員を「自己人」（身内の人間, in-group members）と「外人」（外部の人間, out-group members）にグループ分けし、「自己人」には優しく（仁慈）、「外人」には厳しく（威厳）対応しているため、従業員の間では強い不公平感が生まれる可能性が高い。「自己人」と「外人」を見分ける基準は、「グワンシ＝関係、人と人のつながりや関係」（部下と指導者とは親族かどうか、出身地、出身校が同じかどうかなどの血縁・地縁関係、学歴、キャリア、専門、趣味、価値観などが同じか

どうかの社会関係)、「忠誠」(指導者に従い、そのために個人の利益を犠牲にしても惜しまない気持ちがあるかどうか)、「能力」(上司の指示・命令を実行する動機と能力があるかどうか)とされるが、この中でも特に「グワンシ」と「忠誠」が重要であり、「能力」への重視度は相対的に低い。こうしたリーダーシップに対応するフォロワーは、畏敬と従順を示し、権威者の「ご恩」に報いようと考えなければならない。リーダーとフォロワーはそれぞれ自分の役割や立場を自覚し、フォロワーシップがスムーズに運ばれていることが家父長的リーダーシップを維持する前提となっている[9]。

　以上では、中国人の権威観、組織内における権威者とフォロワーとの関係について、いくつかの代表的研究を概観してきたが、これらの研究から中国の伝統的権威・服従スタイルを次のようにまとめることができよう。すなわち、伝統的中国の組織においては、権威・服従関係が成立する前提として、まず権威者は人格者であり、フォロワーに尊敬されることが必要不可欠な条件である。そして、権威者は威厳、仁慈と徳行を兼ね備える存在でなければならず、フォロワーに対して生活面を含めて世話をし、その過ちや失敗に対して寛容な態度を示すことも期待されている。一方では、フォロワーは権威者のご恩に感謝し、報いようと考え、強い忠誠心と帰属意識を持つことが要求される。権威者とフォロワーを結びつけるキーワードは「威厳」「寛容」「報恩」であり、そうした権威・服従関係が理想とされている。こうした中国人社会の伝統的家父長型リーダーシップは、家族経営型私営企業の強い結束力と高効率を通じて、強力な指導力を発揮し、企業の急成長をもたらしたが、さまざまな問題点が存在している。例えば、人治主義、意思決定への個人の影響とプロセスの不透明さ、昇進や情報の共有における不公平さなどが挙げられる。このような組織においては、高学歴で優秀な人材ほどなじまない可能性が高いと考えられる。

第 3 節　中国の組織成員の権威観と権威・服従に関する考え方
　　　──アンケート調査の結果を踏まえて

1　調査対象企業・機関の概要

　著者は現代中国の組織機構成員の権威観、権威・服従関係に関する考え方を調査するために、2011 年 7 月、生命保険会社（以下 A 社と称す）と政府法律機関（以下 B 機関と称す）にアンケート用紙を送付し、9 月はじめに A 社から 30 人（有効サンプル 30）、B 機関から 35 人（有効サンプル 35）の回答が得られた。以下では、調査対象企業・機関の属性を概観したうえで、アンケート調査の結果を明らかにしながら検証・分析を進めていきたい。なお、B 機関は政府法律機関の「人民法院」（裁判所）であり、著者の中国調査経験の中では初めての試みであった。

(1) A 社の概要

　A 社は 2009 年 6 月に設立された大手生命保険会社である。大連に本社を構え、北京、湖北、河北、遼寧などに 8 つの支社を置いて営業活動を展開している（2011 年 1 月現在）。今後 5 年以内に全国 20 の省・市に支社を設立する予定である。登録資本金は 11 億 1000 万元、15 の法人株主から出資を受けているが、筆頭株主は同額出資する 8 つの有力大企業であり、持ち株割合はそれぞれ 9.01 ％ を占めている。筆頭株主には国有金融企業、電力系企業グループ、港湾運営会社、大手小売業チェーン、地方政府財政局出資の金融会社などが含まれており、国有系企業や地方政府と強いつながりを持っている民間企業といえよう。A 社は保険業界に新規参入したため、市場を開拓し、シェアを獲得する手段としては、銀行のブランド力とネットワークを利用する銀行代理保険業務に力を入れている。企業文化について、企業のコアバリューは「誠実」「創新」「穏健」「進取」「配慮」「調和」であり、経営理念は「以人為本」（人をもって根本とする）、「大局為重」（全体のことを重んじる）、「上下同心」（身分にかかわらず心を一つにして事に当たる）、「科学決策」（科学的な戦略

と決断)、「貫徹執行」(徹底的に実行する) を提唱している。

　A社のガバナンス体制としては、株主総会を頂点とし、取締役会、監査役会、戦略企画委員会・リスク管理委員会など6つの専門委員会、総裁(および副総裁、総裁代理) で構成されている。この体制によって、コーポレートガバナンスが有効に機能し、法人管理機構、権力機構、戦略決定機構、監査機構のバランスを保ち、安定的経営メカニズムの構築が可能であると考えられている。総裁は最高経営責任者 (CEO) であり、企画部、投資部、ブランド部、人的資源部、情報技術部、財務会計部など18の部が総裁に直属されている。それぞれの部には総経理 (ジェネラル・マネージャー) がトップに立ち、その下に課長 (セクション・マネジャー) が3名置かれ、課長にはそれぞれ3～10人のフォロワーが従属している。A社は設立してから著しい成長を遂げ、市場シェアランキングでは、2009年60位、2010年40位、2011年30位という躍進ぶりである (以上はA社資料による)。

(2) B機関の概要

　B機関は中国内陸部・陝西省の某区級人民法院で、日本の地方裁判所に相当する司法機関である。同法院には裁判官80人、司法警察30人、一般職50人、計160人が所属しており、年間の訴訟案件受理件数は平均5000件という。中国の裁判制度は基本的には裁判官個人が行うものではなく、裁判所全体で行うものという考え方を持っているため、同人民法院にも院長1人、副院長4人、副院長クラス3人が任命されており、「集団指導体制」をとっている。

　B機関は50年代半ばに市人民政府の決定により設立され、当初では院長1人、秘書1人、裁判官3人、書記1人、司法警察2人、一般職6人というシンプルな組織だったが、約60年の歴史の中で部署・人員の拡充強化が図られ、現在の機構となっている (以上はB機関資料による)。なお、2011年9月現在のB機関の組織図は図表7-2のとおりである。

第 7 章　中国の組織機構における権威と服従の様相

図表 7-2　B 機関組織図

```
              区人民法院（地方裁判所）
              ┌──────┴──────┐
           裁判部門          司法行政部門
         ┌───┴───┐   ┌──┬──┬──┬──┬──┬──┬──┐
        刑事部   民事部  行政廷 立案廷 審監廷 司法警察 政工科 事務室 監察室 執行局
         │   ┌──┼──┐                                          ┌──┬──┬──┐
      刑事裁判廷 民事第一裁判廷 民事第二裁判廷 民事第三裁判廷        第一執行廷 第二執行廷 総合事務室 外来応対室
```

注：「審監廷」は「裁判監督廷」、「政工科」は幹部の任命・昇格の審査、「監察室」は幹部の倫理管理に当たる部署である。
出典：B 機関資料より作成。

2　アンケート回答者のパーソナリティ

(1) A　　社

　今回の調査対象者は無作為に抽出した北京支社勤務の従業員 30 人であり、回収した有効サンプル数は 30 である。回答者の年齢層は 20 代 17 人（57％）、30 代 12 人（40％）、50 代 1 人（3％）、男女別では 50％ずつである。最終学歴は中卒 1 人（3％）、短大卒 2 人（7％）、大卒 23 人（77％）、大学院修士修了 3 人（10％）、大学院博士修了 1 人（3％）となっており、大卒以上は 9 割を占めている。言い換えれば、回答者の大半が現代中国のエリート層にいる若者である。勤続年数は、会社が設立して間もないことも関係して、全員 1 ～ 3 年であるが、同社に転属するまでキャリアを持っている者が多い。職位については回答者 30 人のうち、一般職は 23 人（77％）、管理職は 7 人（23％）であり、管理職の内訳はジェネラル・マネージャー 1 人、ミドル・マネージャー 5 人、ジュニア・マネージャー 1 人となっている。

(2) B　機　関

　今回の調査対象者数は無作為に抽出した裁判官、一般職計 35 人であり、

回収した有効サンプル数は35である。回答者の年齢層は20代11人（31％）、30代6人（17％）、40代15人（43％）、50代3人（9％）であり、性別では男性17人（49％）、女性18人（51％）となっている。最終学歴は中卒1人（3％）、高卒2人（6％）、短大卒4人（11％）、大卒22人（63％）、大学院修士修了5人（14％）、大学院博士修了1人（3％）となっており、大卒以上は80％を占めている。なお、回答者の平均勤続年数は15年6ヵ月である。

3　調査結果の検証

まず、現代中国の組織機構成員が権威・権威者をどう定義し、どう捉えているかを確認しよう。それに関連する質問項目および回答は図表7-3に示している。回答ポイント数は、中位数3を下回るなら否定的な考えを示し、3以上であれば肯定的に考えていると見てよかろう。

バーナードによれば、組織内には「職位の権威」と「リーダーシップの権威」があるが、職位の権威は「かなりの程度まで、その職位にある人の個人的能力とは別のものである。その人個人としては限られた能力しか持たないが、単に職位が高いためにその人の発言が優れていると認められることがよ

図表7-3　中国人の権威・権威者イメージ

あなたにとって権威・権威者とは何か	A社		B機関	
	管理職 （7人）	一般職 （23人）	管理職 （7人）	一般職 （28人）
①権威者はすなわち上司のことである	2.29	2.57	2.43	2.50
②権威者は他人にない知識や技術を持っている	3.57	4.09	4.43	3.86
③権威者は人に尊敬されなければならない	4.14	4.43	4.57	4.21
④権威者は指揮命令権を持っている	3.29	3.39	3.71	3.29
⑤権威者は必ずしも権力または権限を持つ必要はない	4.14	3.74	3.86	4.11
⑥みなに認められる人が権威者だ	3.43	3.78	4.00	3.64
⑦権威は努力によって勝ち取るものではない	2.29	3.09	2.00	2.39

注：調査方法は5段階選択質問の回答ポイント数を集計し、「当てはまらない」を1pt、「あまり当てはまらない」を2pt、「どちらともいえない」を3pt、「やや当てはまる」を4pt、「当てはまる」を5ptとし、回答者の平均をとった（以下同）。

くある」(Barnard 1938：173, 山本ほか訳：182)。これに対してリーダーシップの権威は、職位とは無関係にその人が持っている優れた知識と能力によって尊敬を受け、その人の発する言葉に権威が生じるのである。そして、バーナードは、リーダーシップの権威が職位の権威と組み合わされると、組織成員は一般にその権威を認め、権威からの命令を受け入れるようになる。こうした信頼関係が生まれれば、「命令への服従それ自体が一つの誘因にさえなるであろう」と指摘している (Barnard 1938：173-174, 山本ほか訳：182)。

　上述のバーナードの権威理論を用いて、中国人組織成員の権威・権威者イメージ（または「権威像」）を考察しよう。アンケート調査では、まず「職位の権威」と「リーダーシップの権威」に関連する質問をしたが、その結果は図表7-3のとおりである。これを見れば分かるように、調査先企業・機関の中国人の権威・権威者イメージは、バーナードが提起した「職位の権威」と「リーダーシップの権威」の考え方に照らせば、リーダーシップの権威をより重視していることが明らかである。質問項目のうち、②、③、⑤の内容が人格（尊敬）、能力に結びついたものであり、「リーダーシップの権威」を問う内容であるが、興味深いのは、「権威者は人に尊敬されなければならない」項目のポイントが、A社、B機関を問わず、かつ管理職・一般職に共通して最高だったことである。この結果を裏づけるものとして、「ある人を評価するとき、その人の能力や人柄が重要であり、どのポストにいるかは重要ではない」との質問項目を設けたが、回答結果は「そう思う」と「基本的にそう思う」が合わせてA社78％、B機関86％に上っている。こうした回答結果から次のことがうかがえよう。

　すなわち、権威者になりうる最も重要な条件は「尊敬されていること」であり、「他人にない知識や技術を持つこと」も重要と考えられ、相対的に高いポイントが得られているが、それにも増して優れた人格・人柄が権威者にとって必要不可欠な条件と見なされている。ただし、「権威者は必ずしも権力または権限を持つ必要がない」については、管理職は肯定的に考えている（A社4.14pt）のに対して、一般職はそれほど重視しておらず（A社3.74pt）、意見は分かれている。権威者と上司との関係については、「権威者はすなわち

上司のことである」との捉え方に対して、管理職、一般職のどちらも否定的であった（A社、B機関のいずれも 3.0pt 未満）。このように、中国の組織機構において、権威者は尊敬され、さらに他人にない知識や技術を持っていなければ、たとえ職位に就き、指示・命令の権限を持っていても、権威の獲得が難しいことが調査結果によって示唆されている。

「一つの組織（職場、集団、チームなど）には権威・権威者が必要と思うか」との質問に対して、「必要」と回答した割合はきわめて高かった（A社83％、B機関86％）。「必要である」理由は以下のとおりである（アンケート調査票より、以下同）。「肝心な時に重要な役割を果たせるから、権威的人物が必要だ」「軍隊には司令官があるように、組織・集団にも核心的人物が必要だ」「権威者は凝集力を高めるシンボルとして、常に進むべき方向を示してくれている。万一、その方向が間違っていても、組織成員の歩調は一致しているので、修正も早いはず」「権威者は皆を同じ方向へ引っ張っていくことができれば、仕事の効率も上がる」「優れる集団には必ず核心人物、指導者、あるいは戦略決定者が存在するが、その指導者にとって権威は必要不可欠である」「権威者がいなければ、組織は前進する方向を失う」（以上A社）、「権威者がいなければ、組織は凝集力を失う」「尊敬する権威者がいれば、職場には協調的な雰囲気を醸成しやすい」「権威者は責任を背負ってくれる」「権威がなければ、組織成員への制約ができないし、集団行動力も生まれない」「核心人物（権威者）のいない組織は考えられない」「意見が不一致のときに、権威者の最終決定が必要だ」（以上B機関）。

また、少数だが「必要ではない」と回答した者も理由を挙げている。例えば、「組織に必要なのは権威ではなく、協力と助け合いである」「権威はある個人に限定されたものではなく、各人にそれぞれ権威を発揮する場があるはずだ」（以上A社）、「権威者は独裁的になりやすい」「組織に必要なのは協力であり、権威ではない」「権威の存在は組織の進歩を阻むと同時に、権威者への盲目的崇拝が創造力の喪失を招きかねない」（以上B機関）などである。

権威・権威者存在の必要性に次いで、「あなたの組織には権威が存在しているか」との質問に対して、「存在している」はA社27％、B機関29％に

とどまり、「存在していない」はＡ社、Ｂ機関ともに40％、「分からない」はそれぞれ33％、31％であった。既述のように、組織には権威・権威者が「必要」と答えた者は80％を超えたにもかかわらず、実際に自分の組織には権威者が存在していると思う人の割合は低く、Ａ社、Ｂ機関ともに30％未満であった。すなわち、権威・権威者の必要性が認識されていながらも、現実では権威・権威者の存在があまり感じられていないことが浮き彫りになっている。

さらに、組織における権威への服従の必要性については、「どんな場合でも権威に服従すべきだ」はＡ社17％、Ｂ機関14％、「権威が正しいときに服従すべきだ」はＡ社80％、Ｂ機関83％、「権威に服従する必要はない」はどちらも3％となっており、権威者の指示・命令の正しさが強く求められている。

では、「権威が正しいかどうかを判断する基準は何か」について5段階で選択させた結果、自分と権威者との個人的関係（身内かどうか）や多くの人が支持しているかどうかに比べ、指示・命令の内容が最優先されていることが分かる（図表7-4）。この問いを裏づけるものとして、「あなたは仕事の中で、権威者との人間関係と、権威者の指示・命令の内容のどちらを優先するか」との質問に対して、「権威者との人間関係」はＡ社10％、Ｂ機関11％、「権威者の指示・命令の内容」はＡ社90％、Ｂ機関89％という回答が得られた。この結果は、よく論じられている、中国人の組織には「グワンシ」（関係）、「ミエンズ」（面子）、「レンチン」（人情）が持ち込まれ、それは近代欧米諸国の組織管理原理や組織内の行動パターンとは異質なものであり、組織よりも個人的ネットワーク（グワンシ）が優先されている論点とは、必ずしもマッ

図表7-4　権威の正しさを判断する基準

権威が正しいかどうかを判断する基準は何か	Ａ社	Ｂ機関
①指示・命令の内容	4.10	4.06
②組織の中で大多数の人が支持しているかどうか	3.30	2.86
③自分と権威者との個人的関係	1.77	1.57

チしないことに注目したい[10]。

続いて、権威の指示・命令に対して疑問に思う時はどんな行動をとるかを質問したが、その結果を図表7-5に示している。「やんわりと不同意を示す」は管理職、一般職にかかわらず突出して高く（A社管理職3.83pt、一般職4.57pt、B機関管理職3.43pt、一般職4.14pt）、ポイントが中位数3を上回ったのはこの項目だけであった。すなわち、既述のように権威者個人との関係よりも、指示・命令の内容（の正しさ）を優先するという結果がある一方、他方では、この調査は権威者の指示・命令を疑問に思う時に、できるなら権威者との「グワンシ＝人間関係」を維持しながら、「やんわりと従えない意思表示」をしたい中国人組織成員の心理をよく表している。ただし、次点となる項目はA社、B機関で異なっており、A社の回答者は自分の意見を受け入れてもらえなければ、指示・命令に公然と反対したり、服従を拒否したりする行動よりも、「そのまま服従する」方を選択している（2.70pt、2.71pt）が、これに対して、B機関の回答者は次善の策として、管理職が「公然と不同意を示す」（2.43pt）、一般職が「できるだけ回避する」（2.82pt）をそれぞれ選択している。

「権威には何らかのシンボル（例えば住宅、車、服装、バッジ、休暇など）が必要と思うか」との質問に対して、「必要」はA社40％、B機関23％、「必要ない」はA社60％、B機関77％であり、政府機関に比べ企業の方がそ

図表7-5　権威・権威者への服従について

あなたは権威者の指示・命令を疑問に思うときにどんな行動をとるか	A社		B機関	
	管理職	一般職	管理職	一般職
①そのまま服従する	2.70	2.71	1.86	2.68
②表面上は従うが、内心では反発する（面従腹背）	1.87	1.86	1.57	2.25
③できるだけ回避する	2.13	1.43	1.57	**2.82**
④サボる	1.74	1.29	1.00	2.00
⑤責任逃れ	1.61	1.14	1.14	2.00
⑥やんわりと不同意を示す	**3.83**	**4.57**	**3.43**	**4.14**
⑦公然と不同意を示す	2.22	2.14	**2.43**	2.07
⑧服従を拒否する	1.70	2.14	1.86	1.89

の必要性を認識している。また、権威者スタイルについては、「威厳型リーダー」と「温情的家父長型リーダー」のどちらが望ましいかを質問し、選択させた結果、「威厳型」はA社2.77pt、B機関2.51pt、「温情的家父長型」はA社3.70pt、B機関3.80ptとなっており、両方とも「温情型リーダー」を望む傾向が相対的に強かった。前者（威厳型）を選んだ理由としては、「厳しく教育した方が人材が育つ」「組織には厳しい指導者が欠かせない。温情的リーダーは指導者不在と同じである」「威厳型リーダーの方が権威を打ち立てることができ、集団の実行力を高められる」（以上A社）、「部下に優しすぎるリーダーは権威の樹立ができない」「威厳型リーダーがいれば強い組織を作れる」「生活は温情型がいいかもしれないが、仕事については厳しく管理すべきだ」「威厳型の方が公正である」（以上B機関）などが挙げられている。

　一方、後者（温情型）を選んだ理由としては、「リラックスした気持ちで働くことが仕事の効率アップにつながる」「人情のあるリーダーがいれば、職場の雰囲気がよく、従業員もプレッシャーを受けずに働ける」「従業員の本音を聞き出すことができ、忠誠心や集団の凝集力が高まる」「仕事と生活は密接に関わっているので、生活面を考える場合は、やはり温情型リーダーが望ましい」（以上A社）、「温情型リーダーの方が親しみやすい」「精神的にリラックスでき、能動的に働ける」「人間性があり、調和的上下関係が保てる」「コミュニケーションを取りやすく、楽しく働ける」「原則問題を除いて、人間性のある管理方法が理想だ」「組織成員が協力し合って、効率よく目標を達成するために、温情型リーダーが必要だ」「人情があれば管理も受け入れやすい」「温情型リーダーは従業員の潜在力を引き出せる」（以上B機関）などが挙げられている。

　図表7-6は「権威者に必要な資質・能力は何か」について質問し、各項目を5段階選択させた結果を示したものである。ポイントの高い順から上位3位までは、A社は①「実行力がある」、②「責任逃れをしない」、③「公平である」「寛容である」、またB機関は①「誠実である」「責任逃れをしない」、③「寛容である」となっており、権威者に対して能力と同時に、あるいは能力以上に、責任感や寛容心（包容力）など人格的資質を備えていることが強

図表 7-6　権威者に必要な資質・能力について

権威者に必要な資質・能力は何か	A 社	B 機関
①学歴（含学位、資格）がある	2.90	3.06
②語学力がある	2.73	2.86
③専門性がある	4.47	4.06
④将来性がある	3.50	3.63
⑤公平である（部下を平等に扱う）	**4.70**	4.51
⑥寛容である	**4.70**	**4.71**
⑦厳格である	4.00	4.20
⑧誠実である	4.63	**4.83**
⑨責任逃れをしない	**4.73**	**4.83**
⑩私利私欲を図らない	4.53	4.46
⑪仕事に対して情熱がある	4.53	4.63
⑫実行力がある	**4.83**	4.43
⑬対外交渉力がある	4.60	4.20
⑭コミュニケーション力がある	4.67	4.54
⑮問題解決能力がある	4.67	4.34

く求められていることが分かる。

　図表 7-7 は「権威者にあってはならない欠点」、言い換えれば、これらの欠点がある人は権威者（指導者）には相応しくないという質問への回答結果を示しているが、①から⑤までの内容を見ると、いずれも権威者の人間性を問うものであり、権威者への人物・人格重視をよく示す結果となった。図表 7-7 には示していないが、ポイントの最も低かった項目には「高齢である」（A 社 2.07pt、B 機関 2.77pt）、「語学力がない」（A 社 2.33pt、B 機関 2.49pt）、「学歴が低い」（A 社 2.50pt、B 機関 2.86pt）の 3 項目であり、人格に直結しない年齢や学歴などがそれほど重視されていない点では図表 7-6 と一致しており、それを裏づける格好となった。

　本章では権威論、組織行動論に関連するいくつかの先行研究を考察し、中国における伝統的権威・服従スタイルについて概観したうえで、中国（北京・西安）での調査結果の分析を試みた。最後に先行研究の論点を念頭に本章の

図表 7-7　権威者にはあってはならない欠点

権威者にあってはならない欠点は何か	A 社	B 機関
①責任逃れ	4.67	4.66
②部下を平等に扱わない	4.53	4.69
③派閥を作る	4.50	4.54
④私利私欲を図る	4.40	4.54
⑤人材を大事にしない	4.27	4.66

注：ポイントの高い順から上位5位まで。

結論を述べたい。まず、冒頭で提起した中国人の権威観、または権威・権威者に対する認識についてであるが、理想とする権威者は他人から尊敬されることが最も必要な条件であり、これは凌のCPM理論（人物重視）と合致している。人物重視のほかに、知識・技能の必要性も認められているが、権力・権限を持つ必要性が必ずしもないと認識されている。中国の伝統的権威・服従スタイルから見た場合、「徳行」が依然として権威者に対して強く求められている要素であるが、望むリーダー像は「威厳型リーダー」から「温情型リーダー」へのシフトが見られた。また、回答者の8割以上が権威・権威者が必要だと考えているにもかかわらず、「身近に存在している」と答えたのは3割弱にとどまり、理想と現実とのギャップが大きいことが明らかになった。次に、中国人組織成員の命令・服従関係への理解と対処についてである。回答者の多くは権威者から発される指示・命令に対して、その内容が正しければ、権威者との個人的関係よりも高い優先順位で服従する考えを示した。さらに、権威者の指示・命令を疑問に思う時は、「権威者の命令にきわめて従順的である」というアドルノらの「権威的パーソナリティ」の定義とは必ずしも合致せず、「やんわりと」ではあるが、「不同意を示す」ポイントがきわめて高かったことが興味深い。こうした中国人の行動パターンである「グワンシ」「ミエンズ」「レンチン」が権威と服従関係とどう絡み合い、影響し合っているのかについては、今後の研究で進める予定である。

注：
(1) 実験の経緯と結果は *Obedience to Authority, An Experimental View* と題して 1974 年にハーパー・ロウ社から刊行され、世界的な反響を呼んだ。山形浩生訳『服従の心理』河出書房新社、2008 年。
(2) 凌文軽（1995）「日中合弁企業の経営と中国の国情・文化」『慶應経営論集』第 13 巻第 1 号、および華夏網 http://www.hxb.com.cn/chinese/index.html インタビュー（閲覧日：2011 年 5 月 19 日）。
(3) 例えば、韋政通は儒教思想の観点から、文崇一は価値観の観点から、さらに曾炆煌は人格発展の観点から、それぞれ中国人の権威的パーソナリティについて肯定的見解を示している（楊 2009a：360）。
(4) Adorno, T. W., Frandel-Brunswik, E., Levison, D. J. & Sanford, R. N. *The authoritarian personality*. New York: Harper, 1950. および楊 2009a：362-363 を参照。
(5) 楊 2009a：374。なお、「日本人は権威主義的民族なのか」については、岡本浩一が興味深い論述を展開している。岡本 2005：210-219 を参照。
(6) Silin, R. H. *Leadership and value: The organization of large-scale Taiwan enterprises*. Cambridge, MA: Harvard University Press, 1976.
(7) Redding, S. G. *The spirit of Chinese capitalism*. New York: Walter de Gruyter, 1990.
(8) Redding, S. G., Wong, G. Y. Y. "The psychology of Chinese organizational behavior." Bond, M.H. *The psychology of Chinese people*, Hong Kong: Oxford University Press, 1986. このほかに、ウェストウッド（Westwood, R. I.）は、文化的背景が欧米と異なる華人企業の組織において、「リーダーシップ」という用語が必ずしも適切ではないと考え、「家父長的ヘッドシップモデル」（model of paternalistic headship）を提起している（Westwood, R. I. "Harmony and patriarchy: The cultural basis for 'paternalistic headship' among the overseas Chinese". *Organization Studies*, 18（3）, 1997.）。
(9) 以上について、鄭伯壎（1995）「差序格局与華人組織行為」『本土心理学研究』第 3 期、鄭伯壎・黄敏萍（2000）「華人企業組織的領導———一項文化価値的分析」『中山管理評論』第 8 期、鄭伯壎・周麗芳・樊景立（2000）「家長式領導量表——三元模式的建構与測量」『本土心理学研究』第 14 期を参照。
(10) 中国人を理解するキーワードの一つである「グワンシ」についてはさまざまな研究があるが、園田 2001、ツェほか著、鈴木訳 2011 を参照されたい。

第8章

中国人従業員の労働観と帰属意識
―西安市・上海市の企業を事例として

　本章の目的は中国人従業員に対するアンケート、ヒアリング調査の結果に基づいて、中国における企業組織（国営企業、日系独資企業、日中合弁企業を含む）に所属し、その中で働く従業員の労働観と帰属意識を考察することにある。具体的には、中国人従業員は何を目的に働くのか、労働（仕事）の価値や意義をどのように捉えているのか、勤労モチベーションになる要素は何か、現在の仕事から満足感を得ているのか、勤続意思や組織への忠誠心はどの程度あるのか、などを分析することによって、彼らの勤労観・帰属意識を理解し、日本人従業員との違いや中国の地域間での違い（本章では内陸部の西安と沿海部の上海との違い）を明らかにすることである。

第1節　調査目的・調査方法と企業概要

1　調査目的・調査方法

　この調査は文部科学省科学研究費補助金の助成を受けて実施されたものであり[1]、筆者は同研究に参加したメンバーの一人である。調査目的は権威勾配[2]という概念を一般の企業組織に応用することによって、チームリーダーとメンバーとの力関係を勾配の形で示し、適正な上司・部下関係を見い出し、従業員のモチベーションを高める方法を探ることにあるが、企業組織における中国人従業員の意識構造と行動パターンに関する質問項目も多く含まれている。

　調査の準備段階では、筆者は質問項目の作成・修正に参加し、また完成さ

れた質問紙を中国語に翻訳した。調査は2013年、14年の2回に分けて行われたが、第1回は13年8月25日～30日に実施し、調査対象企業は中国陝西省西安市にある6企業（以下ではA社、B社、C社、D社、E社、F社とする）であり、第2回は14年8月25日～27日に実施し、調査対象企業は中国上海市にある3企業（以下ではG社、H社、I社とする）である。西安調査に関しては、企業訪問前にA社、B社、C社から記入済み質問紙を送付してもらい、D社、E社およびC社の追加調査部分について、企業を訪問した際に筆者らが質問紙を受け取った。このうちF社はアンケート調査の実施に難色を示したため、ヒアリングのみの実施となり（したがって質問紙の集計結果は5社となっている）、またE社はインタビューを謝絶したため、アンケートのみの実施となった。それ以外の企業は質問紙調査およびヒアリングの両方を実施することができた。

西安調査の全回答者数は235であったが、記入漏れの多い13名分を欠損として処理し、有効サンプルを222部とした。また上海調査の全回答者数は152名であり、記入漏れ1名分を除いて有効サンプルを151部とした。西安、上海の合計有効サンプル数は373部である。なお、調査票の回答者は管理職、一般職を含めてすべて中国人従業員である。

質問項目は次のように構成されている。

① 属性を問う項目群（性別、年齢、最終学歴、勤続年数、職務、職位の6項目）
② 労働観、帰属意識を問う項目群（達成感・幸福感、チャレンジ、誇り、勤続意思など13項目）
③ 内発的動機づけなどを問う項目群（疲労、ストレス、モチベーションなど12項目）
④ 組織と個人の関係を問う項目群（上司とのコミュニケーション、尊敬・信頼関係、権威・権限、命令・服従関係、組織への忠誠心など41項目）
⑤ 中国人の文化特有行動を問う項目群（面子〔ミェンズ〕、関係〔グアンシ〕、人情〔レンチン〕、職場の人間関係など18項目）
⑥ 人事・管理制度を問う項目群（档案制度、企業内共産党組織、工会組織〔労働組合〕など5項目。ただし、この部分は西安調査のみ実施した）

以上の6項目群の合計質問項目数は95である。回答形式は「①全くそう思わない」「②あまりそう思わない」「③そう思う」「④非常にそう思う」の4段階回答を用意し、該当するものを一つのみマークしてもらう方法（SA, Single Answer）を採用した。本章では従業員の労働観、組織への帰属意識、忠誠心を質問した項目および回答結果をピックアップし、考察の対象とした。その他の質問に関する調査結果は、今後の研究で分析を進めていく予定である。

　質問票による定量的調査と同時に、ヒアリングによる定性的調査も併せて実施した。調査先各社に対して、アンケートの回答者から3～5名のインタビューを選出するように依頼し、計31人（西安では日本人4人を含む19人、上海では日本人3人を含む12人）にインタビューを行った。日本人回答者はすべて中間クラス以上の管理者であるが、中国人回答者（24人）のうち、7人が中間クラス（部長、課長、セクション・マネージャー）および低クラス（現場作業長、ライン長、グループリーダーなど）管理者である。ヒアリングはアンケート調査を補足し、また裏づけるものとして効果的と認識しているので、その内容も併せて検討したい。

2　調査対象企業の概要

　まず、調査対象企業（A社～I社）の概要を述べておこう。

　A社は1992年に中国側2社（いずれも地方国営企業）、日本側1社の出資によって設立された合弁会社である。中国の国策としてタバコフィルター用アセテート・トウの製造事業が開始した際、日系大手化学メーカーは中国の国家プロジェクトに参加する権利を得、合弁会社への出資に成功した。A社の年間製造量は当初8000トンだったが、需要の急増により現在は2万4000トン規模の生産プラントに拡大している。中国におけるフィルターの需要量は年間27万トンだが、国内での生産量は17万トンであり、残りの10万トンは輸入に依存している。今後は生産拡大の余地が十分にあると見込んでいる。製品は華東地域を除いて中国全土で販売している。A社の2012年の売上高は9億元（2012年現在レートで約144億円）、税引き利益は1億2000万元（同

19億2000万円)である。トップマネジメントについては、董事会（取締役会）が設けられ（董事7名のうち、中国人5名、日本人2名）、その下に総経理（社長、日本人)、副総経理（副社長、日本人1名、中国人2名）ポストが設けられている。生産部、工務部、品質保証部、安全環境部、総務部、財務部、営業部、購買部の8つの部があり、部長はすべて中国人が務めている。従業員は正社員230名（うち管理職・事務系スタッフ約30名、その他はワーカー〔現場作業員〕である)、臨時社員30名、男女比8：2である。離職率はゼロに近いという。企業内に共産党組織、工会組織が存在し、出資している親会社（国営企業）の指示を受けて活動している。日本本社は合弁会社の経営方針に一切干渉せず、技術上のフォローにとどまっているという。

　B社は1997年に設立され、翌年生産を開始した日中合弁企業である。西安にある地元国有企業が30％出資し、日本企業2社が70％出資しているので、日本側がマジョリティーを掌握している。主に中圧配電盤、遮断器を製造し、中国市場を中心に販売している。従業員（正社員）は440名、うち技術者60名、営業社員50名、品質管理関係50名、業務関係30名、製造現場のワーカーは約250人という構成となっている。男女比は7：3である。離職率は年間5％～7％程度だが、そのほとんどは製造部門のワーカーである。オートメーション化はあまり進んでおらず、工場現場はいわゆる3Kの環境に近いとの認識を持っている。2012年の売上高は4億元（12年現在レートで約64億円）であり、B社の史上最高を記録した。企業組織はトップ経営者層に董事長（中国人)、総経理（日本人)、副総経理（中国人2名、日本人1名）の管理体制を敷いており、下部組織として業務部、営業部、技術部、製造部、品質保証部が設置されている。中間管理職については、営業部長以外の部長ポストはすべて日本人が占めているが、副部長および課長クラスは中国人が務めている。

　C社は2001年8月に設立された日系企業と地元国営企業との合弁会社であり、翌年1月操業開始した。09年3月、日本側は中国側合弁相手から所有株式を買い取り、資本形態を合弁会社から独資会社に変更し、10年6月に西安初の日系独資企業として再スタートした。13年8月現在の資本金は

4300万ドル。主な製品は工業用ミシン、工作機械であり、製品のすべてが中国国内で販売されている。西安現地法人は西安工場のほか、山東省淄博工場も管理しているが、淄博工場で世界トップレベルの工作機械が製造されている。13年8月現在の従業員数は契約社員を含めて1016人、男女比8：2、従業員の平均年齢は31歳である。定着率については、管理者層および10年以上の勤務者は定着しているが、製造現場のワーカーの離職率はきわめて高く、60％〜70％に達している。そのため、毎日のように新規採用の面接をしている状況である。管理組織は総経理、副総経理をトップとし、その下に製造部、開発部、QCS（quality control system）推進部、技術部、総合企画部の5つの部が設置されている。トップ経営者層の総経理、副総経理および中間管理職の部長はすべて日本人が務めており、副部長および課長クラスでは中国人を起用している。技術者を含めて計13人が日本本社から派遣されている。

　D社は日本の光ファイバー・ケーブルメーカーと西安の国営企業との合弁企業である。西安現地法人は1986年7月に設立し、88年操業開始したが、中国初の光ファイバー・ケーブルを製造・販売する大手企業として注目され、いまは中国西北地区最大の光ファイバー・ケーブル生産基地に成長してきた。D社の年間生産能力は光ファイバー300万kmコア、光ケーブルは350万kmコア（2012年現在）、年間売上高は5751万元（11年現在レートで約7億2000万円）となっている。D社の生産・管理組織として製造部、品質保証部、営業部、財務部、人事部など8つの部が設置されているが、特に人的資源管理に力を入れており、企業の持続的発展や競争優位における人材の開発・育成・定着が不可欠だとの認識を持っている。社内での昇進チャネルは明確であり、向上心のある社員には管理者チャネル（作業長から副社長まで）、技術者チャネル（技術者、専門家）、販売チャネル（セクション・マネージャーから販売副社長まで）などの昇進コースを用意し、キャリア・アップの機会を与えている。

　E社は本社が上海にある航空会社の西安支社で、調査対象企業の中で唯一の国営企業である。1957年に設立されたE社はいま中国の三大航空会社の一つに数えられる規模になり、2012年9月現在、総資産1321億5800万元

に上っている。また97年に中国の航空会社として初めてニューヨーク、香港、上海の株式市場の上場に成功した。事業内容は国内・国際航空運送事業（旅客・貨物）のほかに、航空食品の生産・販売、貿易業、広告業、旅行業、空港建設投資などに広がっており、経営の多角化を図っている。

　F社は日本の大手空調総合メーカーと航空機部品を製造する国営企業との合弁会社である。1970年代に日本側が同国営企業と技術提携を結んだことがきっかけで西安進出を果たした。96年西安現地法人を設立し、同年に操業を開始した。出資比率は日本企業51％、中国企業49％なので、日本側がマジョリティーを掌握している。主な製品は空調用コンプレッサーであり、製品の30％は海外のグループ企業に輸出し、残りの70％は中国国内で販売している。従業員は男性790名、女性300名、計1090名だが、正社員は約半数の560名である。季節によって生産量が大きく変化するため、臨時工の増減で現場作業者数を調整している。従業員の平均年齢は25歳と若い。日本人駐在員は4名、それぞれ総経理、開発本部長、製造本部長、財務本部長を務めており、副総経理、人事・労務部長、総務部長などは合弁相手の国営企業から派遣されている。給与システムは日本本社とはまったく異なり、能力給の割合は給与の51％を占めている。離職率はホワイトカラーが2.6％と低いが、ワーカーはきわめて高く、その対応に苦慮しているという。

　G社は2001年上海に設立された外資系独資企業だが、親会社である日本の半導体製造装置メーカーが14年アメリカ企業と経営統合した。「グローバリゼーション＆ローカリゼーション」をスローガンに、徹底的に現地化を図り、現地事業のオペレーションと現地でのマネジメントはすべて現地人に任せる経営方針を打ち出している。管理組織は、社長以下主要ポストを日本人が占める多くの日系企業と異なり、多国籍人材によって会社が運営されている。中国法人の総経理は中国系アメリカ人、副総経理（3人）のうち1人が日本人である。従業員は450名、日本人駐在員は10名である（そのほとんどがエンジニア）。アメリカ人、日本人、中国人のほかに、販売部門では販売先の国籍に合わせて韓国人、台湾人も採用している。グループ全体の年間売上高は6100億円（13年度現在）、製品の78％は半導体関連製品、残りは太陽電池、

液晶関連製品、IC（半導体集積回路）などとなっている。

　H社は日本の大手人材派遣会社が1997年上海で設立した日中合弁企業である。中国の法律では人材派遣会社の単独出資が認められず、これまでの外資出資額は50％以下に制限されていたが、現在は70％まで認められている。また中国の文化や社会風土では「派遣」に対してあまり認知されていない面もあり、派遣の経歴はキャリア・アップやジョブ・ホッピングに不利であると考えられている。H社は日本では主に人材派遣事業を行っているが、中国では上述の制約があるため、人材派遣事業の代わりに、日系企業に日本語のできる中国人人材を、また中国企業に提携できる日系企業を紹介する事業を展開している。こうした「紹介事業」はいわば日中の境界線でビジネスを行っているように感じているという。事業収益は被紹介者（企業・個人）からの手数料である。中国拠点は上海のほかに広州、北京、深圳、蘇州にもあるが、上海の顧客数が圧倒的に多い。顧客のほとんどが日系企業なので、舞台は中国だが、ビジネス感覚は日本とさほど変わらないという。経営組織については、日本人の総経理のもとに総務部、財務部などが設置され、中国人が部長を務めているが、メインの紹介事業部は日本人がトップを務めている。現在の社員数は52名。かつて2000年代に入ってから会社規模を拡大し、従業員を40名まで増やしたが、リーマンショックの影響で仕事が減り、09年従業員の半数をリストラした。ほぼ同時期に日本人総経理が退職したため、トップは副総経理の中国人に交代し、この中国人総経理が会社をフラット型組織に改革した。現在の社長はアメリカ拠点の社長経験者である。今後は紹介事業だけでなく、顧客の必要に応じて新規事業（教育分野など）を開拓していく予定である。

　I社は日系精密機器大手企業の子会社である。本社は産業用装置（半導体メーカー、液晶パネルメーカー用装置）を製造しているが、中国拠点ではプリンター、カメラ、複写機などを生産・販売している。I社の資本構成は本社90％、中国拠点カメラ部門10％の出資となっており、主な業務内容は装置販売後の技術サポートや部品の販売である。販売先工場の近くに事務所を構えることが多いため、装置の販売数が増えるにつれて拠点数も増えている。

中国拠点は上海のほか、北京、深圳、広州にもあり、最近は武漢、重慶、成都といった西部地域への進出に力を入れている。I社の従業員数は200人あまり（うち日本人10名）、そのうち70％がエンジニアである。日本人のほとんどは技術者で、技術指導、技術的難問の解決、本社との技術関係の連絡に当たっている。社員の30％は営業部門と管理部門の事務職スタッフだが、営業部門といっても実際は販売ではなく、もっぱら顧客へのサポート（納期のフォローアップや本社の指示の伝達など）に務めている。管理部門には総務、人事、財務、物流関係の部署が設けられている。本来は現地化を進めるため、なるべく中国人に部長、課長などの中間管理者になってもらい、日本人が彼らをサポートする立場に立つ、という形にしたいが、この分野は中国ではまだ新産業であり、要員不足、経験不足が顕著なので、当分は経験豊富な日本人に頼らざるをえないと考えている。最近、I社では韓国人、台湾人の短期駐在者（10名程度）も採用している。韓国人は優れた技術力があり、即戦力になっている。また台湾人は在台日系企業で専門的訓練を受けており、中国人と言語も共通しているので、中国人従業員教育のエキスパートとして期待している。

なお、各企業の概要は図表8-1のとおりである。

図表8-1　調査対象企業の概要

企業	資本形態	事業内容	所在地
A社	日中合弁	タバコフィルター用アセテート・トゥの製造・販売	西安市
B社	日中合弁	配電盤、遮断器の製造・販売	西安市
C社	日系独資	工業用ミシン、産業機械の製造・販売	西安市
D社	日中合弁	光ファイバー・ケーブルの製造・販売	西安市
E社	中国国営企業	国内・国際航空運送、航空食品の生産・販売	西安市
F社	日中合弁	空調設備の製造・販売	西安市
G社	外資系（日米）独資	半導体製造装置、太陽電池、液晶関連製品の製造・販売	上海市
H社	日中合弁	人材派遣・人材紹介会社	上海市
I社	日系独資	カメラ、プリンターなど精密機器の製造・販売	上海市

第8章 中国人従業員の労働観と帰属意識——西安市・上海市の企業を事例として

3 アンケート回答者の属性

まず、西安調査における回答者（222名）の属性を要約しよう（図表8-2）。性別について男性142名（64％）、女性80名（36％）となっているが、これ

図表8-2 各企業調査対象者の性別、年齢、最終学歴、勤務年数、職務、職位別構成（西安）

企業	性別		年齢				最終学歴				勤務年数
	男性	女性	20-29歳	30-39歳	40-49歳	50-59歳	初中以下	高校	専科	大学・大学院	平均(SD)
A社	29 82.86	6 17.14	2 5.71	13 37.14	20 57.14	0 0.00	0 0.00	9 25.71	17 48.57	9 25.71	13.71 (5.58)
B社	27 54.00	23 46.00	15 30.00	20 40.00	13 26.00	2 4.00	1 2.04	4 8.16	19 38.78	25 51.02	9.34 (5.06)
C社	38 61.29	24 38.71	16 26.23	28 45.90	17 27.87	0 0.00	0 0.00	12 19.35	29 46.77	21 33.87	10.90 (6.21)
D社	35 77.78	10 22.22	25 55.56	12 26.67	5 11.11	3 6.67	1 2.27	12 27.27	21 47.73	10 22.73	7.62 (8.39)
E社	13 43.33	17 56.67	5 16.67	14 46.67	9 30.00	2 6.67	0 0.00	3 10.00	8 26.67	19 63.33	12.33 (7.33)
合計	142 63.96	80 36.04	63 28.51	87 39.37	64 28.96	7 3.17	2 0.91	40 18.18	94 42.73	84 38.18	10.78 (6.78)

企業	職務					職位					回答全数
	事務	技術	営業	現場作業員	その他	トップクラス管理職	中間クラス管理職	低クラス管理職	一般従業員(事務)	一般従業員(ワーカー)	
A社	4 11.43	11 31.43	1 2.86	12 34.29	7 20.00	0 0.00	1 2.94	12 35.29	8 23.53	13 38.24	35 100.00
B社	15 31.25	15 31.25	4 8.33	5 10.42	9 18.75	1 2.04	4 8.16	7 14.29	22 44.90	15 30.61	50 100.00
C社	22 36.07	7 11.48	0 0.00	17 27.87	15 24.59	1 1.61	19 30.65	11 17.74	18 29.03	13 20.97	62 100.00
D社	7 15.91	6 13.64	1 2.27	19 43.18	11 25.00	0 0.00	3 6.82	1 2.27	12 27.27	28 63.64	45 100.00
E社	18 62.07	4 13.79	3 10.34	2 6.90	2 6.90	0 0.00	5 16.67	5 16.67	19 63.33	1 3.33	30 100.00
合計	66 30.41	43 19.82	9 4.15	55 25.35	44 20.28	2 0.91	32 14.61	36 16.44	79 36.07	70 31.96	222 100.00

注：上段：度数、下段：各社内の比率。最終学歴の「初中以下」は中学卒業以下。欠損値は年齢で1件、最終学歴で2件、職務で5件、職位で3件である。

は調査対象企業がE社、H社を除いて製造業に属し、男性従業員が圧倒的に多いからである（E社のみ女性の方が多い）。年齢別では30代が87名（39％）で最も多く、20代（63名）と40代（64名）は29％ずつで、50代は7名（3％）である（ただA社は40代が最も多く、20名、57％を占めている）。20～30代の若年層従業員は150名で68％を占め、西安調査の主な回答者となっている。年齢が若いことに関連して、平均勤続年数も平均11年と比較的短い。最終学歴別では専科[3]以上が178名（81％）と圧倒的に多く、高校およびそれ以下は42名（19％）である。職務については、事務・技術・営業職を含むホワイトカラーは118名（54％）、ブルーカラー（現場作業員）は55名（25％）、その他は44名（20％）である。職位については、管理職は各クラスを合わせて70名（32％）を占め、事務系・ワーカーを含む一般従業員は149名（68％）である。以上のように、西安調査の主要回答者は比較的高学歴で、事務職・専門職のスタッフを中心とする20～30代の若年層従業員である、ということができよう。

続いて上海調査における回答者（151名）の属性を要約しよう（図表8-3）。性別について男性95名（63％）、女性56名（37％）で西安調査と大差はない。年齢別では30代が97名（64％）で最も多く、割合で見れば西安調査の30代、40代の合計（68％）とほぼ同じである。また20代も39名（26％）と3分の1弱を占めているので、30代以下の合計は136名、90％と西安調査以上に若年層従業員の割合が高い。40代は11名（7％）、50代は4名（3％）である。平均勤続年数は西安よりも短く、5.92年となっている。最終学歴別では、高卒の1名を除いて全員専科・短大以上卒であり、大学院課程修了者も16名（11％）に上り、西安調査より平均学歴が高い。職位については、管理職は各クラスを合わせて47名（32％）で、西安調査の70名（32％）とほぼ同じであるが、事務職スタッフの割合は4pt高い。全体的にいえば、上海調査の主要回答者は西安調査同様、比較的高学歴で、事務職スタッフを中心とする20～30代の若年層従業員であるが、西安調査対象者以上に平均学歴が高く、平均年齢が低い。

図表 8-3 各企業調査対象者の性別、年齢、最終学歴、勤務年数、職務、職位別構成（上海）

企業	性別		年齢				最終学歴				勤務年数
	男性	女性	20-29歳	30-39歳	40-49歳	50-59歳	高校	専科・短大	大学	大学院(修士・博士)	平均(SD)
G社	48 80.0	12 20.0	17 28.3	39 65.0	3 5.0	1 1.7	0 0.0	17 28.3	40 66.7	3 5.0	5.98 (3.46)
H社	3 9.4	29 90.6	9 28.1	23 71.9	0 0.0	0 0.0	0 0.0	9 28.1	15 46.9	8 25.0	7.90 (4.73)
I社	44 74.6	15 25.4	13 22.0	35 59.3	8 13.6	3 5.1	1 1.7	8 13.6	45 76.3	5 8.5	3.88 (4.17)
合計	95 62.9	56 37.1	39 25.8	97 64.2	11 7.3	4 2.6	1 0.7	34 22.5	100 66.2	16 10.6	5.92 (4.38)

企業	職務					職位				回答全数
	事務	技術	営業	現場作業員	その他	中間クラス管理職	低クラス管理職	一般従業員(事務)	一般従業員(ワーカー)	
G社	13 22.0	35 59.3	7 11.9	3 5.1	1 1.7	9 15.5	17 29.3	14 24.1	18 31.0	60 100.0
H社	12 37.5	0 0.0	10 31.3	0 0.0	10 31.3	4 12.9	2 6.5	21 67.7	4 12.9	32 100.0
I社	13 22.4	22 37.9	6 10.3	14 24.1	3 5.2	6 10.3	9 15.5	24 41.4	19 32.8	59 100.0
合計	38 25.5	57 38.3	23 15.4	17 11.4	14 9.4	19 12.9	28 19.0	59 40.1	41 27.9	151 100.0

注：上段：度数、下段：各社内の比率。欠損値は職務で2件、職位で4件である。

第2節　中国人従業員の労働観と帰属意識
——アンケート調査結果の考察

　労働観とは一言でいうと、働くことの意味や価値をどのように捉え、労働の目的として何を重視するか、ということであろう。労働観は個人の価値観・人生観の変化、ライフスタイルの多様化、職場を取り巻く環境や労働条件の変化によって大きく変わるが、一国の伝統、文化、習慣の影響によって根強く存在し、短期間に変わらない部分もある。

　スーパー（Super, D. E.）は人が働く目的として、①「人間関係」、②「自己

表現」、③「生計」の3つを挙げ、この3つの欲求を充足させるために人々は働いているのだと考えた。①の「人間関係」とは、個人の一定の独立性と公平な扱いが確保され、組織・集団の中で何らかの役割を果たし、組織から必要とされ、一人の独立した人間として尊敬される人間関係を築きたい欲求である。②の「自己表現」とは、働くことを自己表現の機会として捉え、自分の職業を通して自己表現を実現し、成長していきたい欲求である。③の「生計」とは、人間の持つ基本的欲求、すなわち生存欲求に当たるが、生活費が得られない、または得られても生きていくだけのギリギリのレベルであれば、ほかの欲求の重要さも失ってしまう。労働による収入で現在の生計を維持するだけでなく、将来の生計も保障され、そしてより高い収入を得てよりよい生活を送り、より高い社会的地位を獲得する欲求も含まれている。スーパーは「満足な人間関係、気もちのよい条件下で満足して行える活動及び保障された生計、これら3つの願望は、人が労働において満たしたいと求めるところの主たるものである」と結論づけている[4]。

　一方、組織に対する愛着や帰属意識とは組織と個人の関係を捉えるものである。個人と組織との心理的距離が近く、組織の価値と個人的価値が不可分と考える人ほど、組織への帰属意識が高いといえよう。組織に対する従業員の帰属意識を説明する概念として、組織コミットメントが用いられ、考察されてきた。組織コミットメントの定義は、ポーターなどによると、「特定の組織に対して個々人が感じる一体感の強さ、あるいは組織への関与の強さ」である。すなわち、所属する組織の価値観を受け入れること、組織に貢献し、そのための努力を惜しまないこと、組織に残りたい強い願望を持ち、組織の一員であることに誇りを感じること、言い換えれば、組織への忠誠心と組織との一体感ができていることが必要である (Porter *et al.* 1974：603-609)。さらに、メイヤーとアレンは組織コミットメントのあり方を次の3次元から捉えている。すなわち①情緒的コミットメント、②継続的コミットメント、③規範的コミットメントである。①の情緒的コミットメントとは組織に対して示す好意や情緒的な愛着のことである。②の継続的コミットメントは功利的コミットメントともいうが、個人がそれまでに組織に投資した価値は、組織を離れ

たことで回収不能になってしまうため、功利的コミットメントの強い従業員はそうした損得を計算し、残った方が有利だと感じていれば、組織に残るように努力する。③の規範的コミットメントとは、一つの組織に忠誠心を持つことが正しいことだと認識している倫理規範のことである（Meyer *et al.* 1991：61-98）。

中国人の労働観（仕事観）、帰属意識（組織観・忠誠心）について、よく指摘されているのはおおよそ次のようなことであろう。中国人は仕事を生活手段と見なし、それ以上のものではないと考える。仕事よりも私生活や家庭を大事にし、会社とは一定の距離を置き、仕事や組織との「限定的な関わり方」を選好する。集団になじまず、協働が苦手であるため、明確な分業体系のもとで個人が単独で仕事に取り組むことを好んでいる。愛社精神や会社への忠誠心はほとんどなく、自己都合で簡単に会社を辞める。生活のためにやむをえず企業に依存するが、組織の一員としての自覚や果たすべく役割については消極的であり、帰属意識が弱い。自己のキャリア・アップにはきわめて意欲を見せるものの、与えられた職務以外の仕事に関心を持たず、組織目標を実現するための貢献意欲や全体最適からの意識が欠けている、などである[5]。果たして現在の企業組織における中国人従業員はどのように自分の仕事や組織を捉えているのか。日本人とはどこが違うのか。以下ではこれらについて考察する。

1　調査結果に基づいた中国人従業員の労働観・帰属意識の概観

図表 8-4-a、8-4-b は労働観・帰属意識に関する質問と回答の結果を示すものである。西安・上海両地域に共通して回答者の 7 割以上が現在の仕事から達成感（Q1、西安 70 %、上海 89 %、「そう思う」と「非常にそう思う」の合計。以下同）、活力（Q6、西安 72 %、上海 75 %）、幸福感（Q7、西安 76 %、上海 87 %）を得ていると答えている。また回答者の 8 割〜9 割が、仕事をしていると夢中になり（Q9、西安 91 %、上海 92 %）、職場では元気が出て精力的になると感じ（Q5、西安 92 %、上海 97 %）、今後仕事で挑戦してみたいことは自信を持って明瞭に話せると認識し（Q3、西安 80 %、上海 89 %）、いつも忙しく仕事ができ

図表 8-4-a　中国人従業員の労働観と帰属意識（西安調査）

質問項目		全くそう思わない	あまりそう思わない	そう思う	非常にそう思う	そう思う＋非常にそう思う
Q1	現在の仕事から達成感を得ている	4.1 %	25.5 %	55.9 %	14.5 %	**70.4 %**
Q2	いつも忙しく仕事ができることはよいことである	2.7 %	13.7 %	63.5 %	20.1 %	**83.6 %**
Q3	仕事で挑戦してみたいことは自信を持って明瞭に話せる	2.3 %	17.3 %	58.6 %	21.8 %	**80.4 %**
Q4	仕事をしていると活力がみなぎるように感じる	4.1 %	26.4 %	56.4 %	13.2 %	**69.6 %**
Q5	職場では元気が出て精力的になるように感じる	1.8 %	6.0 %	68.8 %	23.4 %	**92.2 %**
Q6	仕事は私に活力を与えてくれる	7.3 %	20.6 %	58.7 %	13.3 %	**72.0 %**
Q7	仕事に没頭している時、幸せだと感じる	4.6 %	19.6 %	60.3 %	15.5 %	**75.8 %**
Q8	私は仕事にのめり込んでいる	1.8 %	12.8 %	62.6 %	22.8 %	**85.4 %**
Q9	仕事をしているとつい夢中になってしまう	0.0 %	8.6 %	66.8 %	24.5 %	**91.3 %**
Q10	現在の仕事はおもしろく今後も続けていきたい	8.6 %	28.6 %	53.2 %	9.5 %	**62.7 %**
Q11	給与・賞与が変わらなくても今後さらに難しい仕事に取り組みたい	14.3 %	36.4 %	39.2 %	10.1 %	**49.3 %**
Q12	朝、目がさめると、さあ仕事へ行こうという気持ちになる	7.8 %	46.1 %	40.2 %	5.9 %	**46.1 %**
Q13	自分の仕事に誇りを感じる	6.0 %	25.7 %	53.7 %	14.7 %	**68.4 %**
Q14	忠誠心がないと思われるから上司に異議を唱えられない（逆転項目）	26.7 %	50.2 %	22.2 %	0.9 %	**23.1 %**
Q15	組織よりも、尊敬する人物に忠誠を尽くしたい（逆転項目）	26.2 %	52.9 %	16.7 %	4.1 %	**20.8 %**
Q16	会社には忠誠心を期待されたくない（逆転項目）	30.3 %	52.3 %	15.6 %	1.8 %	**17.4 %**

注：N＝222、四捨五入のため、合計は 100 % にならない場合がある。

ることはよいことだと思っている（Q2、西安84 %、上海83 %）、と回答している。言い換えれば、調査結果からは、アンケート回答者のほとんどが仕事に対して前向きで積極的に取り組んでいきたいと認識していることが読み取れよう。こうした認識は仕事を肯定的に捉えており、健全な労働観といえる。西安と

図表 8-4-b　中国人従業員の労働観と帰属意識（上海調査）

質問項目		全くそう思わない	あまりそう思わない	そう思う	非常にそう思う	そう思う＋非常にそう思う
Q1	現在の仕事から達成感を得ている	1.3 %	9.9 %	68.9 %	19.9 %	**88.8 %**
Q2	いつも忙しく仕事ができることはよいことである	1.3 %	15.9 %	59.6 %	23.2 %	**82.8 %**
Q3	仕事で挑戦してみたいことは自信を持って明瞭に話せる	0.0 %	11.3 %	70.2 %	18.5 %	**88.7 %**
Q4	仕事をしていると活力がみなぎるように感じる	1.3 %	15.9 %	66.9 %	15.9 %	**82.8 %**
Q5	職場では元気が出て精力的になるように感じる	0.0 %	2.6 %	70.2 %	27.2 %	**97.4 %**
Q6	仕事は私に活力を与えてくれる	0.7 %	24.5 %	57.0 %	17.9 %	**74.9 %**
Q7	仕事に没頭している時、幸せだと感じる	1.3 %	11.9 %	65.6 %	21.2 %	**86.8 %**
Q8	私は仕事にのめり込んでいる	0.7 %	6.0 %	66.9 %	26.5 %	**93.4 %**
Q9	仕事をしているとつい夢中になってしまう	0.0 %	7.3 %	69.5 %	23.2 %	**92.0 %**
Q10	現在の仕事はおもしろく今後も続けていきたい	0.7 %	18.5 %	62.3 %	18.5 %	**80.8 %**
Q11	給与・賞与が変わらなくても今後さらに難しい仕事に取り組みたい	13.2 %	45.7 %	33.8 %	7.3 %	**41.4 %**
Q12	朝、目がさめると、さあ仕事へ行こうという気持ちになる	2.6 %	46.4 %	45.7 %	5.3 %	**51.0 %**
Q13	自分の仕事に誇りを感じる	1.3 %	17.9 %	58.9 %	21.9 %	**80.8 %**
Q14	忠誠心がないと思われるから上司に異議を唱えられない（逆転項目）	20.3 %	60.1 %	18.9 %	0.7 %	**19.6 %**
Q15	組織よりも、尊敬する人物に忠誠を尽くしたい（逆転項目）	21.2 %	48.3 %	23.8 %	6.6 %	**30.4 %**
Q16	会社には忠誠心を期待されたくない（逆転項目）	20.5 %	70.2 %	9.3 %	0.0 %	**9.3 %**

注：N＝151、四捨五入のため、合計は 100 ％にならない場合がある。

　上海を比較してみると、ほとんどの項目に関して上海の方が肯定的な答えの割合が高く、特に仕事からの達成感、幸福感については、上海は西安よりそれぞれ 19pt、11pt も高い。

　ところで、「給与・賞与が変わらなくても今後さらに難しい仕事に取り組

みたい」(Q11) との質問に対して、肯定的に捉える回答者の割合は西安では49％、上海では41％と大きく減少し、半数以下にとどまっている。すなわち、回答者の多くは忙しく働くことがよいことだと考え、精力的に働いて新しい仕事にチャレンジしたい気持ちも強いが、それはあくまでも昇進・昇給を前提とするものであり、頑張った結果に対価が支払われることを常に期待している。その期待が外れると、インセンティブがなくなり、能動的に仕事に取り組む意欲も消沈してしまう、という考え方の表れであろう。中国人従業員は仕事を生活手段と考え、仕事よりも私生活や家庭を大事にし、金銭的インセンティブが強く、会社のために自己犠牲ができないと指摘されているが、この指摘を裏づける結果となっているのかもしれない。

　図表8-4 (a、b) の質問項目の中で、西安では最も否定的に捉えられている項目は「朝、目がさめると、さあ仕事へ行こうという気持ちになる」(Q12) であり、半数以上の53.9％の回答者は「そう思わない」(「全くそう思わない」と「あまりそう思わない」の合計) と答えている。また上海においても49％の人は「そう思わない」と答えており、否定的答えの割合はQ11に次いで高い。

　日本人は働くことを「生活のための手段」という感覚以外に、働くことの喜びが大きな原動力であるといわれている。そのため、収入、役職への昇進、社会的地位のほかに、「目に見えない報酬」というものが存在している。例えば、働きがいのある仕事であれば「仕事の報酬は仕事」という考え方が成り立ち、また職人としての腕を磨くことやよき仲間との出会いも働くことの喜びであり、報酬にもなっているのである[6]。しかし、中国人にとっては「目に見えない報酬」は基本的に存在せず、また「仕事の報酬は仕事」という感覚も稀薄である。Q11、Q12の結果を見れば分かるように、これは中国人が職場に入れば仕事にのめり込み、夢中になって精力的に働くかもしれないが、職場から一歩出れば、仕事から私生活に素早く切換え、プライベートの時間では仕事を考える必要がないと思われ、日本人のように仕事に対する深い執念があまりないことを表しているのではなかろうか。中国ではWorkaholicを「工作狂」と呼び、仕事に埋没する働き方が社会で忌避される傾向さえある。

第8章　中国人従業員の労働観と帰属意識——西安市・上海市の企業を事例として

　Q10およびQ13～Q16は従業員の帰属意識（会社への勤続意思、忠誠心など）を問う質問項目である。「現在の仕事はおもしろく今後も続けていきたい」（Q10）との質問に対して、上海調査では回答者の81％が「そう思う」と答え、会社への残留意思を示している。また「自分の仕事に誇りを感じる」（Q13）についても「そう思う」と答えた者は同じく81％を占め、仕事に対する満足感や会社への帰属意識が高いことがうかがえよう。これに対して、西安調査では現在の仕事を今後も続けていきたいと答えた回答者は上海調査より18ptも低い63％にとどまっており、自分の仕事に誇りを感じる人も上海より13pt低く、68％になっている。言い換えれば、西安の調査対象者の約4割は現在の仕事への満足度が必ずしも高いとはいえず、会社を辞める可能性を示唆している。

　Q14～Q16は逆転項目なので、「そう思う」割合が低いほど、回答者が質問内容を肯定的に捉えていることを意味する。まず「忠誠心がないと思われるから上司に異議を唱えられない」（Q14）との質問に対して、「そう思う」との答えは西安23％、上海20％である。すなわち、西安の77％、上海の80％の回答者は忠誠心がないと思われても、上司に異議を唱えるべきだと考えているのである。次いで「組織よりも、尊敬する人物に忠誠を尽くしたい」（Q15）との質問に対して、「そう思う」と答えたのは西安21％、上海30％にとどまり、すなわち、西安の約8割、上海の約7割の回答者が、組織の代わりにある人物に忠誠心を尽くすことを否定的に捉えていることを示している。ただ組織は目に見えない抽象的なものであるため、組織を代表するトップ経営者や従業員の直属上司が、尊敬するに値しない人物と判断されれば、組織に対する忠誠心も生まれないか、低下する可能性が大きい。最後に「会社には忠誠心を期待されたくない」（Q16）との質問に対して、「そう思う」と答えた割合は西安17％、上海9％ときわめて低い。これはすなわち、調査対象者の8割～9割が会社に忠誠心を期待されたい、という気持ちがあることを裏づけている。前述のとおり、中国人は組織に対してあまり忠誠心がないとよく指摘されているが、調査結果を見る限り、少なくとも彼ら（彼女ら）は「組織に忠誠心がないと見られたくない」との意識がきわめて強い

ことがうかがえよう。

2　性別・年齢別・学歴別・職位別による労働観・帰属意識の考察

以上では全回答者の集計結果を概観したが、次は性別・年齢別・学歴別・職位別に、中国人従業員の労働観・帰属意識を見てみよう。

(1) 性　　別

図表 8-5-a、8-5-b は男女別の労働観と帰属意識を示すものである。これを見れば分かるように、ほとんどの質問項目について、西安、上海の両地域に共通して、男性より女性の方が肯定的に捉えていることが注目される。特に仕事からの達成感、幸福感、誇りなどに関しては、「そう思う」と答えた人は調査地域にかかわらず、すべて女性の割合が男性より高い。また、組織への残留意思についても、「現在の仕事はおもしろく今後も続けていきたい」(Q10) との質問に対して、「そう思う」と答えた割合は、女性が 66％（西安）、86％（上海）、男性が 61％（西安）、78％（上海）であり、女性は男性よりそれぞれ 5pt（西安）、8pt（上海）高い。特に西安の男性回答者の約 4 割が「そう思わない」と答えており、今後退職する可能性を示唆している。

組織への帰属意識・忠誠心については、「忠誠心がないと思われるから上司に異議を唱えられない」(Q14) との質問を支持する女性は男性よりわずかに多く（西安 3％、上海 4％が多い）、有意な差が認められないが、「組織よりも、尊敬する人物に忠誠を尽くしたい」(Q15) との質問に対して、西安と上海の地域差が見られた。すなわち、「そう思う」と答えた回答者は、西安では男性 22％、女性 19％に対して、上海では男性 29％、女性 34％と男女とも西安より高く、特に上海の女性回答者の 34％が「組織よりも、尊敬する人物に忠誠を尽くしたい」と思っているのである。そして「会社には忠誠心を期待されたくない」(Q16) との質問に対して、「そう思う」の割合は、西安調査では男性 17％、女性 18％とその差がわずかであるが、上海調査では男性 13％、女性 4％と男女間に大きな差があった。つまり、上海の男性回答者の 87％は組織への忠誠心を期待されたいと考えているが、女性は男性より 9pt も高く、96％に上っている。

第8章 中国人従業員の労働観と帰属意識――西安市・上海市の企業を事例として

図表 8-5-a 性別に見る中国人従業員の労働観と帰属意識
（「そう思う」と「非常にそう思う」の合計、西安調査）

	質　問　項　目	男性	女性
Q1	現在の仕事から達成感を得ている	70.2 %	71.3 %
Q2	いつも忙しく仕事ができることはよいことである	83.0 %	83.6 %
Q3	仕事で挑戦してみたいことは自信を持って明瞭に話せる	82.2 %	77.6 %
Q4	仕事をしていると活力がみなぎるように感じる	66.9 %	74.7 %
Q5	職場では元気が出て精力的になるように感じる	94.3 %	88.6 %
Q6	仕事は私に活力を与えてくれる	70.9 %	74.3 %
Q7	仕事に没頭している時、幸せだと感じる	75.8 %	76.3 %
Q8	私は仕事にのめり込んでいる	84.4 %	87.4 %
Q9	仕事をしているとつい夢中になってしまう	92.9 %	88.8 %
Q10	現在の仕事はおもしろく今後も続けていきたい	61.0 %	66.3 %
Q11	給与・賞与が変わらなくても今後さらに難しい仕事に取り組みたい	48.2 %	52.0 %
Q12	朝、目がさめると、さあ仕事へ行こうという気持ちになる	47.5 %	44.3 %
Q13	自分の仕事に誇りを感じる	66.2 %	72.5 %
Q14	忠誠心がないと思われるから上司に異議を唱えられない（逆転項目）	22.0 %	25.1 %
Q15	組織よりも、尊敬する人物に忠誠を尽くしたい（逆転項目）	22.0 %	18.8 %
Q16	会社には忠誠心を期待されたくない（逆転項目）	17.3 %	17.8 %

注：男性：N＝142、女性：N＝80。

図表 8-5-b 性別に見る中国人従業員の労働観と帰属意識
（「そう思う」と「非常にそう思う」の合計、上海調査）

	質　問　項　目	男性	女性
Q1	現在の仕事から達成感を得ている	85.2 %	94.6 %
Q2	いつも忙しく仕事ができることはよいことである	79.0 %	89.3 %
Q3	仕事で挑戦してみたいことは自信を持って明瞭に話せる	88.4 %	89.3 %
Q4	仕事をしていると活力がみなぎるように感じる	82.1 %	83.9 %
Q5	職場では元気が出て精力的になるように感じる	97.9 %	96.4 %
Q6	仕事は私に活力を与えてくれる	76.8 %	71.5 %
Q7	仕事に没頭している時、幸せだと感じる	85.3 %	89.2 %
Q8	私は仕事にのめり込んでいる	94.7 %	91.1 %
Q9	仕事をしているとつい夢中になってしまう	94.8 %	89.2 %
Q10	現在の仕事はおもしろく今後も続けていきたい	77.9 %	85.7 %
Q11	給与・賞与が変わらなくても今後さらに難しい仕事に取り組みたい	40.0 %	42.9 %
Q12	朝、目がさめると、さあ仕事へ行こうという気持ちになる	49.5 %	53.6 %
Q13	自分の仕事に誇りを感じる	76.9 %	87.5 %
Q14	忠誠心がないと思われるから上司に異議を唱えられない（逆転項目）	18.1 %	22.2 %
Q15	組織よりも、尊敬する人物に忠誠を尽くしたい（逆転項目）	28.5 %	34.0 %
Q16	会社には忠誠心を期待されたくない（逆転項目）	12.6 %	3.6 %

注：男性：N＝95、女性：N＝56。

「給与・賞与が変わらなくても今後さらに難しい仕事に取り組みたい」（Q11）との質問に対して、男女ともに支持する人は少ないが、男性の48％（西安）、40％（上海）に対して、女性は52％（西安）、43％（上海）であり、男性よりわずかに高い。この差は「女性の方が金銭などの待遇よりも難しい仕事に挑戦したい気持ちが強い」とまではいえないものの、少なくとも中国の企業において、女性は男性に負けずに活躍しており、積極的に仕事に取り組んでいることが示されているのではなかろうか。

中国では歴史的・文化的に残っている男尊女卑の古い習慣が今でも完全に排除されていないが、1949年中華人民共和国建国以来、女性の社会進出が積極的に推進され、毛沢東が提唱した「婦女能頂半辺天」（天の半分は女性が支える）の考えは社会に広く行きわたっている。女性の権利・権益は憲法、婚姻法を中心とする多くの法律に守られ、「男女同工同酬」（女性が男性と平等に仕事をし、同じ報酬を得ること）の意識がかなり国民に浸透してきている。生産年齢に当たる中国人女性には専業主婦がほとんどおらず、多くの女性にとって社会に出て働くのがごく当たり前のことであり、結婚・出産後も退職せずに仕事を続けるのが当然だと思っている。女性の社会進出度が比較的高い中国では、同じ企業に勤める夫婦や、妻が夫の上司であることも珍しくない。本調査結果から見た女性従業員の仕事への誇りや仕事に積極的に取り組む姿勢は、上述の中国の社会的環境と大きく関連していると思われる。

(2) 年 齢 別

図表8-6-a、8-6-bは年齢別の回答結果を示すものである。年齢別では西安調査と上海調査はかなり異なった結果となっているので、地域別に見ていきたい。

【西安調査】

まず西安について見てみよう。労働観を問う9項目（Q1～Q9）の中で、すべての年齢層が肯定的に捉えた回答は「いつも忙しく仕事できることはよいことである」（Q2、「そう思う」が79％～92％）と「職場では元気が出て精力的になるように感じる」（Q5、同89％～100％）の2項目だけである。この2項目を除いて世代間の労働観の違いははっきりと読み取れる。

図表 8-6-a　年齢別に見る中国人従業員の労働観と帰属意識
（「そう思う」と「非常にそう思う」の合計、西安調査）

質問項目	20-29歳	30-39歳	40-49歳	50-59歳
Q1　現在の仕事から達成感を得ている	50.8 %	77.0 %	77.8 %	100.0 %
Q2　いつも忙しく仕事ができることはよいことである	79.0 %	80.5 %	92.1 %	85.7 %
Q3　仕事で挑戦してみたいことは自信を持って明瞭に話せる	74.2 %	89.6 %	78.1 %	42.9 %
Q4　仕事をしていると活力がみなぎるように感じる	52.3 %	72.4 %	82.6 %	71.4 %
Q5　職場では元気が出て精力的になるように感じる	88.7 %	91.9 %	95.2 %	100.0 %
Q6　仕事は私に活力を与えてくれる	52.4 %	79.3 %	80.3 %	85.7 %
Q7　仕事に没頭している時、幸せだと感じる	60.3 %	81.6 %	85.5 %	57.2 %
Q8　私は仕事にのめり込んでいる	79.0 %	87.2 %	92.2 %	57.2 %
Q9　仕事をしているとつい夢中になってしまう	88.9 %	92.0 %	98.5 %	42.9 %
Q10　現在の仕事はおもしろく今後も続けていきたい	46.1 %	66.7 %	74.6 %	57.2 %
Q11　給与・賞与が変わらなくても今後さらに難しい仕事に取り組みたい	40.3 %	51.7 %	55.6 %	42.9 %
Q12　朝、目がさめると、さあ仕事へ行こうという気持ちになる	37.1 %	47.1 %	52.3 %	57.1 %
Q13　自分の仕事に誇りを感じる	51.6 %	70.1 %	82.2 %	71.4 %
Q14　忠誠心がないと思われるから上司に異議を唱えられない（逆転項目）	27.0 %	25.2 %	17.5 %	0.0 %
Q15　組織よりも、尊敬する人物に忠誠を尽くしたい（逆転項目）	23.8 %	22.1 %	12.5 %	57.2 %
Q16　会社には忠誠心を期待されたくない（逆転項目）	24.2 %	15.3 %	11.1 %	42.9 %

注：20-29歳：N＝63、30-39歳：N＝87、40-49歳：N＝63、50-59歳：N＝7。

　まず30代と40代を見ると、7割以上の人が現在の仕事から達成感、幸福感、活力を得ており、仕事にのめり込み、夢中になって取り組んでおり、自分の仕事に誇りを感じていると答えている。働き盛りの彼らは仕事に対して前向きで、積極的に取りかかっている姿勢が見受けられ、満足度も相対的に高いことがうかがえよう。

次に 50 代についてだが、定年退職が間近に迫っているためか、30 代、40 代に比べて明らかに働く意欲が低下している。「仕事に没頭している時、幸せだと感じる」(Q7) 人は、30 代の 82 ％、40 代の 86 ％に比べ、50 代は 57 ％に低下し、「仕事をしているとつい夢中になってしまう」(Q9) 人も 43 ％しかおらず、年代別では最も低い。そして、新しい目標へのチャレンジ精神が弱いためか、「仕事で挑戦してみたいことは自信を持って明瞭に話せる」(Q3) 人は 43 ％と半分以下に下がっている。ただ 50 代の回答者全員は「仕事から達成感を得ている」(Q1) と回答している。

最後に 20 代についてだが、全体的にほかの年齢層に比べ、満足度が低いことが注目に値する。現在の仕事から達成感、幸福感、活力を得て、自分の仕事に誇りを感じる者は、ほとんどすべての項目において上の世代より 20pt 以上も低く (「仕事に没頭している時、幸せだと感じる」〔Q7〕のみが 60 ％で、50 代より 3pt 高い)、50 ％前後にとどまっている。言い換えれば、この結果は 20 代の回答者の約半数が仕事から達成感、幸福感、誇りが得られないままに毎日働いており、仕事に対する満足度が低いことを意味している。

一方、帰属意識については、「現在の仕事はおもしろく今後も続けていきたい」(Q10) という組織への残留意思を確認する質問に対して、40 代が「そう思う」の割合が最も高く 75 ％を占めているが、ほかの年齢層は相対的に低く、特に 20 代は 54 ％が否定的に考えており、転職の可能性を示している。また報酬に結びつかない仕事への取り組み (Q11) や、仕事への執念を問う質問 (Q12) に関しても、20 代における否定的な回答が多く、ほかの世代、特に 30 代、40 代に比べ、その違いが顕著である。

組織への忠誠心については (Q14～Q16)、「忠誠心がないと思われるから上司に異議を唱えられない」(Q14) との質問に対して、「そう思う」と回答した者は 50 代が 0 ％だが、20 代が 27 ％であり、年代別では最も高い。そして、30 代の 25 ％、つまり 4 人に 1 人が「そう思う」と答え、忠誠心がないと思われたくないので、上司に異議を唱えるのをためらっているのである。「組織よりも、尊敬する人物に忠誠を尽くしたい」(Q15)、および「会社には忠誠心を期待されたくない」(Q16) との質問に対して、40 代は最も否定的に捉

えているが、50代では、「組織よりも、尊敬する人物に忠誠を尽くしたい」と思っている人は半数以上の57％に上っており、また「会社には忠誠心を期待されたくない」と思っている人も43％を占め、世代別では最高である。

このように、西安調査において労働観・帰属意識に関する世代間の違いは明らかであり、特に20代は他の世代に比べ考え方が大きく変化していることが看取できよう。

調査当時（2013年8月～14年8月）における20代の若者は84年～93年の生まれであり、この世代が中国では「80後」(1980年代生まれ)、「90後」(1990年代生まれ) と呼ばれている。中国の人口政策の基軸である「一人っ子政策」がより厳しく実施され始めたのが79年であり、同じ年に改革・開放政策がスタートした。「80後」「90後」の若者は典型的な4-2-1家庭（祖父母4人、父母2人、子ども1人）に生まれ、「小皇帝」「小皇后」と呼ばれながら大事に育てられた新世代である。経済の高度成長につれて国民所得が増え、生活が豊かになったため、計画経済時代の低賃金、物不足をまったく知らずに成長した彼らは何一つ不自由なく少年、青年時代をすごし、受験戦争以外は世の辛酸を嘗めた経験がほとんどない。

こうした「80後」、特に「90後」の若者に対して中国社会では賛否両論がある。彼らは好奇心が旺盛で新しい知識・技術を吸収する能力が高く、そして高学歴で特定の専門分野・スキルを持っているため、国にとって貴重な人材である、との評価がある一方で、自己主張が強すぎて他人や集団に対して無関心であり、組織への忠誠心がまるでなく、責任感や感謝の気持ちが欠けている、などの批判も多い。今後、中堅社員になっていく彼らをいかに活用するかは、会社組織にとって重要な課題となろう。

【上海調査】

次は上海調査における年齢別の結果を見てみよう。上海の特徴は西安に比べ、労働（仕事）への捉え方がより前向きで積極的であり、労働観関連のすべての質問項目（Q1～Q9）に対して年齢層にかかわらず、7割以上の回答者が肯定的に答えていることである。両地域の30代、40代の回答結果のみを比較する場合はそれほど開きが見られないが、20代、50代を比較すれば、

図表 8-6-b　年齢別に見る中国人従業員の労働観と帰属意識
（「そう思う」と「非常にそう思う」の合計、上海調査）

質問項目		20-29歳	30-39歳	40-49歳	50-59歳
Q1	現在の仕事から達成感を得ている	92.3 %	86.6 %	100.0 %	75.0 %
Q2	いつも忙しく仕事ができることはよいことである	84.6 %	81.4 %	90.9 %	70.0 %
Q3	仕事で挑戦してみたいことは自信を持って明瞭に話せる	87.1 %	87.6 %	100.0 %	100.0 %
Q4	仕事をしていると活力がみなぎるように感じる	94.8 %	77.3 %	90.9 %	75.0 %
Q5	職場では元気が出て精力的になるように感じる	94.8 %	97.9 %	100.0 %	100.0 %
Q6	仕事は私に活力を与えてくれる	74.3 %	72.2 %	90.9 %	100.0 %
Q7	仕事に没頭している時、幸せだと感じる	92.3 %	83.5 %	90.9 %	100.0 %
Q8	私は仕事にのめり込んでいる	94.9 %	91.7 %	100.0 %	100.0 %
Q9	仕事をしているとつい夢中になってしまう	89.7 %	92.8 %	100.0 %	100.0 %
Q10	現在の仕事はおもしろく今後も続けていきたい	84.6 %	78.4 %	90.9 %	75.0 %
Q11	給与・賞与が変わらなくても今後さらに難しい仕事に取り組みたい	46.2 %	38.2 %	54.6 %	25.0 %
Q12	朝、目がさめると、さあ仕事へ行こうという気持ちになる	43.6 %	51.6 %	72.7 %	50.0 %
Q13	自分の仕事に誇りを感じる	84.6 %	78.3 %	90.9 %	75.0 %
Q14	忠誠心がないと思われるから上司に異議を唱えられない（逆転項目）	18.4 %	21.1 %	9.1 %	25.0 %
Q15	組織よりも、尊敬する人物に忠誠を尽くしたい（逆転項目）	30.8 %	30.9 %	27.3 %	25.0 %
Q16	会社には忠誠心を期待されたくない（逆転項目）	10.3 %	9.3 %	9.1 %	0.0 %

注：20-29歳：N＝39、30-39歳：N＝97、40-49歳：N＝11、50-59歳：N＝4。

両者間の差が認められる。

　西安の20代回答者の約半数が仕事に対する満足度が低く、現在の仕事から達成感、幸福感、活力、誇りを感じないまま働いていることは前述のとおりだが、上海調査では、労働観関連の質問項目に対して、「そう思う」と答えた20代の割合はきわめて高く、74％～95％となっている。上海の企業で

働く20代の若者は同じ「80後」「90後」世代であり、組織・集団よりも自己主張を前面に出す人が多く、仕事についても生活手段と見なす人が少なくないはずであるが、なぜ両地域間に20代の勤労意識において差が現われているのか。理由の一つは上海の調査先企業の回答者に高学歴の優秀な人材が集まっている（サンプルの特性の影響）と推測できるが、沿海部と内陸部との若者の仕事に対する意識の違いも考えられよう。今後はより掘り下げた研究が必要である。

(3) 最終学歴別

図表8-7-a、8-7-bは学歴別の回答結果を示している。調査対象者の学歴について、西安調査では専科・短大卒、大学卒、大学院修了者を合わせて178名、81％となっているが、高卒およびそれ以下も計42名、19％を占めている。これに対して、上海調査では高卒者1名を除いて全員専科・短大以上卒（150名、99％）であり、平均学歴は西安より高い。労働観に関して全体的にいえば、西安調査では学歴が高いほど、仕事から得られる達成感、幸福感、活力が多く、満足度も高い。Q1～Q9の質問項目に対して、専科・短大卒以上の7割以上が「そう思う」と答えている。上海調査では、仕事から達成感、幸福感、活力を得ていると答えた人の割合は西安よりも高く、Q6、Q7を除いてすべて80％以上である。

一方、帰属意識については、「現在の仕事はおもしろく今後も続けていきたい」（Q10）との質問に対して、上海調査では大学・大学院の8割、専科・短大の9割近くが「そう思う」と回答し、会社への残留の意向を示している（高卒者は1人のみなので、データとしては意味を持たない）。しかし、同じ質問に対して西安調査では、大学院の86％を除いて、最終学歴にかかわらず、「今後も会社に残りたい」と思う人は6割前後にとどまっており、約4割の回答者は「そう思わない」と答え、転職の可能性を示唆している。

また、会社への貢献意欲や仕事への執着心を示すQ11、Q12については、「そう思う」と回答しているのは、西安調査の大学院修了者（Q11、72％）を除いて、両地域に共通して各学歴層では5割前後にとどまっている。特に給与・賞与に結びつかない仕事への取り組み（Q11）については、上海の専科・

図表 8-7-a　最終学歴別に見る中国人従業員の労働観と帰属意識
（「そう思う」と「非常にそう思う」の合計、西安調査）

質問項目		中学以下	高校	専科・短大	大学	大学院
Q1	現在の仕事から達成感を得ている	0.0 %	62.5 %	71.3 %	75.0 %	71.4 %
Q2	いつも忙しく仕事ができることはよいことである	50.0 %	79.4 %	88.3 %	78.9 %	85.7 %
Q3	仕事で挑戦してみたいことは自信を持って明瞭に話せる	50.0 %	74.4 %	81.9 %	81.8 %	85.7 %
Q4	仕事をしていると活力がみなぎるように感じる	50.0 %	70.0 %	70.3 %	69.8 %	71.4 %
Q5	職場では元気が出て精力的になるように感じる	100.0 %	94.8 %	90.2 %	93.5 %	85.7 %
Q6	仕事は私に活力を与えてくれる	50.0 %	70.0 %	70.3 %	75.3 %	85.7 %
Q7	仕事に没頭している時、幸せだと感じる	50.0 %	69.2 %	77.5 %	76.6 %	85.7 %
Q8	私は仕事にのめり込んでいる	50.0 %	74.3 %	70.0 %	90.9 %	85.7 %
Q9	仕事をしているとつい夢中になってしまう	100.0 %	87.2 %	93.6 %	90.9 %	85.7 %
Q10	現在の仕事はおもしろく今後も続けていきたい	50.0 %	60.0 %	60.7 %	64.5 %	85.7 %
Q11	給与・賞与が変わらなくても今後さらに難しい仕事に取り組みたい	0.0 %	60.0 %	52.1 %	40.3 %	71.5 %
Q12	朝、目がさめると、さあ仕事へ行こうという気持ちになる	50.0 %	53.8 %	43.0 %	45.5 %	57.1 %
Q13	自分の仕事に誇りを感じる	0.0 %	63.2 %	69.9 %	71.4 %	57.1 %
Q14	忠誠心がないと思われるから上司に異議を唱えられない（逆転項目）	50.0 %	12.8 %	20.2 %	31.2 %	14.3 %
Q15	組織よりも、尊敬する人物に忠誠を尽くしたい（逆転項目）	100.0 %	25.0 %	18.1 %	22.3 %	0.0 %
Q16	会社には忠誠心を期待されたくない（逆転項目）	50.0 %	17.5 %	19.2 %	16.5 %	0.0 %

注：中学以下：N＝2、高校：N＝40、専科・短大：N＝94、大学：N＝77、大学院：N＝7。

短大卒の 35 ％が「そう思う」と答えたにすぎず、彼らの 65 ％は昇給を伴わない仕事を否定的に捉えている。金銭面の報酬は従業員の勤労意欲を刺激する誘因として依然機能しているのである。

さらに、忠誠心について学歴別（高卒以上）に見ると、質問項目 Q14～Q16 に対して「そう思う」と答えた割合はきわめて低く、Q14、Q15 の一部を除

図表 8-7-b　最終学歴別に見る中国人従業員の労働観と帰属意識
（「そう思う」と「非常にそう思う」の合計、上海調査）

	質　問　項　目	高校	専科・短大	大学	大学院
Q1	現在の仕事から達成感を得ている	100.0 %	88.3 %	88.0 %	93.8 %
Q2	いつも忙しく仕事ができることはよいことである	100.0 %	82.3 %	83.0 %	81.3 %
Q3	仕事で挑戦してみたいことは自信を持って明瞭に話せる	100.0 %	91.2 %	88.0 %	87.5 %
Q4	仕事をしていると活力がみなぎるように感じる	100.0 %	82.3 %	82.0 %	87.5 %
Q5	職場では元気が出て精力的になるように感じる	100.0 %	100.0 %	96.0 %	100.0 %
Q6	仕事は私に活力を与えてくれる	100.0 %	79.4 %	71.0 %	87.5 %
Q7	仕事に没頭している時、幸せだと感じる	100.0 %	79.4 %	89.0 %	87.5 %
Q8	私は仕事にのめり込んでいる	100.0 %	88.2 %	95.0 %	93.8 %
Q9	仕事をしているとつい夢中になってしまう	100.0 %	94.1 %	94.0 %	81.3 %
Q10	現在の仕事はおもしろく今後も続けていきたい	100.0 %	88.2 %	78.0 %	81.3 %
Q11	給与・賞与が変わらなくても今後さらに難しい仕事に取り組みたい	100.0 %	35.3 %	42.0 %	43.8 %
Q12	朝、目がさめると、さあ仕事へ行こうという気持ちになる	100.0 %	47.1 %	53.0 %	43.8 %
Q13	自分の仕事に誇りを感じる	100.0 %	89.4 %	81.0 %	81.3 %
Q14	忠誠心がないと思われるから上司に異議を唱えられない（逆転項目）	0.0 %	17.6 %	21.6 %	12.5 %
Q15	組織よりも、尊敬する人物に忠誠を尽くしたい（逆転項目）	0.0 %	41.2 %	28.0 %	25.1 %
Q16	会社には忠誠心を期待されたくない（逆転項目）	0.0 %	5.9 %	11.0 %	6.3 %

注：高校：N＝1、専科・短大：N＝34、大学：N＝100、大学院：N＝16。

いてすべては3割以下にとどまっている。やや高いのは「忠誠心がないと思われるから上司に異議を唱えられない」(Q14) 質問への答えであり、西安調査では大卒の31％が「そう思う」と答え、忠誠心を示すために上司にあえて異議を唱えない方を選択している。また「組織よりも、尊敬する人物に忠誠を尽くしたい」(Q15) との質問に対して、上海調査では専科・短大卒の41％が「そう思う」と答えている。

「会社には忠誠心を期待されたくない」(Q16) との質問に対して、「そう思う」と答えた回答者（高卒以上）は 20％以下にとどまっているが、西安の平均 13％に対して、上海はより低く、平均 6％である。この結果は、西安調査のアンケート回答者の 8 割以上、上海調査の 9 割以上が、「会社に忠誠心を期待されたい」と思っていることを意味し、特に上海調査における専科・短大卒、大学院修了者のほとんどがそのように考えていることが読み取れる。

(4) 職 位 別

アンケート回答者を職位別に分け、それぞれの回答結果を示したのが図表 8-8-a と 8-8-b である。各クラスの管理職の合計は西安調査では 70 人（32％）、上海調査では 47 人（32％）であり、一般従業員は事務スタッフ、ワーカーを合わせて西安 149 人、上海 100 人となっている。トップクラス管理職（中国では「高層管理人員」という）は会社役員、中間クラス管理職（「中層管理人員」）は部長・課長クラス、低クラス管理職（「低層管理人員」）は事務スタッフでは主管、主任など、製造現場では作業長、ライン長（工段長）、現場リーダー（班長）などにそれぞれが当たる。

全体的にいえば、職位が高いほど責任感、組織への一体感や貢献意欲が強く、自ら精力的に働き、その結果、達成感・満足度も高い。労働観を示す質問に対して、上海調査では管理職、一般従業員にかかわらず、「そう思う」と答えた人の割合がきわめて高く、「仕事は私に活力を与えてくれる」(Q6) に対するワーカーの答え（61％）を除いて、すべて 7 割以上に上っている（「そう思う」と答えた管理職平均は 90％、事務職・ワーカーを含む一般従業員平均は 86％である）。

これに対して西安調査では、労働観における管理職と一般従業員との差ははっきりと現われている。トップ管理職、中間管理職については、Q1〜Q9 に対して「そう思う」と答えた人の割合はすべて 8 割以上であり、彼らはかなり肯定的に仕事を捉えており、仕事から得た達成感、満足感、楽しさも大きいとうかがえる。低クラス管理職について、彼らは通常学歴がそれほど高くない（高卒以下が多い）が、優れた実績で現場管理者に抜擢された者が多く、いわゆる「たたき上げ」である。彼らの答えを見ると、トップ、中間管理職に比べ「そう思う」と答えた割合はわずかに低いだけで、ほとんど差がない

図表 8-8-a　職位別に見る中国人従業員の労働観と帰属意識
（「そう思う」と「非常にそう思う」の合計、西安調査）

	質　問　項　目	トップクラス管理職	中間クラス管理職	低クラス管理職	一般従業員（事務）	一般従業員（ワーカー）
Q1	現在の仕事から達成感を得ている	100.0 %	90.7 %	97.2 %	65.4 %	51.4 %
Q2	いつも忙しく仕事ができることはよいことである	100.0 %	87.5 %	91.6 %	82.0 %	78.2 %
Q3	仕事で挑戦してみたいことは自信を持って明瞭に話せる	100.0 %	96.9 %	91.7 %	73.5 %	73.9 %
Q4	仕事をしていると活力がみなぎるように感じる	100.0 %	87.5 %	72.3 %	71.8 %	57.1 %
Q5	職場では元気が出て精力的になるように感じる	100.0 %	100.0 %	91.4 %	93.6 %	87.0 %
Q6	仕事は私に活力を与えてくれる	100.0 %	93.8 %	77.1 %	73.0 %	57.2 %
Q7	仕事に没頭している時、幸せだと感じる	100.0 %	93.7 %	80.0 %	75.7 %	65.7 %
Q8	私は仕事にのめり込んでいる	100.0 %	100.0 %	86.1 %	83.6 %	79.4 %
Q9	仕事をしているとつい夢中になってしまう	100.0 %	100.0 %	88.5 %	87.4 %	92.8 %
Q10	現在の仕事はおもしろく今後も続けていきたい	100.0 %	93.8 %	83.3 %	52.5 %	48.6 %
Q11	給与・賞与が変わらなくても今後さらに難しい仕事に取り組みたい	100.0 %	65.6 %	41.6 %	50.0 %	44.8 %
Q12	朝、目がさめると、さあ仕事へ行こうという気持ちになる	100.0 %	62.6 %	55.6 %	39.7 %	40.5 %
Q13	自分の仕事に誇りを感じる	100.0 %	96.6 %	82.8 %	62.0 %	53.0 %
Q14	忠誠心がないと思われるから上司に異議を唱えられない（逆転項目）	50.0 %	21.9 %	22.9 %	22.8 %	24.3 %
Q15	組織よりも、尊敬する人物に忠誠を尽くしたい（逆転項目）	0.0 %	12.5 %	13.9 %	24.3 %	25.7 %
Q16	会社には忠誠心を期待されたくない（逆転項目）	0.0 %	12.5 %	13.9 %	15.8 %	24.6 %

注：トップクラス管理職：N＝2、中間クラス管理職：N＝32、低クラス管理職：N＝36、一般従業員（事務）：N＝79、一般従業員（ワーカー）：N＝70。

ことが分かる。このように、管理職の労働観については西安・上海に共通して比較的健全なものであるといえよう（Q1～Q9の「そう思う」割合は西安平均94 %、上海平均90 %）。

図表 8-8-b　職位別に見る中国人従業員の労働観と帰属意識
（「そう思う」と「非常にそう思う」の合計、上海調査）

質問項目		中間クラス管理職	低クラス管理職	一般従業員（事務）	一般従業員（ワーカー）
Q1	現在の仕事から達成感を得ている	89.5 %	92.9 %	89.8 %	83.0 %
Q2	いつも忙しく仕事ができることはよいことである	79.0 %	82.1 %	88.1 %	75.6 %
Q3	仕事で挑戦してみたいことは自信を持って明瞭に話せる	94.8 %	92.8 %	91.6 %	80.5 %
Q4	仕事をしていると活力がみなぎるように感じる	79.0 %	92.8 %	79.6 %	80.5 %
Q5	職場では元気が出て精力的になるように感じる	100.0 %	96.4 %	96.6 %	97.6 %
Q6	仕事は私に活力を与えてくれる	94.8 %	82.2 %	72.8 %	61.0 %
Q7	仕事に没頭している時、幸せだと感じる	79.0 %	89.3 %	89.8 %	82.9 %
Q8	私は仕事にのめり込んでいる	89.5 %	96.4 %	93.2 %	92.7 %
Q9	仕事をしているとつい夢中になってしまう	94.8 %	96.4 %	89.8 %	95.2 %
Q10	現在の仕事はおもしろく今後も続けていきたい	68.5 %	82.2 %	88.1 %	73.2 %
Q11	給与・賞与が変わらなくても今後さらに難しい仕事に取り組みたい	36.9 %	39.3 %	47.5 %	34.2 %
Q12	朝、目がさめると、さあ仕事へ行こうという気持ちになる	68.5 %	57.2 %	47.5 %	41.5 %
Q13	自分の仕事に誇りを感じる	73.7 %	85.7 %	81.3 %	78.0 %
Q14	忠誠心がないと思われるから上司に異議を唱えられない（逆転項目）	15.8 %	10.0 %	14.3 %	31.7 %
Q15	組織よりも、尊敬する人物に忠誠を尽くしたい（逆転項目）	36.8 %	17.9 %	33.9 %	29.3 %
Q16	会社には忠誠心を期待されたくない（逆転項目）	15.8 %	7.1 %	8.5 %	9.8 %

注：中間クラス管理職：N＝19、低クラス管理職：N＝28、一般従業員（事務）：N＝59、一般従業員（ワーカー）：N＝41。

　ところが、西安調査における一般従業員の労働観に関しては、その答えにばらつきが見られた。特にワーカーの回答について、「現在の仕事から達成感を得ている」(Q1) 人は回答者の 51 %、「仕事をしていると活力がみなぎるように感じる」(Q4) 人は同 57 %、仕事から活力を得ている (Q6) 人は同 57 % しかおらず、ワーカーの 4 割以上がこれらの質問に対して「そう思わない」と答えている。管理職に比べても、また上海調査企業の一般従業員に比べても、西安の現場労働者の労働意欲や職務満足度が低いといわざるをえ

ない。

　一方、組織への帰属意識・忠誠心に関連する質問（Q10～Q16）については、組織への残留意思を示す Q10（「現在の仕事はおもしろく今後も続けていきたい」）に対して、西安調査では「そう思う」と答えたトップクラス管理職は 100 ％、中間クラス管理職は 94 ％（上海 69 ％）、低クラス管理職は 83 ％（上海 82 ％）となっており、上海を上回っている。特に上海調査における中間クラス管理職の 3 割以上は、現在の仕事を今後も続けていきたいとは考えておらず、転職の可能性を示唆している。しかし、一般従業員となると、今の仕事を続けていきたいと答えた人は、上海の 88 ％（事務）、73 ％（ワーカー）に対して、西安ではそれぞれ 53 ％、49 ％であり、回答者の約半数は転職予備軍になっている。西安に比べ、上海調査の一般従業員の方が組織への残留意思が強いという結果になっている。

　組織への貢献意欲、仕事への執着心を示す Q11、Q12 については、西安のトップクラス管理職（Q11、100 ％、Q12、100 ％）、中間クラス管理職（Q11、66 ％、Q12、63 ％）、低クラス管理職（Q12、56 ％）、上海の中間クラス管理職（Q12、69 ％）、低クラス管理職（Q12、57 ％）の半数以上が「そう思う」と答えたが、それ以外は 5 割以下にとどまっている。この結果から、中国人従業員が金銭的インセンティブを強く意識しており、特に一般従業員の場合、給与・賞与など収入に結びつかない仕事にはきわめて消極的であることが読み取れる。

　「自分の仕事に誇りを感じる」（Q13）人の割合は、西安調査のワーカーのみが 53 ％と低いが、ほかはすべて 6 割以上の高い比率を占めている。

　忠誠心を問う Q14～Q16 については、全体的には人物よりも組織に忠誠心を尽くしたい、または会社に忠誠心を期待されたいと思っている人の割合が高いが、上海調査の中間クラス管理職の 37 ％、一般従業員の 34 ％が「組織よりも、尊敬する人物に忠誠を尽くしたい」（Q15）と答えている。

　第 2 節では中国人従業員の勤労意識について、アンケート調査の結果をもとに考察した。本アンケート調査は単純な意識調査が中心であり、統計処理上も単純な集計を分析しているのにとどまっているが、こうした定量的調査

を通して、中国人従業員が労働（仕事）をどのように捉えているのか、現在の仕事から満足感を得ているのか、企業組織への帰属意識、勤続意思、忠誠心があるのか、組織をどの程度受け入れているのか、同じ中国人従業員でも男女間、世代間などに有意な差はあるのか、また同じ中国でも地域間に違いはあるのかなどについて、一部ではあるが、興味深い事実を発見することができたと思われる。もちろん、この発見事実の一般化には限界があり、また即座に一般化するのも危険であるが、一つの事例研究として、この問題の研究に役に立つであろうと考えている。

　従業員は組織をどのように受け入れるのか。これについてシャインは次のように述べている。従業員が組織を受け入れる方法はさまざまだが、例えば以下のような例がある。①組織にとどまること、これは従業員が組織およびその雇用条件を受け入れる合図である。②高いモチベーション、自発的な長時間労働、仕事への熱意などは、従業員が仕事状況と組織を受け入れた目に見えるしるしである。③各種の束縛や遅延、あるいは嫌な仕事を「一時的な」状態としていとわぬ自発性なども一つの合図である。「組織は将来のある時点での、やりがいのある仕事、給料の増額、あるいは昇進を約束するかもしれないが、現在のところは従業員に、より退屈な仕事、より低い賃金、あるいはより低い地位を受け入れるよう求めるかもしれない。組織に受け入れられていると感じ、また組織を受け入れている従業員は、一定期間は喜んでこうした諸束縛および遅延に耐えるかもしれない」。しかし、これらはあくまでも暫定的なものであり、約束の報酬が与えられなければ、従業員は心理的契約が破られ、辞職の決定を下すかもしれない[7]。

　以上の実証的考察結果を次のようにまとめることができよう。まず、中国人従業員の労働観については、全体的にいえば、アンケート回答者の7割以上が現在の仕事から達成感、幸福感、活力を得ており、仕事への満足度が高いことが分かった。この結果から、調査対象者の大半が働くことに意義や価値を見い出し、仕事が自分の生活、幸せと密接な関係にあると思っていると推測でき、そうした考え方は健全な勤労観といえよう。ただ仕事への誇りについては（Q13）、上海調査では8割の人が感じているのに対して、西安調査

では6割台にとどまり、性別では男性（「そう思う」が66％）、年齢別では20代（同52％）、職位別ではワーカー（同53％）が低い。自分の仕事に誇りを感じなければ、高いモチベーションや仕事への熱意が生まれないので、解決法が必要である。

次に組織への残留意思（Q10）については、上海調査では8割の人が現在の仕事を今後も続けていきたいと表明しているが、西安調査では勤続意思がある人は63％にすぎず、特に性別では男性（「そう思う」が61％）、年齢別では20代（同46％）、職位別では一般従業員（事務系スタッフ53％、ワーカー49％）が低い。これは仕事への誇りに関する質問と同じ結果となっているが、若年層男性従業員の満足度が比較的低く、内発的欲求への動機づけが弱く、転職する可能性が高いということができる。言い換えれば、この結果は西安調査対象企業の若年層男性従業員の多くが、組織およびその雇用条件を完全に受け入れていないことを意味している。

さらに、昇給に結びつかない仕事への取り組み、勤務時間外の自発的労働、仕事への執念、つまり意欲を持って主体的・能動的に仕事に取り組む働き方については（Q11、Q12）、西安・上海に共通して、回答者の半数以上が否定的な態度を示しており（西安平均52％、上海平均54％）、特に西安調査の20代従業員の6割以上が「そう思わない」と答えている。

最後に、組織に対する忠誠心については、回答者の8割以上（西安83％、上海91％）が会社に忠誠心を期待されたい（Q16）と思っていることが分かった。この結果をどう捉えるべきだろうか。中国人はジョブ・ホッピングを繰り返し、少しでもよい条件を求めて職場を転々と変える傾向にあるが、しかし、今回の調査ではアンケート回答者のほとんどが組織への忠誠心をかなり意識しており、少なくとも「会社組織に忠誠心のない従業員として見られたくない」心理が強く働いていることが見て取れよう。

第3節　ヒアリングから読み取る中国人従業員の労働観と帰属意識

第3節の目的は、異なるアプローチ（ヒアリングによる定性的調査）によって

第2節の調査結果を補足し、裏づけることである。これを通して、アンケート調査では解明しにくい個人の心理的状況や回答理由を明らかにし、中国人従業員の仕事の捉え方および組織の受け入れ方を確認していきたい。

1　中国人従業員の労働観と職務満足

　アンケート調査結果に基づいた第2節での考察によって、回答者の7割以上が現在の仕事から達成感、幸福感、活力を得ており、満足していると答えたことが判明した。では、彼ら（彼女ら）がどのような理由で満足しているのか（あるいはどのような理由で不満なのか）。以下では、ヒアリング対象者個人の視点から、従業員や管理者の考え方を検証していきたい。

(1) 中国人従業員のインタビュー

　　【インタビュアー：あなたは仕事から満足感を得ていますか。その理由も聞かせてください。】

　　A社　Zさん（48歳男性、総務部スタッフ、入社18年目）

　　　マズローの欲求段階説でいえば、今は上から4つ目まで、すなわち衣食などの生理的欲求、安全欲求、社会的に尊重されたい欲求については満足しています。この会社では好きな仕事をさせてもらっていますし、給料も比較的に高いので満足していますが、ただマズローの最終段階の自己実現の欲求はまだ満たされていないと思います。しかし、これは制度上の問題なので、解決は難しいでしょう。

　　　自分にとってモチベーションを高める3要素は連帯感、公平感、達成感と考えています。連帯感についてはこの会社は非常によくできています。従業員間の会話は家族より多いぐらい、コミュニケーションをとれています。個人的には非常に楽しく仲間と一緒に働いています。公平感についても、人によって不平不満はあるかもしれませんが、私はありません。達成感は人によって理解が違うと思います。例えば、ある人は部長とか課長に昇進したい。上の職位へ行きたい人にとって昇進ができたら達成感が得られるでしょう。しかし、私は自分の給料で家族を養っていることに一番の達成感を感じますね。親も自分の給料で生活していますし。このほかに仕事についても達成感があります。私は秘書という仕事を長くしており、書いた資料が500万字ほどあ

ります。こうした自分の実績にも、もちろん達成感を覚えますよ。

　このインタビューからはインタビュイーが現在の仕事に対してかなり満足度が高いことがうかがえよう。満足する理由は会社における連帯感、コミュニケーションの円滑さ、職場の人間関係のよさや働く楽しさにあるが、自分の収入で家族を養っていることに一番の達成感を得ている話が印象的であり、外発的欲求への動機づけとして給与が効果的であることが読み取れる。

　A社　Cさん（39歳男性、工段長、入社18年目）
　自分を高めるために、常に新しい情報を収集したり、新しい知識を吸収したりしています。そうしなければ部下（51名）を引っ張っていくことができません。それに2日に1回レポートを書いています。内容は今までの仕事ではどこがよかったのか、どこが悪かったのか、次の段階で何を優先しなければならないのか、改善点は何か、技術的な部分や管理方法について改善すべきところは何か、などを書いています。
【インタビュアー：それは誰かに提出するのではなく、自分に対して書いているものですか。】
　提出物ではありません。日記帳のように、自分の頭を整理するための作業です。いまの仕事の実績については満足していません。それは会社組織に対してではなく、自分自身に対してです。自分に対して高い目標を設定していますので、それがクリアできていないので満足感が得られません。給料は周りと比べて満足できると思います。私の給料は地域の中でもよい方でしょう。

　インタビュイーが普段より積極的に仕事に取り組んでいる様子がうかがえる。今の仕事について満足していないと述べているが、それは自分に高い目標を設定し、目標をクリアできないことに対する不満であり、会社組織や仕事内容に関するものではないと述べている。やりがいを感じていれば、いずれそこから達成感や満足感を得ることもできよう。

　H社　Lさん（36歳女性、リクルート部スタッフ、入社6年目）

リーマンショックの時にみんな給料が下がったんですけど、でもほとんどの社員は残りました。残った理由は、単に給料のために働いているわけではないからだと思います。この会社の魅力は人間関係がよいこと、職場の雰囲気がよいこと、それから自分の裁量で仕事ができること、ですね。そういうところに満足しています。
【インタビュアー：今の仕事についてどう思いますか。】
　上海にある日系企業ですから、競争が激しいし、給料がノルマに連動していますので、やりがいは感じますが、プレッシャーも結構あります。自分はまだ30代ですから、もう少し頑張れますが、年をとったら中国の国営系や民営系の会社でのんびりと仕事をしたいと思っています。給料は少し下がるかもしれないけど。
【インタビュアー：中国人はよく、最初は日系に入って技術を覚え、次は欧米系に入ってたくさん稼ぎ、最後は国営・民営に入ってのんびり働く、といいますが、それについてあなたはどう思いますか。】
　そのとおりにできれば最高ですね。そういうのが理想のパターンです。45歳になったら中国の民営企業に行こうかなと思ったりします。

　インタビュイーは仕事内容や職場の人間関係には満足しているが、一定の年齢までキャリア・アップを目指し、40代半ばになったら、給料は減っても競争があまり激しくない中国企業への転職を考えているようだ。

I社　Cさん（33歳男性、技術者、入社10年目）
　会社は技術者を非常に重視してくれていますし、仕事の内容や給与もよいので、大変満足しています。それから、今の会社は社員に競争させ、普段の実績を記録して評価の根拠にしていますから、公平・公正にやっていて、コネとか人情は評価に影響していないと思います。
I社　Yさん（30歳女性、総経理秘書、入社6年目）
　私は安定を求めていますので、今の会社が安定していて、待遇、人間関係、仕事内容もよいし、残業やノルマもないので、仕事への不満はほとんどありません。10点満点でしたら8点くらいかな？　あとの2点は安定しているけど、

ちょっと活気が欠けているところだと思います。人間関係については、昇進を考えていれば、もっと気を遣わないといけないんですが、私は入社してまだ6年目で昇進の可能性が低いので、人間関係に気を遣う必要もなく、楽です。

D社　Wさん（37歳男性、主任助理、入社20年目）

　自分の給与や仕事の内容については満足していますが、労働環境には非常に不満です。私は（日本の）三重県にある親会社へ研修に行ったことがありますが、そこの工場の作業環境は非常に快適です。しかし、（西安にある）われわれの工場はクーラーもなく、夏は40度の高温の中で働いていますよ。同じ日本企業なのに、労働環境はなぜダブルスタンダードなのか、理解できませんね。

D社　Lさん（42歳男性、設備部部長、入社11年目）

　現在の仕事環境、会社におけるポジション、給与について80％ぐらい満足しています。あとの20％の不満というのは、仕事量が多い割にフィードバックが感じられないところです。給料も私のキャリアや貢献に比例していません。周りの会社に比べても低いじゃないかと思います。

　以上の中国人従業員のインタビュー内容をまとめると、仕事に対する満足感や達成感が得られる理由として、給与（A社Zさん・Cさん、I社Cさん・Yさん、D社Wさん）、公平・公正さ（A社Zさん、I社Cさん）、仕事内容（A社Zさん、H社Lさん、I社Cさん・Yさん、D社Wさん）、安定さ（I社Yさん）、職場の人間関係（A社Zさん、H社Lさん、I社Yさん）などが挙げられる。また、不満足の理由としては自己実現の欲求が満たされていないこと（A社Zさん）、職場に活気が欠けていること（I社Yさん）、労働環境が悪いこと（D社Wさん）、キャリアや貢献度へのフィードバックが足りないこと（D社Lさん）などが挙げられる。インタビューからは中国人従業員が給料と仕事内容を非常に重視していることが読み取れよう。

【インタビュアー：上司が嫌な人の場合は、仕事に影響しますか。】

A社　Wさん（43歳女性、品質保証部作業員、入社19年目）

　上司が嫌でも、その人の指示が正しければ、きちんとそのとおり仕事をし

ますよ。仕事と上司を割り切ってやっています。上司は個人の問題で、仕事は会社の問題ですから。

　日本人管理者はガムを噛みながら仕事をしている人に対して、かなり乱暴な言い方をするケースがありました。われわれ中国人従業員は、ガムを噛んでいても仕事をきちんとやってよい結果を出せば、それでいいんじゃないかと思っていますが、なぜ形にこだわるのか、そこが理解できないところです。

　インタビュイーはガムを噛みながら作業している中国人従業員を厳しく叱る日本人管理者に対して、かなり不満を持っているようだ。国営企業なら許される、よい結果を出せばやり方や形式にこだわるべきではない、というのが不満の理由であるが、仕事中にガムを噛むという行為が周りに不快な思いをさせ、勤務態度としては望ましくないと考える日本人と、自分が考えるように、自分のスタイルで仕事を遂行していきたいと考える中国人との意識の違いが見られた。

【インタビュアー：上司の指示に服従できないと判断する時はどう対応されていますか？】
I社　Cさん（33歳男性、技術者、入社10年目）
　私にはそういう経験がなかったんですけど、同僚にありました。その同僚は意味がないので絶対やりたくないといっていたんですが、上司の指示に背けないので、とりあえず形のうえではやりますといっておいて、実際は伸ばしたりして、きちんとやりませんでした。「面従腹背」ということですかね。
A社　Wさん（43歳女性、品質保証部作業員、入社19年目）
　今の会社は残念ながら、悪い方に変わっています。ですから、私の満足度も大きく下がりました。会社は最初、私たち従業員を家族のように接してくれましたが、今は雇用・非雇用の関係にすぎず、冷たい人間関係になっています。その原因は一部の管理者が社員を傷つけるような言動があったからだと思います。
【インタビュアー：冷たい人間関係は仕事に悪影響を与えますか。】
　ある程度は与えると思います。責任感はあまり感じなくなります。口では

OK、OK といいますが、実際はある範囲内でしか仕事をしません。引き延ばしもします。要するに「面従腹背」という態度です。……給料アップを要求すると、嫌なら辞めなさいとか、仕事がおもしろくなければ辞めろ、ほかへ出ていけ、という言い方をされたので、以前のように働く気がなくなりました。

職務満足が低下したり、上司の指示に服従できないと判断したりする場合は、正面衝突を避け、命令された仕事を引き延ばすなどして、「面従腹背」の態度をとった事例である。

B社　Nさん（29歳男性、主任〔給与担当〕、入社4年目）
　中国人従業員は自分の上司に対して直接不満をいう人がいません。基本的にはいいません。ただし、インフォーマル集団の中で、親しい人と一緒にいる時には本音を吐いたり、不満をいったりします。こういう場でいっていることは企業組織にとっての改善点かもしれないし、従業員のモチベーション向上につながるので、参考する価値はあると思います。

このインタビューから、職場内にインフォーマル集団の存在が読み取れる。従業員はインフォーマル集団の中で給与額などの情報を交換したり、不満をいってストレスを発散したり、組織の制度上の問題点を批判したりすることが恒常的に行われていると考えられるが、その実態の解明はさらなる調査が必要である。

(2) 日本人管理者のインタビュー

【インタビュアー：中国人従業員の働きぶり、チームワーク、協働などについてどう見ていますか。】

F社　Tさん（男性、総経理、赴任9年目）
　西安の中国人従業員はコツコツ真面目タイプが多い。真面目で決まったルールを愚直に守るけれども、独創性が欠けています。知識の範囲はあまり広くないことが原因なのかもしれません。

I社　Mさん（男性、総経理、赴任4年目）

　中国人従業員は積極性が欠けていますね。提案しなさい、といってもなかなか提案してくれないですよ。会社制度に関する改善提案すら上がってこないです。これにはいろんな原因がありますが、コミュニケーションの問題が一番大きいのではないかと思います。言葉の問題もあるし、聞く方もしゃべる方も、お互いの理解が進まないと面倒くさくなるんじゃないかなっていうのがある気がします。あともう一つは、社員の性格的な問題ですね。「ようし、俺が」という人よりも、比較的温厚でいうことを聞くような感じの人を好んで採用した経緯が、多分あると思います。その方たちが10年経って課長になって、似たような性格の人たちが集まって、柔らかい感じの会社になっていますね。いいにくいとか、怖いとかそういうこともないと思うんですけど。最近は「ポイント付与」ということをやっています。改善計画を提案したら何ポイントを与える、ポイントが溜まったら海外旅行に行けるとか。でも、なかなか提案に結びつかないですよ。

【インタビュアー：中国人従業員は、金銭的待遇と、研修やキャリアパスの機会と、どちらを喜ぶんですか。】

　それは（知りたいので）教えてほしいですね。

F社　Tさん（男性、総経理、赴任9年目）

　コミュニケーションについては、日本企業の以心伝心、暗黙の了解はここではとんでもない。そういうものはこちらの文化にはないんです。つまりアイコンタクトだけではだめで、ちゃんと口でいわないと伝わりません。いって、書いて、渡す、これを徹底しなければなりません。ただ幹部社員については、指示―報告を2、3回キャッチボールすれば、かなり次からは違ってきます。会社を支えてくれているのは中間管理職たちですね。

B社　Gさん（男性、副総経理、赴任3年目）

　中国人従業員はチームワークより個人レースの印象が強いです。自分の給料が上がればいいような考え方がありますね。業務の一環として会社の製造部でQCサークルを行っていますが、10チームを作って成果を発表させ、優勝チームに日本での研修機会を与える、というものですが、こうした小集団活動はなかなか成果が上がらず、達成感やモチベーションにもつながっていないと感じています。やはり日本人従業員と違うな、という印象を受けまし

た。
　C社　Tさん（男性、総合企画部部長、赴任7年目）
　　最近組立の製造現場では、1980年代、90年代以降生まれの人ばかりで、離職率が高いですよ。そこをどうコントロールするかというのが、一番頭が痛い部分ですね。教育してもすぐ抜けていってしまうし、教育する暇がないといったらそうかもしれません。

　以上のインタビュー内容を総合すると、日本人管理者の視点から見た中国人従業員の特性はおおよそ次の点であろう。
　第一に、真面目であり、決まったルールを愚直に守るが、積極性、独創性が欠けている。改善意見や提案を促しても、なかなか結果が出ない。
　これについては、上述のB社Nさんのインタビューにもあったように、従業員はインフォーマル集団の中で、親しい仲間と一緒にいる時に本音を吐き、不満をいうので、それなりの考えを持っていると推測できる。公式の場で発言・提案しやすい環境作り、システム作りが企業に求められる。
　第二に、チームワークより個人レースが中心であり、日本のQCサークルを導入しているが、成果が上がらず、モチベーションにもつながっていない。
　これについての原因は一点目の積極性の欠如と関係があるが、もう一つは中国人の協働や責任についての考え方とも関連していると思われる。すなわち、中国企業では職務範囲が明確であるため、従業員は通常、自分の仕事を自分の力で行い、その成果が自分に帰すると同時に、ミスを犯した場合の責任も自分で負わざるをえない、という考えを強く持っている。職場の同僚も同じ考えを持っているので、仲間の仕事範囲に入り込むべきではないと考える人が少なくない。この考え方は、「中国人は個人主義であり、他人の仕事に協力しない」問題とは、少し性質が異なるように思う。さらに、中国は面子や自尊心を重く見る国である。協力するつもりで同僚の仕事にタッチし、手伝うことは、その同僚が無能であることを示すことになり、相手の面子を潰し、反感を招くことになりかねない。したがって、まだ根強く残っているこうした社会慣習や組織文化を考慮せずに、チームワーク、協力を強調すれ

ば、よい効果が現われないだけでなく、逆にマイナス効果につながる可能性もある。

2　中国人従業員の帰属意識と忠誠心

(1) 中国人従業員のインタビュー

【インタビュアー：あなたにとって組織とは何ですか。あなたと組織とはどんな関係にあると思いますか。組織に対する忠誠心についてどう思いますか。】
D社　Sさん（40歳男性、設備部作業長、入社11年目）
　私にとって組織は大事な存在です。ですから、自分の管轄内でよい仕事をしたい。よい仕事とは、ただ与えられた任務を完成すればいいのではなく、もっと自分の、および自分の部下の技術的な部分を改善していくことです。そして企業にもう少し貢献したい。そうしたら自分ももっと達成感が得られるだろうと思います。今は毎日目標に向かって頑張っています。上司は私のやり方に干渉せず、ただ結果を見るだけなので、とてもありがたいです。何でも自分たちで決められるのが素晴らしい。会社の管理制度に感心しており、志の高い人にとってはよい会社だと思います。

インタビュイーは、達成感はよい仕事をし、組織により多く貢献することから生まれると認識しており、また、決定権が与えられることが仕事をするうえの動機づけとして重要であると述べている。

A社　Zさん（48歳男性、総務部スタッフ、入社18年目）
　企業組織に対する忠誠心や帰属意識は絶対的なものではありません。自分の要求や自分が生活するうえで必要なものを満たしてくれれば、組織との一体感、帰属意識も生まれます。しかし、必要なものを満たしてくれなければ、忠誠心、帰属意識も生まれないと思います。ですから、自分の要求を満たしてくれることが組織への忠誠心や帰属意識の前提となるでしょう。いうまでもないですが、5年後に解散するかもしれない組織に対しては帰属意識が生まれないでしょう。
　ある企業や組織に所属し、そこで働く一番大きな目的は生活手段を獲得す

ることです。これは生きていくためにどうしても必要なものですから。自分の上司といつもこんな会話をします。上司は「仕事を頑張ってください」とよくいってきますが、私は「ここの給料で生活していますから、いわれなくても頑張りますよ」と。

インタビュイーは組織に対する忠誠心や帰属意識、組織との一体感が、自分の要求を満たし、働く目的（生活手段の獲得）にかなうことが前提であると強調している。

A社　Cさん（39歳男性、工段長、入社18年目）
　組織と個人との関係は、やはり個人が組織に服従する関係でしょう。ただし組織が服従を強調しすぎてはいけません。組織が個人の立場に立って問題を考え、個人に対して配慮し、個人の問題を解決してくれることも必要です。組織と個人は互いに相手のことを考えなければならない、そういう関係だと思います。しかし、今の会社は社員のために何もしていないのに、一方的に服従を要求しているので（あまりよい関係ではありません）。

D社　Lさん（42歳男性、設備部部長、入社11年目）
　組織と個人は相互依存の関係にあると思います。組織は成員によって構成されていますから、一人ひとりが組織にとって大事です。逆に個人は組織に依存して生活しているので、個人にとって組織が大事な存在です。

A社CさんおよびD社Lさんは個人が組織に服従することが必要と同時に、組織の個人に対する配慮や個人の問題解決も必要であり、両者が相互依存の関係にあると認識している。

A社　Wさん（43歳女性、品質保証部作業員、入社19年目）
　組織は私にとって非常に重要な存在です。スポーツ選手でいえば「選手生命」があるように、私にも「職業生命」があります。人生で働ける期間は20～30年しかないでしょ？　この20～30年は私の人生の中で一番貴重な期間ですし、それは全部会社組織の中ですごすわけですから、当然、私にとって

組織は非常に大事な存在です。私は会社組織に対して、生活面での依存関係と、人格的な従属関係にあると思います。自分の人生がこの組織と大きく関係しているし、自分がこの組織の一員であるという自覚もあります。

インタビュイーは組織をライフワークと関連づけて捉えており、今の会社組織が自分の人生の中で非常に大事な存在であり、自分が組織に対して依存・従属関係にある、という認識を持っている。

C社　Wさん（36歳男性、総合企画部副部長、入社10年目）
　私にとって組織は大切な存在です。まず組織は生活を保障してくれています。それから、私は会社が20～30人しかなかった創立当初から会社にいたので、今1000人ほどの従業員を擁する大企業に成長してきたのをこの目で見てきました。ですから組織に対する感情や親しみがあります。組織との関係でいえば、当然、自分が組織に従属する関係でしょう。

　以上のインタビューから、組織と個人との関係、組織への帰属意識に関する中国人従業員の考え方を次のように要約できよう。
　第一に、組織というものに対して中国人従業員はどのように理解しているのか。各インタビュイーに共通するのは「自分にとって組織は大事な存在だ」ということである。大事である理由はほとんどのインタビュイーが「生活を保障してくれる」ことを挙げている。人間は仕事をせずには生きられない、という大原則を考えれば、「生計のための労働」は万国共通であり、中国人もその例外ではないことが理解できよう。しかし、もちろん、働く目的は生計を立てるためだけでなく、スーパーがいったように、組織・集団の中で何らかの役割を果たし、組織から必要とされ、組織成員に尊敬されたい欲求や、自己表現を実現し、成長していきたい欲求を充足させることも働く目的なのである。インタビュイーの発言にはこうした内容も見られた。D社Sさんは能動的に働くこと、つまり決まった仕事を完成すればよいのではなく、積極的に改善点を見つけ、部下の育成に力を入れ、組織にもっと貢献し、こ

れらによって自分ももっと達成感を味わいたいと強調した。また、C社Wさんは会社の創立メンバーの一人で、10年間企業の発展と組織の成長に貢献し、組織に対する愛着を感じていると語った。

　第二に、組織と個人との関係は、個人が組織に服従する関係であり（A社Cさん、C社Wさん）、具体的には生活面での依存関係と人格的な従属関係（A社Wさん、D社Lさん）であるとインタビューらが認識している。ここで注目したいのは、複数のインタビューイーが組織と個人との関係が相互的・相対的なものであると述べたことである。すなわち、組織に対する忠誠心や帰属意識は個人の要求を満たし、個人への配慮や個人の問題を解決してくれることが前提であり、組織は個人の服従をただ一方的に強調するだけでは、組織との一体感、組織への忠誠心や帰属意識が生まれないであろうと、インタビューイーらは認識している（A社Zさん、A社Cさん、D社Lさん）。第4章で考察したように、伝統的な中国の仁の考え方では、下から上への一方的な忠、孝と対照的に、あらゆる人間関係における他者愛は相互的なものであり、この思想は深く社会に根差している。企業組織においても、従業員は組織・個人関係、上司・部下関係について、この相互関係を強く意識していると考えられよう。

　一方、日本人管理者は中国人の組織の捉え方をどう見ているのだろうか。以下では彼らのインタビューを紹介する。

(2) 日本人管理者のインタビュー

【インタビュアー：中国人従業員の帰属意識、忠誠心、愛社精神についてどう思いますか。】

B社　Gさん（男性、副総経理、赴任3年目）

　従業員が組織に対する忠誠心はまったくないとはいえませんが、個人差がかなりあり、全体的には日本人従業員ほどはないと思います。それまで会社によくしてもらっていても、ドライにあっさりと辞めてしまうケースが多いですね。

F社　Tさん（男性、総経理、赴任9年目）

　会社に対する忠誠心はワーカーがゼロ。事務系スタッフは少しあると思い

ます。主任クラス以上もあると思いますが、ただそれは向上心といった方がいいのかもしれません。自分を伸ばしたい人は会社のいろいろな教育・研修を受けたり、上司からの指導を受けたりして、自己実現を図っています。若干の忠誠心と強い向上心（自己実現）があるから仕事を続けられている感じですね。給料のためだけならとっくに辞めています。うちの会社は給料が安いから。

A社　Sさん（男性、総経理、赴任3年目）

　組織への忠誠心は持っている人もいますが、非常に少ないです。企業風土という意味ではまったく物足りません。愛社精神とか理念とか、会社が存続している意義や自分たちが何をしたいのか、などの意識が非常に欠けています。

C社　Tさん（男性、総合企画部部長、赴任7年目）

　（帰属意識、忠誠心については）上の人は高いですね。班長さん以上の人は会社創立からいる人ばかりで、もう20年経っていますね。独資になってからも11年経ちます。会社の立ち上げからいる人は帰属意識が高いですよね。ヘッドハンティングなんてしょっちゅうあるんですよ。例えば製造部長の引き抜きなんて話はよくあるけど、誰も出て行っていない。

【インタビュアー：給料がよくても行かないですか？】

　給料がよくても出ていかない。それはやはり帰属意識があるから。帰属意識という点でいうと、上の幹部の人たちは日本人に劣らないですね。西安はやっぱりそういう文化というか、西安人ならではというのがあるでしょうね。

　以上の日本人管理者の考え方を要約すると、次のようになる。第一に、全体的にいえば、中国人従業員の忠誠心、愛社精神は日本人従業員に比べ弱く、会社の理念や存続意義への意識が欠けている。会社に恩義を感じることなくドライに退職する。ただ忠誠心があまり強くなくても、向上心旺盛でキャリア・アップを目指す人は定着している。第二に、忠誠心・帰属意識には個人差があり、管理職は日本人に劣らず帰属意識のある人が多い。一般従業員はワーカーより事務系スタッフの方が帰属意識が高い。第三に、一方では、C社Tさんが述べたように、高い給料でヘッドハンティングされても転職せ

ず会社にとどまったケースもある。稀ではあるが、待遇よりも組織への愛着や忠誠心を重視する事例である。

注：
(1) 基盤研究C（研究課題名「企業組織における権威勾配の自律的労働への影響——日中企業の比較研究」、課題番号 24530790、研究代表者：古澤照幸）。
(2) 権威勾配は航空機の操縦室におけるクルー間の相対的な力関係を示す概念である。この勾配が急すぎると、副操縦士、機関士は積極的に機長に話しかけなくなり、機長の行動をモニターする副操縦士、機関士の役割はおろそかになる。逆にこの勾配が緩すぎると、機長は自分の権威、権限を行使できなくなる。権威勾配の不適切さは大きな事故を引き起こす可能性があると考えられている。詳しくは、古澤照幸（1999）「権威の構図——権威主義から権威勾配まで」『産能短期大学紀要』第32巻、17-28頁、古澤照幸（2009）「組織・職場の権威勾配」『心理学ワールド』第44号、26-27頁、古澤ほか2011：39-49、古澤ほか2012：29-36、古澤照幸・張英莉・村田和博・平野賢哉（2014）「中国企業従業員の文化特有行動——意識と権威勾配——ワーク・エンゲイジメント、内発的動機づけ、ストレスとの関連」『自己心理学』第6巻（12月）を参照。
(3) 専科とは修業年限が2年または3年で、日本の専門学校もしくは短期大学に相当する準高等教育機関である。「医学高等専科学校」「師範専科学校」など各種の職業技術学院が専科大学に含まれている。
(4) Super 1957, 日本職業指導学会訳：5-21。
(5) 例えば、松本1995：5、岩田ほか1997：86など。
(6) 千石ほか1992：115、および水野博泰「『働く』って何だっけ？——世界に誇るべき日本人の労働観、その誇りと自信を取り戻せ」（ソフィアバンク代表 田坂広志談、2007年1月1日）日経ビジネスオンライン http://business.nikkeibp.co.jp/article/topics/20061227/116261/（閲覧日：2015年2月8日）。
(7) シャイン著、二村ほか訳2010：135-137。

補　章

補章 I

新中国の戸籍管理制度
――戸籍管理制度の成立過程

　現代の中国社会を理解するためには、まず「ヒト」に関する2つの問題を考える必要があるだろう。一つは「一人っ子」政策を中心とする計画出産政策であり、もう一つは戸籍管理制度である。中国の人口管理を支えるこの2つの政策・制度は、長期間にわたって実施され、社会に深く浸透し、すべての中国人に関わってきたのである。両者を比べると、計画出産政策は全国民を対象に、宣伝・教育・説得を立脚地とし、また事後的な奨励・懲罰措置が講じられているのに対して、戸籍管理制度は、農村人口の都市への流入を阻止するために、都市住民への優遇、既得権益の保障と農民への権利の制限を基本原則とし、農村住民にまったく発言権または選択肢を与えずに、きわめて徹底的に実施されてきたのが特徴である。この意味では、戸籍管理制度は計画出産政策以上に中国社会および中国人の生活に大きな影響を与えているといえよう。補章では、後者の戸籍管理制度の成立過程、改革の実態を検証し、同制度の構造を歴史的に分析する。

　新中国の戸籍管理制度は、1950年代の一連の規定や条例に基づいて、当初の目的、性格を変化させながら作り上げられ、50年代末～60年代初頭に完成した中国独特の社会システムである。それは半世紀にわたって有効に機能し、中国の初期の工業化過程を支えた反面、都市と農村の二重社会構造、都市住民と農民に対する二重管理体制を作り出したのである。この制度は近年、研究の対象として注目されるようになり、中国、日本の双方においてその研究成果が発表されている。例えば、中国では陸益龍が戸籍制度の構造とその歴史的変遷に着目し、中央政府が戸籍管理という手段を通して国家秩序の維持、社会統制の徹底を図る点では古代も現代も共通しているものの、49

補　章

年以後の戸籍管理制度をそれまでの諸制度と切り離して考察すべきだと指摘した。陸は安徽省安慶市郊外にある老峰鎮を実地調査し、数多くの事例研究を用いて、ミクロ的に戸籍制度の現状や問題点を明らかにした[1]。

　一方日本では、内田知行が中国の戸籍制度およびこれと一体化となっている消費財（食糧・副食品・日常生活用品等）配給制度を中心に、50年代初頭、大躍進、文革の順にこの2制度の変遷過程を丹念に検証し、特に配給証、配給券の種類や仕組みについて詳しく分析している[2]。また張玉林は戸籍制度の形成原因における国家と農民との関係を視野に、農業集団化・人民公社と関連づけて考察し、戸籍制度の改革過程の問題点を提起した[3]。さらに厳善平は中国の二重社会構造の形成原因、都市と農村との格差の実態をさまざまな面から考察したうえ、格差を生み出したのが戸籍制度など人為的な差別政策にほかならないと指摘し、戸籍制度をベースにした食糧・就職・教育・社会保障などの諸制度が、二重社会構造の基礎であると主張した[4]。

　補章は先行研究を踏まえたうえで、前半（補章Ⅰ）では、戸籍管理制度を成立させた中国の歴史的背景を考察し、同制度の成立過程、特徴および問題点について、改革・開放前の時期に限定して検討する。その際、特に戸籍管理制度が確立するまでの人口移動の状況を分析し、この制度が都市への過大な人口集中対策の延長線上に形成され、強化された事実を明らかにしたい。また後半（補章Ⅱ）では、80年代以降の戸籍制度の改革過程を中心に考察し、出稼ぎ労働者など流動人口問題と戸籍制度との関連を念頭に、同制度の現状、改革の方向性や問題点を探る。

1　新中国建国初期の国内外情勢

　1949年10月1日、毛沢東は中国人民が立ち上がったと宣言し、中華人民共和国が成立した。しかし、新中国を取り巻く国内外の情勢は厳しかった。国際的には米ソ対決は顕在化し、東西冷戦に伴う緊張が高まっており、中国の内戦で共産党に敗れて台湾へ移った蒋介石・国民党政権はアメリカから巨額の軍事・経済援助を受けて大陸への反攻を狙っていた。また、50年6月に勃発した朝鮮戦争は米中関係の緊張を一層激化させたのである。こうした

補章Ⅰ　新中国の戸籍管理制度——戸籍管理制度の成立過程

東西冷戦が激しくなる中で誕生した新中国は、国防工業を育成するために重工業優先発展のソ連モデルを導入し、そのための資金源を農業部門に求める戦略を定めた。政府は農産物の「統一買付・統一販売」（農産物買付・販売の国家独占）を通して、食糧などへの統制を強め、確保した食糧や豚肉、魚、卵、サラダ油、砂糖などの「副食品」を都市住民に低廉な価格で提供し、これによって労働者の賃金を低く抑えると同時に、農産物加工品、軽工業品を消費者に高く販売し、その収益を重工業に充てる蓄積構造を作り上げたのである。しかしながら、重工業の発展による雇用機会の拡大が限られているため、農村から都市への急激な人口流入は、都市部の失業者の増加と消費財・社会福祉サービスを提供する国家の財政負担を増大させた。したがって、計画経済システムのもとで、重工業優先発展戦略下の蓄積構造を有効に機能させ、国家の財政負担を軽減し、かつ農業労働力を確保するために、農民を農村に固定し、農村から都市への人口移動を阻止する必要があったのだが、その行政的手段が戸籍管理制度にほかならない。

2　戸籍管理制度の初級段階

(1) 中国の戸籍管理制度の特徴

　中国の戸籍（中国語では「戸口」ともいう）管理制度は基本的には現代日本の本籍登録と住民登録とを重ね合わせた機能を持っている。例えば、住民の住所変更や出生・死亡による世帯数の変更があった場合に届け出なければならない。人口数の変化や住民の地域内での移動状況を把握するという点では日本と同じである[5]。日本の戸籍の形態や意味合いとの相違についてであるが、まず記入形式と記入内容が異なる。日本では戸籍は夫婦およびこれと氏を同じくする子を単位として編成されるが、中国の戸籍登録は個人単位であり、各人が1人1枚ずつ戸籍登記表[6]を記入・保管し、これを1戸ずつに集めて「戸籍簿」として保存する。次は仕組みが違う。すなわち、日本でいう出生地または本籍は、現実の住所と関係なしにどこに定めてもよく、また自由に変更（転籍）できるが、中国の戸籍は常住地と連結しており、自由な移動ができないことになっている。中国の戸籍管理制度が中国の社会、経済、中国

補　章

人の生活に与える影響が日本のそれをはるかに上回っており、農村から都市への人口移動を完全に遮断するという重要な機能を果たしていることこそ、中国の戸籍管理制度の最大の特徴といえよう。

(2) 戸籍管理制度の出発点

　当初の戸籍管理制度の基本原則は、革命的秩序を確保するために、「人民の移転の自由を保障し」「反動分子を発見し拘束する」ことであった。1950年8月12日、公安部門では内部資料として「特殊人員の管理に関する暫定的実施方法（草案）」（「特種人口管理暫行弁法（草案）」）が配布され、いわゆる「特殊人員」に対する管理が始まった。これを皮切りに、58年まで一連の人口管理関連の通達が出された。「暫定的実施方法」の管理対象である「反動分子」「特殊人員」とは、反共産党、反人民共和国勢力、台湾に移った国民党の残留分子・スパイ、秘密結社などであった[7]。この過程で全国公安会議が3度開かれ、公安部門の組織化が進んだが、組織化の最大の目的は人々の移動に対する管理ではなく、「特殊人員」に対するものであった。当時では、病院は入退院する患者がいれば直ちに公安局に報告しなければならないことになっており、旅館の宿泊客名簿は毎日公安局のチェックを受けることが義務づけられているという徹底ぶりであった[8]。

　50年7月「都市戸籍管理暫定条例」（「城市戸口管理暫行条例」、以下「条例」と称す）が制定された。「条例」は「治安戸籍法」と呼ばれていたが、この「条例」によってほぼ全国都市部の戸籍登録制度が統一されるようになった。「条例」では都市居住者が対象とされており、転出・転入・出生・死亡・変動（結婚・離婚・別居・失踪・就職・解雇など）について登録・申請する旨が定められた。また、「条例」の中では、転出入時の手続きについて簡単な規定はあったものの、移動自体を制限するような内容は盛り込んでいなかった。そして、第1条に制定目的として「社会治安を維持し、人民の安全及び居住・移動の自由を保障するため」と記されていることから、同「条例」は50年8月に公布された「特殊人員の管理に関する暫定的実施方法」と同性質のものと考えられる[9]。移動の自由に関するこうした考えは54年憲法からも見い出すことができる。54年9月、中国最初の社会主義憲法が採択・公布され、

その第 90 条において公民の居住・移転の自由が定められている。居住・移転の自由を規定する文言が盛り込まれたのは、唯一 54 年憲法のみであり、後の 75 年、78 年および 82 年憲法では、いずれもこの条項が削除されている。

　55 年 6 月、国務院は「恒常の戸籍登記制度の確立に関する指示」(「関於建立経常的戸口登記制度的指示」) を通達したが、その主眼はやはり人口の変動状況を把握することにあり、人々の移動・移住を制限するものではなかった。翌 56 年 3 月、第 1 回全国戸籍工作会議において、戸籍管理における 3 つの基本的機能、すなわち①居住者の身分の確認、②人口センサスのための資料提供、③反革命分子及び犯罪者の破壊活動の防止が明記されているが、この時点の方針においても、人口移動を制限する内容はなかった。言い換えれば、56 年段階では、人口移動を明確に制限する法規は制定されていないことが明らかである。

　しかし、失業問題の深刻化および国家財政負担の増大は、戸籍管理制度の性格を大きく変化させ、社会秩序の維持、住民登録という基本的機能のほかに、都市人口の増加を抑制する「特殊的機能」、都市住民に消費財を提供する「付加的機能」が付け加えられるようになったのである[10]。

3　都市人口の急増と政府規制の開始

(1) 1950 年代前半の都市人口の膨張

　1950 年代半ばまでの中国では、都市間や都市・農村間の移動は基本的に自由であった。この時期の人口移動は、都市の工業化建設のための労働力需要を背景にした農村から都市への移動が主流であり、都市から農村への移動はごく限定的であった。政府は「計画外」の流入人口に対して、農村に戻って農業に従事するよう説得したり、農村に戻れば交通費を支払い、土地の優先分配を約束したりするなど、緩やかな方法で対応していた。言い換えれば、この時期の規制はあくまで宣伝教育、大衆に協力を呼びかける段階にとどまり、都市への流入人口を法的手段によって厳しく制限し、または都市から追い出す措置などはとらなかった。むしろ正式な職業を見つけ、親族の住所に登録できた人については、都市での生活が許され、都市住民としての身分も

認められたのである。こうした説得や呼びかけはある程度奏効し、50～54年に計14万5000人が都市から農村に戻り[11]、都市問題は一時的ではあるが緩和された。

しかし、その後は再び、農村から流出した人口が農村に戻った人口を上回り、都市人口の増加速度は政府の予想を超え、計画経済のスムーズな運営に支障をもたらすこととなった。総人口に占める都市人口の比率は、49年の10.6％から52年の12.5％、さらに57年の15.4％に上昇し、57年の都市人口は9949万人で、49年の1.7倍となった[12]。この中から都市の自然増加人口数を差し引いても、49～57年に数千万人が農村から都市に流入した計算になる。

(2) 都市への人口流入の誘因

都市部への人口移動の最大の誘因は都市と農村との所得格差である。地域によって格差の幅が違うが、例えば江蘇省、吉林省は、農村部住民の所得が都市部住民の半分しかなかった。また消費を見ても、1952～56年、全国範囲での都市労働者・職員と農民との一人当たりの消費額を比較すれば、労働者・職員の消費水準は農民の2倍となっていた[13]。全国平均でいえば、50年代前半は解放前（49年以前）に比べ、所得・消費水準の上昇が著しかったものの、労農間の格差が縮小したとはいえない。こうした都市住民と農民との所得格差が農村から都市への人口流入を促す大きな誘因となった。

もう一つの誘因は、第一次五ヵ年計画期（53～57年）の工業化の進展による雇用機会の増加、および労働者に対する手厚い社会福祉サービスである。そして、労働者だけでなく、その家族も都市に移住すれば、家族手当、医療費の半額免除、生活保護、低廉な家賃および水道・電気代、就職や進学上の便宜など、いわゆる「六大利点」を享受することができる。その結果、56年の被扶養人口は53年より280万人、約70％増加し、そのうち121万人は他地域、特に農村からの転入者であった[14]。

農村から流出した農民の多くは臨時工として雇用され、その人数は57年まで毎年200万人以上増加した。各部門の臨時工の割合は55年末の調査では工業10.1％、基本建設44.3％、水利45.5％、林業44.9％、鉄道11.2％と

なっており[15]、特に基本建設、水利、林業労働者の5割弱が農村出身であった。彼らの主な職種は建築業の土掘り、土担ぎ、現場掃除、サービス業の清掃、守衛、炊夫など、技能を必要としない肉体労働に関連するものである。そして、経済建設の発展に伴い、労働者に対する需要はますます増大し、57年河南省のある建築関係の企業では、雇用労働者の60％が農民であった。この時期では農村の郷人民委員会と農業合作社（いずれも後の人民公社に発展的に解消された）が、合作社の副業収入を増やすために都市への就職を促したり、企業側は政府の臨時工募集計画に違反して無契約、あるいは短期契約で農民を長期雇用したりするなど、さまざまな混乱が起きた。

(3) 都市人口の減少策

農村から都市への人口流入問題とは別に、都市部の小中学校卒業生の進学・就職問題があった。中国教育部の統計によれば、1954年の小学校卒業生は約429万人、53年の中学校に進学できなかった者も含めれば500万人に上っている[16]。この問題への対策として、都市部で進学・就職できない青少年を動員し、農村に赴き、農業に従事させる方針を進めていた。55年8月11日付『人民日報』は「小中学校卒業生を労働に従事させるよう確実に組織・動員しなければならない」（「必須做好動員組織中、小学畢業生従事生産労働的工作」）を題とする社説を掲げ、その後20年も続いた知識青年の「上山下郷」（都市部の就職問題や食糧問題を解決するため、青少年学生を農山村に送り込み、長期間定住させること）に初めて触れた。

55年9月、国家主席である毛沢東は次の指示を出した。農村には「数百万人の会計係が必要である。……大勢の中学・高校卒業生を動員し、この仕事に当たらせればいい」「農村に行くすべての知識人は喜んで行くべきだ。農村こそが広大な天地であり、そこで大いにやりがいがあり、大いに貢献できよう」と語り、この台詞は後に広く宣伝された。さらに、57年4月8日、全国人民代表大会常務委員長である劉少奇（当時）を中心に執筆された『人民日報』社説では、「最も人々を受け入れられる場所は農村であり、最も就業しやすい産業は農業である。今後農業は小中学校卒業生の主な就業先となろう」と明確に小中学校卒業生の就業と農業労働を結びつけた。こうした政

補　　章

策を推し進めた結果、57年小中学校卒業生約300万人が定住を前提に農村行きを強いられたのである[17]。

　一方、これより先に、都市人口の減少策としてもう一つの計画が進められていた。55年7月に開かれた第1期全国人民代表大会第2回会議において、3868万ムー（約258万ヘクタール）の荒地開墾が決定された。開墾への参加を呼びかけた団中央（中国共産主義青年団中央委員会、共産党指導下の青年の大衆組織）は北京、天津、上海など10あまりの省・直轄市で「青年遠征志願開墾隊」を組織し、8月30日「北京青年開墾隊」を黒龍江に、9月7日浙江省の中学校卒業生504名を新疆ウイグル自治区に、10月20日「上海青年志願開墾隊」を江西省に送り出し、「祖国の辺疆建設」に参加させた。57年末までに開墾隊に参加し、辺境に赴いた都市部の青少年は7万9000人に上っている[18]。このほかに地域開発・工業配置調整政策に基づいて、沿海部の大工場、大企業は内陸部への移転を進めていたが、それに伴う労働者およびその家族の移動、新興工業地区への経営管理者、技術者の移動が同時に行われた。

　54～56年の3年間に、上述した都市部の青少年学生の「下郷運動」「辺疆支援運動」、沿海部から内陸部への工場の移転に伴う移動などによって、全国の移動人口数は7700万人に上り、新中国建国後初めての人口移動の高潮期となった[19]。

(4) 1957年末までの都市流入人口への規制

　都市流入人口に対して、厳しい法的措置には踏み込まなかったものの、都市への人口圧力の危機感から、政府は1952年より一連の通達や指示を地方政府・機関および企業に発し、「計画外」流入人口が農村に戻るよう、主に個人を対象に呼びかけを繰り返した。政府が急増した都市人口に対して、就業機会、食糧・住宅、教育・交通・医療機関など公共施設の提供が満足にできなくなり、数百万人に上る流動人口が社会の不安材料となり、それによって引き起こされる社会秩序の混乱をおそれていたからである。53年4月より58年はじめにかけて、政府は次々と指示や通達を出し、特に56年12月から57年12月までの約1年間に、合計9つの人口移動制限に関する通達を発した[20]。通達の内容は、農民の「盲目的」流出の防止、企業の農村出身

労働者募集の禁止、公安機関による戸籍管理の厳格化、食糧部門による非都市人口への食糧供給の禁止、都市に流入した農民の送還、などに要約できる。

　こうして、予想を超えた都市部の人口増加に対して、政府はいよいよ規制に乗り出したのである。57年12月18日中共中央・国務院の連名で発された「農村人口の盲目的流出の制限に関する指示」(「関於制止農村人口盲目外流的指示」)はそれまでの説得や呼びかけから一転して、かなり厳しいものに変わっている。この「指示」の内容を見ると、以下の6つの規定が盛り込まれている[21]。すなわち、第一に「盲流」(盲流入人口の略称。農民が職を求めて農村部から大都市に殺到する現象)を制限するために、民政部を中心に公安・鉄道・交通・商業・食糧の諸部門が参加する専門機関を設けること、第二に鉄道・交通部門は主要な鉄道沿線で厳しくチェックし、農民の流入を阻止すること、第三に民政部は都市や工業地域に流入した農民を農村へ送り返し、彼らの乞食を厳禁すること、第四に公安機関は戸籍管理を厳格に行い、流入農民には都市戸籍を与えてはならないこと、第五に食糧部門は都市戸籍を有しない者に食糧を供給してはならないこと、第六に都市部のすべての企業は無断で労働者を募集してはならないこと、である。

　この時期の政府統制における重要な変化は、食糧に対する規制の強化と、都市への食糧・副食品の供給を戸籍管理制度とリンクさせることであった。物資不足の時代には必ず政府の統制は強化される。これは戦後復興期の日本を見れば分かるように中国に限る現象ではない。しかし、農村から都市への人口移動を阻止するために食糧統制を利用するのは中国の特徴といえよう。中国では53年以降、食糧に対する国家統制、すなわち食糧の「統一買付・統一販売」が始まり、2年後の55年に都市部や工業地域に常住する人々に対する「食糧配給証」(「居民購糧証」)および「糧票」(「食糧切符」)の配布を開始した。55年に国務院が「農村における食糧の統一買付・統一販売についての暫定的実施方法」「都市部の食糧供給に関する暫定的実施方法」を公布したことによって、生産から消費に至るまでの食糧の全面的国家管理体制が完成した。この管理制度のもとで、都市住民は公定価格で国家から食糧の配給を受けられるが、農民は配給の対象から除外され、自らが所属する農業集

補　章

団組織から食糧を得なければならなくなった。こうした国家による食糧統制は、食糧市場が十分に発達していなかった当時の中国では絶大な効果があり、農村からの移住者は短期間ならともかく、長期にわたって都市で生活することが事実上不可能となった。

　食糧のほかに、都市戸籍を持つ者を対象とする「副食品」や「日常用品」の供給もあった。副食品には、豚肉、魚、卵、サラダ油、砂糖などが含まれ、それぞれの配給券を持っていれば公定価格で購入できた。「副食品券」のほかに、「居民購貨証」(「住民物品購入証」)が発行され、野菜、燃料としての石炭、その他の消費財を購入する際に使用した。著者が入手した某市商業局発行の「居民購貨証」には、「葱、春雨、正月用食品供給済み」の記録が残っている。日常用品については、例えば「布票」(綿布券)、「肥皂票」(石鹸券)、「汗衫背心票」(肌着・シャツ券) などが配布されていた。

4　1958年戸口登記条例の内容と特徴

　1958年1月、第1期全国人民代表大会常務委員会第91回会議での審議・採択を経て、8日、「中華人民共和国戸口(戸籍)登記条例」(以下「条例」と称す) が公布された。「条例」は新中国初の戸籍管理法であり、これによって戸籍登録事務の全国的整備・統一が実現された。その後、「条例」は部分的に改正されたものの、今日まで中国の戸籍管理制度の基本法規として機能しているのである。

　「条例」は24条からなり、「社会秩序を維持し、公民の権利と利益を保護し、社会主義建設に資するため本条例を制定する」(第1条)[22]とあるように、「社会秩序の維持」を法制定の目的としているが、農村人口の都市への移動を阻止し、「都市の社会秩序の維持」を図ることにその重点が置かれているため、50年代初頭の「社会秩序の維持」、すなわち、共産党支配に対する抵抗勢力への鎮圧とは明らかに主旨が異なっている。「条例」の適用範囲は現役軍人、中国領内に居留する外国人および無国籍者を除くすべての中国人が含まれる(第2条)。戸籍登記事務は各級公安機関が主管するとしているが、執行機関は都市では公安派出所、農村および公安派出所を設置していない鎮では、

郷・鎮人民委員会が登記事務を行うこととされた（第3条）。51年「都市戸籍管理暫定条例」に盛り込まれている入退院患者の報告制度、旅館等で宿泊客に対するチェック・報告制度が廃止され、宿泊者は「旅館に設置されている旅客登記簿に随時登記する」ことに改められた（第15条）。

「条例」の最も重要な部分は次に示す第10条第2項の内容である。すなわち「国民は農村から都市に移転する場合、必ず都市労働部門の採用証明書、学校の入学証明書、または都市戸口登記機関の転入許可証明書を持参し、常住地の戸口登記機関に申請し、転出手続きを行わなければならない」。この条項は57年12月18日中共中央・国務院の連名で発布された「農村人口の盲目的流出の制限に関する指示」の制度化であり、57年までの一連の指示を法律化したものである。これによって農村から都市への転入はほぼ不可能となった。54年憲法における「国民の居住・移転の自由を保障する」文言は「条例」の中ですっかり影を潜めたのである。

憲法で保障されている居住・移転の自由と、「条例」の規定による移転の制限という矛盾した事態について、当時の公安部長である羅瑞卿は次のように説明している。すなわち農村人口の「盲目的」流出や個人の外出・寄留時間への制限に関する規定は、国家の統一的計画に従い、6億人の政治的権利と経済的利益を保障するためのものであり、大多数の人民の民主・自由に抵触するものではない。憲法が定めた自由は大多数の人民の自由であり、少数の人々の自由ではない。もし少数者の絶対的自由を許し、国や集団の利益を無視する盲目的移転を認めれば、国家の統一的計画・方針と社会主義建設の進行が妨害され、その結果、必ず大多数の人民の居住と移転の自由が妨害されることになる。したがって、少数者の非合理的な移動を制限することは、すなわち大多数の人の正当な居住と移転の自由を保障するものである[23]。しかし、こうした「少数者の自由への制限＝大多数の自由への保障」という「数の論理」による説明はきわめて牽強付会といわざるをえない。なぜなら、政府は農村から都市への移転を制限するために作った「条例」の制限対象は、「少数者」ではなく、人口の8割以上を占める農民だからである。

このほかに、戸籍法の違反者に対する厳しい処罰規定は、「条例」のもう

補　章

一つの特徴である。第 20 条では「戸籍を申告せず、または偽って申告する場合」「戸籍証明書を偽造・変造・譲渡・貸与・売却する場合」「旅館の管理人が規定に従い旅客登記を行わない場合」は、「法に則って懲罰し、刑事責任を追及する」など、違反者に対する厳しい処罰事項も設けられている。

5　1960 年代都市から農村への人口移動政策

　ところで、「条例」は制定された後に、直ちに実行へ移らなかった。「大躍進」はピークに入り、そのために都市の労働力需要が増え、農村から都市への流入人口が再び急増し始めたからである。

　「大躍進」とは 1958 年 5 月に始まった中国の急進的な社会主義建設運動である。この政策のもとで、労働力の大量投入による「人海戦術」が採用され、「15 年でアメリカ、イギリスに追いつき、追い越す」ことが国家の目標として提示された。「大躍進」期間中に重工業発展の重要性が極端に強調されたため、都市部の多くの企業は突発的なプロジェクトや工事に取りかかり、農村からの移入者を雇用した。58 年全国工業・建設業の新採用労働者数は前年比 2 倍増の 1900 万人あまりとなり、うち農村からの労働者は 1000 万人以上に達した。さらに、契約労働者や臨時工として都市で働く農民およびその家族も数多く存在していた。就職しない労働者の家族は戸籍登録をしていないため、実際の都市への移入者数は統計よりもっと多いと推測されている。

　大躍進期に農業労働力の減少（人災）や天候不順（天災）が原因で、食糧の生産量は 58 年の 2 億トンから 59 年の 1 億 7000 万トン、さらに 60 年の 1 億 4400 万トンに減少した[24]。全国範囲における深刻な食糧不足で餓死者が相次いだ[25]が、都市部では労働者の急増で「商品糧」[26]の供給が追いつかず、食糧問題は緊迫化していた。こうした状況下で政府がとった緊急措置は都市人口の大量削減であった。その方法は主として、「条例」を法的根拠に、都市への人口流入を厳しく制限すると同時に、すでに都市部に移住した農民を動員・説得も含めた強制または半強制的な方法で農村へ送り返すこと（「返郷動員」）と、都市部の 16 歳以上の青少年学生を国営農場や農山村に送り込むこと（「下郷運動」）であった。

まず「返郷動員」の実施過程を見てみよう。1961年6月、中共中央は「都市人口及び都市の食糧販売量の減少に関する9つの方法」(「関於減少城鎮人口和圧縮城鎮糧油銷量的九条弁法」)を発布し、都市人口を3年以内に2000万人以上、61年までには少なくとも1000万人の減少を決定した。そして62年2月14日、「1962年前半に引き続き700万人の都市人口減に関する決定」(「関於1962年上半年継続減少城鎮人口700万人的決定」)を打ち出し、半年で700万人の減少を求めた。さらに同5月27日、中共中央・国務院の連名で発した「職員・労働者及び都市人口の一層の減少に関する決定」(「関於進一歩精減職工和減少城鎮人口的決定」)の中で、現在は国民経済の調整期に当たり、都市人口の減少と農業労働力の増加が最も重要な課題であると指摘し、都市人口を2000万人減らし、現在の1億2000万人から1億人にする目標を改めて設定した[27]。

「返郷」(帰農)の主要対象者はあまり技術や技能を持っていない労働者や、58年以降農村から都市に移転した新市民であるが、彼らは手に入れたばかりの「戸籍簿」を市政府に返却し、故郷に帰らざるをえなかった。なかには都市の食糧難による窮迫した生活に耐えきれず、自らの希望で帰郷した人もいた。このほかに「当面必要でない労働者」が人員整理され、彼らは都市から農村に戻り、この時点で都市戸籍と都市で生活する権利を失ったのである。以上の強硬措置によって、政府は61〜63年の3年間に、労働者1800万人を含めた都市人口2600万人の減少に成功したと発表した[28]。

こうして、60年代前半に中国政府が断行した都市人口および工場労働者の削減目標が順調に達成されたため、63年7月13日、中央政府は都市人口削減計画の終了を宣言した。中央政府直属の「精減小組」(都市人口削減グループ)は政府に対して、労働者、都市人口、および農村の「商品糧人口」の大量減少によって農業が強化されただけでなく、工場労働者への賃金の支払額や都市の食糧供給量の減少、企業の労働生産性の向上、したがってその結果として国家財政の好転をもたらしたと報告している。当時共産党主席の毛沢東は「われわれ中国人民とわれわれ多くの幹部たちは実に素晴らしい！2000万人が瞬く間に集まり、また一瞬にして去っていくことは、共産党以外の政党ができるだろうか？」と感激していたという[29]。

補　章

　次に青少年学生の「下郷運動」について見てみよう。労働者数の整理・削減が終了した後も、青少年学生の「下郷運動」は続いた。既述のとおり、1950 年代前半、就職問題を解決するために政府は都市部の若者を組織的・計画的に農山村や辺境地区に送り込む政策をとっていたが、その後「大躍進」政策による都市労働力需要の増加によって「下郷運動」は一時停止したが、60 年代初頭からの「大躍進」運動の失敗、食糧危機の発生、都市人口の爆発的増加などの問題が再び顕在化したため、「下郷運動」は再開され、50 年代に比べより大規模に推進されたのである。62 年から都市部の青少年学生は、国営農場に就職するか、農山村の人民公社の生産隊に入隊するかの選択を迫られたが、特に 66 年文革が始まると、「下郷運動」は「貧農・下層中農の再教育を受ける」政治運動に発展し、農村という広大な天地で自分を鍛えようとの思いと情熱を胸に、農山村へ赴いた青少年も少なくなかった。66〜76 年の全国の下郷青少年は累計 1400 万人に達した[30]。文革が終結した 76 年以降、「下郷」させられた「知識青年」は徐々に都市に戻り（「知青回城」）、戻った人々は農村戸籍を都市戸籍に変更することができたが、70 年代末に農山村や農場に残った「知識青年」はいまだに 860 万人に上っているという[31]。これら都市に戻った「知青」たちの就職問題は、長い間中国政府を悩ませ続けている社会問題となっている。

　この時期に戸籍制度に対して、さまざまな補充規定や補助的措置が付加された。例えば、62 年 12 月 8 日、公安部は「戸籍管理業務の強化について」（「関於加強戸口管理工作的意見」）を発布し、戸籍移動の際の三原則を通達した。すなわち、一つ目は農村から都市への移動は厳しく制限しなければならないこと、二つ目は都市から農村への移動はすべて定住を許可し、制限してはならないこと、三つ目は都市間の通常の移動は許可してもよいが、中小都市から大都市への移動、特に北京、上海、天津、武漢、広州などの五大都市への移動は適切に制限しなければならないことである[32]。この通達によって、「城門」——農村から都市への入口は完全に閉ざされ、農村から都市へ、中小都市から大都市への移住はほぼ不可能となり、戸籍制度は最終的に完成したと見てよい。この制度による人口移動の制限措置は、改革によって緩和さ

れたものの、基本的には今日においてもなおその有効性を失っていないのである。

6　戸籍管理制度の問題点

　以上の過程を経て、1950年代末〜60年代初頭において中国独特の戸籍管理制度が成立した。人民共和国建国初期の特殊な時期で、重工業発展の必要性や資源不足への対応、そして社会秩序を維持するために作り上げたこの制度は、中国人の生活に深く根差し、人々は否応なしにその影響と制約を受けてきた。同制度は新中国の社会秩序の安定と農業労働力の確保に一定の役割を果たしたものの、長期間にわたって人口移動の制限手段として運用・実施された結果、さまざまな政治的・社会的問題が引き起こされたのである。

(1) 戸籍制度のもとでの二重社会構造の形成

　中国の都市と農村における二重社会構造論は郭書田・劉純彬によって提起されている[33]。郭・劉の主張は次のとおりである。すなわち、戸籍制度およびそれに付随する食糧供給制度、教育・就職制度、住宅・医療などの福祉制度のもとで、都市と農村が分断され（「城郷隔離」）、農民がさまざまな面で差別され、不利益を被ってきた。こうした政策が長期継続的に実施されているため、都市と農村との間に二重社会構造が形成したのである。

　戸籍制度の管理下では、すべての中国人が「農業戸籍」（農村戸籍）と「非農業戸籍」（都市戸籍）に分類され、約8割の農村人口と約2割の都市人口の間に社会的身分や物質的待遇に大きな違いが生じ、都市部は都市住民のものであり、農民は「二等国民」にすぎないという論理が中国社会に定着してしまった。これによって、農村から都市への移動はもちろんのこと、都市間の移動（特に中小都市から大都市への移動）も厳しく制限されるようになった。この制度のもとでは、農家の家に生まれた子どもは一生農村に住み、農業を営まなければならず、住居・職業を選択する自由がない。また戸籍では、嬰児は母系に従って登録されるため、母親が農業戸籍なら子も農業戸籍となる[34]。このことが原因で都市戸籍の男性と農村戸籍の女性との結婚は稀であった。農民が都市戸籍を手に入れるのは、数十倍の倍率を勝ち抜いて大学に合格す

るか、軍隊に入隊して将校になるかのどちらかであり、それ以外の方法はほとんど望めなかった。農民にとって都市戸籍の取得は大きな財産を手に入れるのと同じであり、都市住民にとっては最もおそれているのが都市戸籍の剥奪であった。政治運動で失脚した知識人や国家の幹部たちはかつて「右派分子」「走資派」のレッテルを貼られ、農村に「下放」（追放）されたが、これは国の手厚い保護から外され、農民と同じ生活をするだけで懲罰になることを示しており、いかに都市住民と農民の待遇が異なり、「二等国民」である農民が差別されていたかを物語っている。99年重慶で起きた綦江虹橋の崩壊事故への地方政府の対応で示されたように[35]、農民に対するこの差別意識がかなり根強く存在し、近年になってもそれは本質的に変わっていない。

(2) 農民に対する差別的待遇

戸籍は以上のような一種の身分の象徴だけでなく、それはまた資源の享受権を意味するものでもある。戸籍制度は食糧・副食品の定価・定量配給システム、就職システム、教育制度、住宅・医療・年金などの社会福祉制度と一体となり、人為的に中国社会における資源享受権の不平等や機会の不平等を作り出したのである。

1) 都市住民限定の食糧・副食品供給システム　　物不足の計画経済時代において、幅広い範囲で消費財物資の配給が行われていたが、それは食糧配給から始まった。1953年、全国で食糧の「統一買付・統一販売」が開始され、都市住民に対する商品糧・副食品および日常生活用品の供給システムが導入された。しかし農民は「商品糧」の安価・安定的分配を享受できず、あくまで自力で食糧を確保しなければならなかった。自然災害が発生した60年代初頭では、都市への供給物資が強化されたため、国家への上納後農民に分配された現物食糧は農民自身の絶対必要量にも満たず、その生活に深刻な打撃を与えた[36]。副食品に関しても、都市住民のように国家からの供給がないため、卵を食べたければ鶏を飼わなければならないが、食糧が足りない農民は「飢えをしのぐため、鶏や卵を都市部の人たちの糧票と交換し、その糧票で都市の食堂から食べ物を買う」しかなかったと証言されている[37]。食糧を生産する農民は食べる食糧がないという皮肉な現象が、実際に現代の中国

社会に起きたのである。

2) 農民にはチャンスのない就職システム　都市住民の就職を保障するために、国営企業・都市の集団所有企業の従業員・労働者募集は都市戸籍所有者に厳しく限定されており、国家公務員の採用も農村戸籍者とは無縁である。唯一可能性のある就職は都市での募集が難しい採鉱業、建設業、森林伐採業などの肉体労働であり、それも国（政府）からの募集を待たなければならず、自ら職業を選択することができない。改革・開放後、都会に出る出稼ぎ労働者が急増し、就職の機会も増えたが、職種は依然として建設業・サービス業など都市住民が嫌がるいわゆる 3K の仕事に限られている。そして、今でも多くの大中都市では、出稼ぎ労働者が就いてはいけない職種または分野が定まっており、それが 60 種類以上に上った都市もある[38]。

3) 教育機会の不平等　憲法には「国民は教育を受ける権利を有する」と明記されているが、実際に「都市戸籍の国民」は教育において明らかに農民より優遇されている。日本のセンター試験と類似する全国統一試験は毎年実施されているが、受験生は戸籍の所在地でこの統一試験を受けなければならない。その際試験問題は全国統一であるにもかかわらず、大学の合格ラインは受験者の出身地域によって異なっている。例えば、北京では北京市の戸籍を持つ者の合格ラインは地方の省のそれより数十点低い場合がある[39]。言い換えれば、都市戸籍の受験者は農村地域の受験者より点数が低くても、都市戸籍（特に募集する大学所在地〔市〕の戸籍）を持っているために優先的に入学することができる。

　また、都市に移住した出稼ぎ労働者はいかに当該都市に長く住み、安定した収入があっても、都市戸籍を持っていない限り、その子女は都市の子どもたちと同じような教育を受けることができない。もし都市の学校に入るなら高額の「賛助費」（助成金）を支払わなければならない。こうして、教育面においても戸籍制度によって個人の能力や努力を無視する大きな不平等が存在している。

4) 農民と無縁の社会福祉制度　都市部で働く会社員や工場労働者の場合は住宅を職場から分配され、家賃や光熱費がただ同然で利用できる。そし

補　　章

て、特に国有企業では賃金のほかに物価手当、交通手当、暖房手当、高温手当、入浴・理髪手当など、生活関連の諸種の手当が支給される。これらはもちろん農民とは無縁である。さらに、福祉制度の中で都市住民と農民との最も根本的な違いを表しているのが、年金制度と医療保険制度である。国家事業部門の職員や国有企業の従業員は、定年後「退休金」(年金)を受けられるが、農民は老後の世話になるのが国ではなく自分の子どもたちである。医療保険については、都市の職員・労働者本人はもちろんのこと、その扶養家族も公費医療の対象となっているが、これに対して、農民の医療費はすべて自費で支払わなければならず、貧しい農民の場合は、病気になっても診療を受けられないのが現状である。

　以上のように、都市住民に比べ農民はさまざまな経済的・社会的差別を受けていることが明らかである。改革・開放政策は 30 余年が経過し、戸籍管理制度およびそれに伴う諸制度の改革が進められているが、より抜本的な見直しはこれからである。

注：
(1)　陸 2003。
(2)　内田 1990。
(3)　張 2001。
(4)　厳 2002。以上のほかに、日中両国における戸籍制度の先行研究として次の論著が挙げられる。前田 1993、張 1994、殷ほか 1996、西島 2001、王 2001、兪 2002。
(5)　前田 1993、張紀潯 (1991)「現行戸籍制度下の経済格差と労働雇用」『海外事情』第 39 巻第 11 号を参照。
(6)　中国語は「常住人口登記表」という。この中には「氏名」「出生年月日」「民族」「本籍」「学歴」「宗教信仰」「婚姻状況」「職業および職場住所」「いつどこから本市に移入したか」「いつ本市のどこから現住所に移入したか」「いつどこに移出したか、戸籍が取り消された原因は何か」などの記入事項がある。
(7)　天児慧は、中国が建国宣言したにもかかわらず「戦時体制下」にあったと指摘し、その根拠の一つとして、国民党が台湾に移った後も大陸には国民党残留分子、スパイなどの勢力がなお 200 万人あまりを数えており、1950 年だけでも 4 万人近くの新中国の幹部らが彼らによって殺害されたことを挙げた。新政権はこうした事態に対処するために、50 年の間に 3 度にわたり「反革命活動の鎮

(8) 兪 2002：16。なお、初期の戸籍管理のもう一つの目的は正確な人口資料の提供にあった。田島俊雄（1984）「中国の人口センサスと戸口問題」『一橋論叢』第92巻第2号参照。
(9) 西島 2001：159。
(10) この戸籍管理機能の分類は丁水木によるものである（丁 1989）。
(11) 董 1996：219-220。
(12) 中国国家統計局 1987：89。
(13) 小島 1978：147。
(14) 小島 1978：158-160, 169-172。なお、ワルダーはこの時期の農村から都市への人口流入の誘因として、都市と農村との所得格差、土地改革・農業集団化の影響を挙げている（Walder 1986：36）。
(15) Walder 1986：160.
(16) 董 1999：557。
(17) 『人民日報』1957年11月11日付。
(18) 董 1999：558-559。
(19) 「大躍進」期は2回目の人口移動高潮期であり、その後長期間にわたって人口移動が完全に制限され、特に都市・農村間の移動は不可能であった。1980～90年代の「民工潮」（中国の農村部から大都市に向かう出稼ぎ農民の大移動。民工とは年で働く農村戸籍所有者を指す）は3回目の人口移動の高潮期と思われる。楊云彦（2003）「中国人口遷移的規模測算与強度分析」『中国社会科学』第6期、王海光（2003）「当代中国戸籍制度形成与沿革的宏観分析」『中共党史研究』第3期を参照。
(20) 張 2001：198（資料）。
(21) 兪 2002：18。
(22) 「条例」の内容に関する引用は、すべて中国研究所編（1981）『中華人民共和国主要法令集 第2集』中国研究所、63-66頁による。
(23) 公安部三局編（1980）『戸口管理概要』群衆出版社、105頁。
(24) 中国国家統計局 1983。
(25) 1959～61年の平均死亡率は18.08‰、特に60年は25.43‰に達し、四川省、安徽省、河南省、山東省、湖南省、貴州省等を中心に、1600万～2000万人ほどの「非正常死」が82年の人口センサスの結果によって判明した。「大躍進」運動等政策上の過ち、自然災害、および旧ソ連への無理な債務返済が主な原因であった。若林 1996：59-60 を参照。
(26) 「商品糧」とは「商品化食糧」であり、農業生産者から国家に売り渡され商品流通部門に入った食糧を指す。1950年代前半に主要農産物の国家による統一的な買付・販売・供給体制が敷かれて以降、都市戸籍を有する者のみが前述の「居民購糧証」「糧票」および各種の配給切符による商品化食糧の配給を

補　　章

享受できた。中国では都市戸籍人口を俗に「商品糧を食べる人口」というが、同食糧の配給は従来、都市戸籍に付随する既得権益の象徴でもあった。前田比呂子（1996）「中国における戸籍移転政策――農村戸籍から都市戸籍へ」『アジア経済』5月号を参照。

(27)　董 1996：559-560。
(28)　兪 2002：30。
(29)　董 1996：560。
(30)　董 1996：563。
(31)　劉 1998：717。
(32)　兪 2002：30。
(33)　郭ほか 1990。
(34)　1998年8月の戸籍制度の改革により、嬰児の戸籍は父親または母親のどちらの戸籍に登録するかは自由に選択できるようになった。国務院批転公安部『関於解決当前戸口管理工作中幾個突出問題的意見』（国発〔1998〕24号、1998年7月22日）、范 2003：196。
(35)　1999年1月4日、重慶市にある綦江虹橋の崩壊で死者40人、負傷者10人を出す大惨事となってしまったが、遭難者に対する補償金は、都市住民4万8000元、農民2万2000元であった（『中国青年報』2000年12月19日付）。
(36)　内田 1990：281を参照。
(37)　同上。
(38)　范 2003：211。
(39)　范 2003：213。

補章 II

新中国の戸籍管理制度
——戸籍管理制度の改革過程と現状

　補章Ⅰでは、中国の戸籍管理制度が成立した歴史的背景を考察したうえ、同制度の成り立ち、特徴および問題点について、改革・開放前の時期に限定し、人口移動の実態と関連づけて検討した。約半世紀経過している戸籍制度は、当初、重工業優先発展という国家戦略の達成や社会の安定を図るために必要であったにせよ、その後さまざまな問題を引き起こしているのも事実である。こうした戸籍制度の負の遺産を解消し、非合理的な部分を取り除くために、1980年代から中央・地方政府は一連の改革を試みてきた。その改革には戸籍販売の氾濫など多くの混乱が伴い、改革の歩調も一進一退を余儀なくされたが、一定の成果が現れている。補章Ⅱでは、80年代以降開始された中国の戸籍制度改革について、中国政府（主に公安部）の通達をもとに、戸籍販売問題、地方の戸籍制度改革の事例などにスポットを当て、80年代、90年代および2010年以降に分けて、戸籍制度改革の過程を明らかにし、改革の問題点を指摘する。

1　戸籍管理制度改革の背景

　1978年末より改革・開放政策が開始してから、農村では人民公社の解体と個人農家による生産請負制の急速な普及、都市では国有企業の改革、個人経営・合弁会社・外資の独資経営など多種所有制の並存への承認が進み、計画経済から社会主義市場経済への変革が急速に進んでいった。「社会主義」という限定語が付け加えられているにせよ、市場経済を容認した以上、労働市場による労働力の合理的移動、すなわち労働が他の資源や商品と同じように市場メカニズムに基づいて移動することは必要であるが、中国において健

補　章

全な労働市場は存在していなかった[1]。50年代末頃から実施してきた戸籍管理制度は、人々の移動、とりわけ農村から都市への移動を厳しく制限した結果、労働移動が遮断されたのである。このように、約半世紀にわたって続いた戸籍制度は、近年、経済発展の桎梏となっているばかりでなく、都市と農村の二重社会構造を形成させ、国民間の不平等を人為的に作り出す政策的・制度的問題として指摘され、改革を求める声が高まってきた。もはや戸籍制度の改革は経済制度・社会制度における諸改革の流れの中では必然不可避的になったのである。戸籍制度の改革と同時に、同制度とリンクしていた食糧制度、就業制度、医療・住宅・教育・年金保険などの社会福祉制度に関する改革も着実に進行し、都市戸籍に付随していた数多くの特権が次第に分離・廃止され、都市戸籍の魅力はこれまでに比べかなり薄れてきたことも、戸籍制度改革の追い風となっている。

　一方、人民公社解体後の個人農家による土地請負制のもとで、一人当たりの請負面積が少なく、農村の余剰労働力問題が顕在化してきた。郷鎮企業による労働力の吸収も限定的であり、農民の多くは「離土不離郷」（農業から離れるが、故郷からは離れない）には満足しなくなり、彼らは職を求めて都市部に流入した。都市に流入した出稼ぎ労働者は「農民工」「盲流」とも呼ばれ、その数は2005年現在8000万人〜1億人と推定されている。その中の一部は「離土離郷」、すなわち農村を離れ、長期間に都市で働き、安定的に都市で生活するために、都市戸籍を強く求めるようになった。

　そうした中で、50年代に完成された計画経済・統制経済の産物である戸籍管理制度は、必然的に労働市場による労働力の合理的移動という市場経済原理と衝突し、改革せざるをえない段階に来ている。戸籍制度改革は他の諸改革に比べて立ち遅れているが、80年代半ばより本格的に動き出し、改革の第一歩を踏み出した。これがすなわち84年10月国務院公布の「集鎮（町）への農民の移入・定住に関する通知」（「関於農民進入集鎮落戸的通知」）であり、中国の本格的な戸籍管理制度の改革の始まりであった。

2　戸籍管理制度改革の開始と進展

(1) 1980年代の改革

1) 1980年代初期の緩和措置　1980年代改革の発端は84年国務院通知である。それ以前は70年代末から80年代初頭にかけて、いくつかの緩和措置がとられたものの、ごく特殊な地域におけるごく一部の人に限定され、改革・開放政策が始動したにもかかわらず、引き続き人口移動の制限政策を維持するという政府の姿勢と基本原則には変わりがなかった。例えば79年から、鉄道、航空、兵器、船舶、宇宙開発等の分野において、地域内での移動を認めるようになったが、これは技師と管理職に限定しており、同一業界内の移動が条件であった。また80年1月21日、民政部、公安部等の連名で「従業員の長期的夫婦別居問題の解決に関する通知」(「関於逐歩解決職工夫妻長期両地分居問題的通知」) が出され、「両地対調」(二地域間の戸籍・職場の交換) が奨励されたが、これも基本的には大都市から中小都市へ、内地から辺境へ、一、二線地区から三線地区[2]への移動が原則であった[3]。これらは戸籍制度の改革には程遠く、戸籍政策上の個別的な調整措置にとどまっていると思われる。

2) 1984年国務院通知　改革の契機となったのは、1984年10月13日国務院が発令した「集鎮 (町) への農民の移入・定住に関する通知」であり、その主な内容は次のとおりである[4]。

第一に、集鎮 (町) で工業・商業・サービス業を営むまたは従事している農民およびその家族は、安定した住所と経営能力がある者、郷鎮企業で長期間にわたって働いている者が、本人の申請があれば集鎮への転籍を認める。取得した戸籍は「自理口糧戸籍」(食糧自弁戸籍) であり、取得者は「非農業人口」として統計される。第二に、食糧部門は「加価糧油」(政府補助のない高価格の食糧と食用油) を確実に供給しなければならない。第三に、地方政府は転籍者に対して住宅の購入・賃貸の便宜を図るなど、その生活に配慮しなければならない。

この通知は、急増する集鎮に移住した企業の経営管理者や一般従業員を対象としているため、それ以外の農村住民が各自の意志で自由に農村から都市

補　章

への転籍を認めるには至らなかった。また「食糧は自弁する」、すなわち都市戸籍者が享受している低廉な公定価格による配給食糧が得られないことを前提とした。さらに医療、年金、就職、居住等に関しても、自己責任で解決し、政府は面倒を見ないこととしている。したがって、これらの転籍者は厳密にいえば、都市戸籍にも農村戸籍にも属さない、第三種の戸籍の所有者であり、彼らは統計上では「非農業人口」として取り扱われるものの、その身分は都市住民でもなく農民でもない曖昧な存在となっている。この意味では、84年10月通知による改革には限界があったといわねばならない[5]。しかし、「食糧自弁」という条件つきの戸籍ではあったが、数十年も厳しく制限してきた農業戸籍から非農業戸籍への転籍が初めて政府によって認められた意味は大きく、それが新中国戸籍制度史上の画期的な改正であり[6]、戸籍制度改革の一つの突破口となったと評価されている[7]。この国務院通知に基づいた政策が実施されてから86年末まで、全国163万4000戸の農村世帯、454万3000人の農民が「食糧自弁戸籍」を取得し[8]、少なくとも戸籍上では都市の新しい住民となった。

「食糧自弁戸籍」の成功例として、いわゆる「龍港モデル」と呼ばれる浙江省蒼南県龍港鎮が注目を浴びた。6000人あまりが居住し、5つの貧しい漁村からなる龍港は、83年10月鎮（町）となり、84年から鎮への出資者に宅地を提供し、さらに戸籍審査、土地使用権の移転、個人経営の登録手続き等の面において優遇措置をとった結果、短期間に人口・資金が集まり、10年後の94年に人口規模13万人を有する現代的工業都市に成長し、全国初の「農民都市」として持てはやされていたのである[9]。

3)「暫住戸籍」と暫住人口管理　「食糧自弁戸籍」と同時に、1980年代の改革のもう一つの動きは、「暫住証」（暫住戸籍）の発行である。農村余剰労働力の顕在化、内陸部と沿海部、農村と都市との所得格差を背景に、出稼ぎ労働者は農村から沿海部大都市を中心とする経済発達地域へと大挙して移動するが、その規模は実際の労働需要をはるかに上回ったため、一時、「盲流」による犯罪が社会問題となり、都市の治安を脅かす不安定要素と思われていた[10]。こうした出稼ぎ労働者（農民工）を管理するために、中国政府は

85年より、16歳以上、都市部在住3ヵ月以上の非都市戸籍者を対象に、「暫住証」の交付を始めた。「暫住証」は正式な都市戸籍ではなく、文字どおり、当分の間都市に居住する「暫定身分証明書」であり、都市の社会秩序を維持するための応急措置との性格を帯びている[11]が、実際には制限できなくなった労働移動に対する追認であり、「非都市戸籍者が原則として3ヵ月以上滞留してはならない」との規定に対する重大な修正であった。

「暫住証」を保有すれば、公安部門の強制退去の対象から外れることができるが、それを受領するための費用や煩雑な手続きを嫌って受領しない出稼ぎ労働者が数多く存在している[12]。そのため、出稼ぎ先の地方政府は80～90年代にかけて厳しい管理措置をとっていた。例えば、98年11月天津市人民政府が制定した「天津市暫住人口戸政管理規定」の中には、いかなる企業または個人は暫住証を受領せず、暫住戸籍を申請していない者を宿泊させてはならない（第14条）、いかなる企業または個人は暫住証を所持していない者を雇用してはならない（同上）、管理規定に従い暫住証の受領、交換、取消を行わない者は、公安機関によってその直接責任者または本人に警告する、または200元以下の罰金を処することができる（第16条）、などが記されている[13]。

しかし、地方政府の暫住人口に対する厳しい管理の中で、暫住人口は「暫住証」または「暫住戸籍」を保有していても、「常住戸籍」の保有者である都市住民が享受している諸種の行政サービスや医療・年金・住宅・教育の保障が受けられない、いわゆる「二等市民」にすぎないという大きな問題があった。暫住証を受領するために、毎年高額な暫住費、計生費（計画出産費）、治安費など都市戸籍を持っている住民に課されない費用を支払わなければならず、暫住者の子弟は現地の学校に通おうとすれば多額の「借読費」（農村戸籍の子どもが都市の学校に通う時に納めなければならない費用）や「賛助費」（学校に対する助成金）を納入しなければならないが、これは都市戸籍の所有者は支払う必要がない。このような強制的に徴収される費用は一種の差別的な「身分税」であると指摘されている[14]。こうした差別がなくならない限り、真の戸籍改革とは到底いえないだろう。

補　　章

　2003 年現在の全国暫住人口は 6993 万人、このうち「務工」（工業・建設業等に従事する労働者）は 4576 万人で、65.4 ％を占めている。ちなみに北京市の暫住人口は 365 万人、上海市 390 万人、広東省は全国トップの 2130 万人に上っている[15]。

　流動人口の急増、「人戸分離」（戸籍所在地から離れる）現象の拡大に対応するため、84 年 5 月北京市は「暫住戸籍」政策と同時に「居民身分証制度」を試験的に実施し始めた。翌 85 年 9 月 6 日、全国人民代表大会常務委員会において「中華人民共和国居民身分証条例」が可決され、身分証制度が全国で実施されるようになった。

　身分証制度の目的は行政管理を強化し、戸籍制度を補足することにあったが、同制度は戸籍制度と並存することで、戸を単位とする管理から個人を単位とする管理への過渡的役割を果たし、戸籍制度の更なる改革に道を開いたと評価されている[16]。

　4）戸籍販売問題　　1980 年代の戸籍改革に関連するもう一つの現象は戸籍販売問題である。戸籍販売は 80 年代半ばに始まり、90 年代に入ってから全国に風靡し、やがて戸籍変更の決定権を握っている地方政府官僚の汚職に発展する[17]など、大きな社会問題になったため、政府が禁止に乗り出すに至ったのである。

　86 年安徽省天長県（94 年天長市に改める）秦欄鎮は、工業、商業の専門技術を有する農民が一人当たり 5000 元の「建鎮費」（鎮の建設費）を納入すれば、秦欄鎮での定住権を獲得できると発表した。建鎮費を徴収した鎮政府はこの資金を運用し、新住民の福祉に充てたり、不動産開発を行って新築住宅を割引価格で新住民に販売したりした結果、2〜3 年の間に秦欄鎮はビルが聳え立つ新しい町に発展し、人口は 1000 人あまりからその 10 倍の 1 万人近くに増加した。これは実質的に非農業戸籍を商品として販売した全国初の事例である[18]。

　続いて 88 年、河北省泊頭市はインフラ建設資金を捻出するために、新しい市民を受け入れる条件として戸籍販売を決定した。泊頭市に投資、または事業を興す者は、一人当たり 3 万 5000 元の都市建設費を支払えば、当市の

戸籍を獲得できるだけでなく、企業の建設用地も市政府から割り当てられる、という内容であった。新政策が発表されてから4ヵ月の間に1000人以上の申請者が殺到し、これによる市政府の収入は市のインフラ建設費5年間分に当たる510万元に達したという[19]。しかし、その後、泊頭市のこうした露骨な戸籍販売は関係部門や世論の非難を招き、中止せざるをえなかった。

(2) 1990年代およびそれ以降の改革

1990年代以降の戸籍改革はさまざまな問題を抱えながらも、80年代の改革に比べ大きく前進した。この時期を90年代前半とそれ以降に分けて見ることができるが、90年代前半までは中央政府による改革の総体方案（全体プラン）の制定と地方政府による独自の改革が並行して進められていた。しかし、この時期においても、都市インフラ建設のための資金集めを口実に、地方政府による公然たる都市戸籍の販売が蔓延り、80年代にも増して大きな社会問題となったのである。90年代後半以降では、国務院・公安部による重要な改革案が次々と発表され、これに基づいて、各地方の改革はようやく統一される方向へと向かい、戸籍管理制度はいよいよ本格的な改革の段階に入ったのである。次は、90年代前半の中国政府の戸籍改革総体方案の作成、商品化された戸籍販売問題の拡大、および「青色戸籍」について取り上げ、90年代後半以降の戸籍制度改革の過程と内容を検討する。

1) 国務院戸籍改革総体方案の作成　1980年代においては、戸籍制度周辺の諸経済制度・社会制度の変革に連動し、戸籍制度も徐々にではあるがさまざまな形で改革が進められ始めた。しかし、これらは部分的な改革という側面が強く、抜本的な政府改革案は制定されていなかった。戸籍改革を求める世論[20]が高まるにつれ、92年末より、国務院を中心に、公安部、国家計画委員会、財政部、農業部、労働部などの部門が協力する形で調査・研究が始まり、改革の総体方案を作成するための準備が進められていた。その結果、93年6月「戸籍制度改革についての国務院決定（草案）」（「国務院関於戸籍制度改革的決定（征求意見稿）」）が作成され、その中で「戸籍を農業戸籍と非農業戸籍に区別する現行の制度は非科学的なものであり、労働力の合理的流動、中小都市の健全な発展を妨げ、社会主義市場経済の確立と社会の安定を損なっ

ているため、これを改革しなければならない」と明言された。具体的には新しい「中華人民共和国戸籍法」の作成を目標に、農業・非農業戸籍を廃止し、住民戸籍に統一すること、大都市への移住を厳しくコントロールすると同時に、中小都市への移住を緩和し、最終的には制限を撤廃すること、住宅と安定した収入を移住の条件にすること、戸籍と社会福祉を切り離し、食糧の供給、就学、就職、住宅など戸籍に付随する優遇措置を廃止すること、などが盛り込まれている[21]。

「総体方案」は戸籍制度改革に関する目標や枠組みを打ち出した、中国政府が作成・公表した最初の方案であり、重要な意味を持っている。この方案によって示された目標が実現されれば、住居の自由と身分の平等はかなりの程度まで改善できると考えられていた。ただし、計画的移住管理制度が完全に放棄されるわけではなく、大都市に対する厳しいコントロールが依然として継続されていくこと、大都市、中小都市の人口増加計画はそれぞれ国務院、地方政府に報告しなければならないことなどが記されており、「世襲証書のように、身分制的に人々の人生を世代を越えて運命づけてきた矛盾の多い戸籍制度」[22]を抜本的に改革する方案には至っていないと思われる。

2) **さらなる戸籍販売の氾濫**　1980年代後半に始まった地方政府の戸籍販売は92年春より再燃し、80年代より増した勢いで全国へ広がった。例えば、湖北省襄陽県の都市戸籍の販売価格は6000元、河北省景県、阜城県、故城県、冀県、衡水市等では5000元で売られていた。特に景県ではわずか3日間で約5000人が購入し、販売側は2500万元の収入を得たといわれている。河南省平頂山市では、市内の場所によって戸籍の価格は異なり、1万元〜6000元で販売されていた。92年10月、山東省徳州地区の斉河県、寧津県、楽陵市などでは、2週間で数百万元の売上金が得られた。湖南省懐化市は「開発区住民戸籍」を4402人に販売し、受け取った「生活福利費」と「新区建設費」の合計額は3012万元、購入者一人当たりの支払金額は約6800元に上った。また安徽省全椒県は2日間に710の戸籍を販売し、350万元を稼いだ。広東省恵州市では、市内5万元以上の住宅を購入すれば市の戸籍を与えるという政府の広告が新聞に掲載され、大きな反響を呼んだ[23]。

補章Ⅱ　新中国の戸籍管理制度——戸籍管理制度の改革過程と現状

　このように、この時期の中国では南から北へ、大都市から中小都市へと戸籍販売が氾濫し、多くの地方政府が戸籍販売を荒稼ぎの手段として利用したことは否定できない。さらに、浙江省温州市のように、市の戸籍を農民に販売したにもかかわらず、市政府は農民の就職について一切責任を負わなかったため、都市戸籍を入手しても収入がなく、生活できない新市民が立往生し、社会問題となった事例も報告されている(24)。中国の農村家庭の一人当たりの年間純収入は、90 年 686.3 元、95 年 1577.7 元(25)だったので、都市戸籍の購入資金は年収の 5 倍に当たる大金である。なぜ高くても買うのか。それには大金をはたいてでも都市戸籍がほしがる農民の心理がある。農民は長い間、農業戸籍であるためさまざまな不利益を受けてきたので、子どもの世代には都市住民と同じ福祉厚生・行政サービスを享受させ、都市戸籍に比べ著しく不利である農村戸籍から脱出させたいと考える農民は少なくない。販売された都市戸籍の価格は高額とはいえ、そして、それはほとんど中小都市・鎮の戸籍に限られているとはいえ、後述する上海市等が発行する「青色戸籍」に比べれば、手が届く範囲であり、都市戸籍を夢見る農民にとっては、かなり魅力があった。

　ところが、こうした戸籍販売を問題視する世論の批判が高まってきたため、政府は各地方の戸籍販売を阻止することに乗り出し、92 年 5 月 4 日「関於堅決制止公開出売非農業戸口的錯誤做法的緊急通知」(「公然たる非農業戸籍の販売を断固として阻止する緊急通知」) を発令した。しかし、戸籍販売は抑制されなかった。その後の 2 年間にわたってさらに拡大し、今日まで断続的に続いている。戸籍販売を阻止できなかった原因は、政府 (公安部) が各地域に販売を禁止する方針を打ち出していながら、経済開発区、不動産投資等の名目での資金徴収や「現地有効戸籍」の発行には賛成していることにある。93 年まで全国における戸籍販売の累計数は 300 万あまりに上り、それによる収入は 250 億元に達したと推測されている(26)。

　3)「青色戸籍」と「現地有効戸籍」　　前述の戸籍販売は、「青色戸籍」「現地有効戸籍」も販売の対象となっていたが、これらは本質的に 1980 年代の「食糧自弁戸籍」「暫住戸籍」と同じもので、都市の「常住戸籍」でもなく、

補　章

農村戸籍でもない第三種の戸籍であり、いわば改革によって生じた変則的な戸籍である。その特徴は、発行する地方政府が認めているものの、正式な都市戸籍として政府が認めておらず、地域間にも互いに認めていない（都市間の移動は不可）「準都市戸籍」というところにある。

「青色戸籍」は中国では「藍印戸籍」と呼ばれ、「現地有効戸籍」の一つである。旧来の都市戸籍と区別するため、一般の戸籍に赤色カバーと赤い印が使われるのに対して、青色戸籍は青色カバーと青い印が使用されるためにこの名称がついたのである。この戸籍に対して、例えば「富裕層にのみ開放された差別的・特権的な戸籍である」[27]「青色戸籍は戸籍制度が孕んだ奇形胎児である。……その存在価値は農村に住みたくないが、都市に住めない人々に臨時の避難所を提供したにすぎない」[28]などと指摘されており、およそ批判的見解が多い[29]が、青色戸籍の弊害を認めながらも、それは戸籍改革における有効な試みであり、「先富起来」（先に豊かになる）の農民に「受益者負担」の原理で都市建設費を負担させることで、国家の財政難がこの新しい財源で緩和されると同時に、中国の都市化が促進される有意義な措置であったとの見方もある[30]。

では、青色戸籍の取得条件について一部の地方を例に見てみよう。全国で最も早く青色戸籍政策を始めたのが遼寧省である。遼寧省政府は中央政府の方針に先駆けて、91年省内の市・鎮に対して、大都市では一人当たり1万元、鎮では3000元の都市人口増加収容費（移住費）を支払った農民に青色戸籍を発行し、市・鎮への移住を許可した。その後、青色戸籍を取り入れる地方は急増し、10あまりの大都市と100以上の鎮が実施した。その結果、93年5月までの2年間に、遼寧省では青色戸籍を申請し、市・鎮に移住した者は8万8226人、市・鎮政府の集金額は4億6000万元に上り、さらに2000年までは累計18億元に達した。沈陽市、大連市等の大都市は都市人口増加収容費が小都市・鎮の3倍にもかかわらず、約4割の申請者は大都市を選んだこと、申請者は豊かな地域からの農民が多く、貧困地域の農民が少ないことが特徴であった。沈陽市では、青色戸籍の取得者は3〜5年を経過すれば、一般の都市戸籍に変更できると規定されている[31]。

こうした地方の先行改革を追認した形で出されたのが、92年8月の公安部「現地有効の都市住民戸籍の実施についての通知」(「関於実行当地有効城鎮居民戸口的通知」)である。「通知」では、「当地需要、当地受益、当地負担、当地有効」(「現地の需要に基づき、現地が受益し、現地が引き受け、現地でのみ有効」)の原則が唱えられ、各地方の自主的農業人口の移転策を肯定した形となっているが、これは事実上、地方政府の戸籍販売の合法化につながった[32]。戸籍販売によって生じた「準都市戸籍」の登場は都市と農村の二重戸籍を完全になくせない政府の「苦肉の策」といえようが、地方政府にとって資金・人材を集める絶好のチャンスであった。92年8月公安部「通知」をきっかけに、10月から遼寧省のほかに、上海、天津、吉林、湖北、山東、広東、浙江、福建、江蘇、河北、内蒙古、山西、雲南等の省・市では青色戸籍・現地有効戸籍の実施が始まった。

各地域の実施内容は一様ではないが、例えば、上海市の場合、94年2月に「上海市青色戸籍管理の暫定措置」(「上海市藍印戸口管理暫行規定」)が施行され、青色戸籍が導入された。暫定措置によれば、上海市に対して、人民幣100万元以上、または米ドル20万ドル以上の投資者、面積100m^{2}以上の住宅の購入者、上海市内の企業に3年以上雇用されている専門家・技術者は、「上海市青色戸籍」を申請することができる。青色戸籍の取得者は以後毎年公安機関の確認を受けなければならないが、一定期間（一般は3年前後）を経過すれば、上海市の常住戸籍に変えることも可能である[33]。この内容を見れば分かるように、青色戸籍を取得するためには厳しい条件が設定されており、資金もなく、学歴や特技もない人にとって、上海市青色戸籍は高嶺の花である。

4) 戸籍管理制度改革の重要な進展——1997年、98年、2001年政府改革案

戸籍管理制度改革に重要な進展が見られたのは1997、98、2001年の政府改革案である。97年に国務院は公安部「小都市戸籍管理制度の改革に関する試行案」(「小城鎮戸籍管理制度改革試点方案」)および「農村における戸籍管理制度の改善に関する意見」(「関於改善農村戸籍管理制度的意見」)を認可し、全国に通達した。この改革案はそれまでの改革に比べ大きな前進が見られ、従来の

補　　章

都市・農村の二元的戸籍制度を廃止する重大な一歩を踏み出した。この改革案によって、小都市に安定した住所と農業以外の収入があり、かつ2年以上都市部で生活した農民は、都市戸籍を取得でき、都市住民と同様の社会サービスを受けることができるようになった。その結果、全国382城鎮で試験的に戸籍の切替えが行われ、54万人の農村戸籍者が都市戸籍を取得した[34]。

　続いて98年7月22日、国務院は公安部の意見を批准する形で「目下の戸籍管理事業に関するいくつかの際立った問題に対する意見」(「関於解決当前戸口管理工作中幾個突出問題的意見」)を公布した。この中では、①嬰児は父母のどちらの戸籍に入籍してもよい(自由選択)、②夫婦別居の場合、配偶者の所在都市に一定期間居住していれば、本人の意思で当都市の戸籍を取得できる、③退職者がそれまで働いていた職場の所在地や戸籍所在地に戻る際、または配偶者や子女のもとへ身を寄せる際の戸籍問題を解決する、④都市部で投資、興業、または住宅を購入する者、およびその直系親族が、都市に定住先、職業または安定した収入があり、かつ一定期間居住していれば、同市の戸籍を取得できる、などの内容が盛り込まれている[35]。戸籍の影響で長期間にわたって夫婦別居を強いられる問題、また母親が農村戸籍のため、子も一生農村戸籍から脱け出せない問題など、非人道的な部分が改められたことがこの改革案の特徴であり、評価されている。しかし、大都市、特に北京、上海のような特大都市については、政府は政策の変更に慎重な姿勢を崩していない。この点に関しては97年改革案に共通している。

　さらに2001年3月30日、公安部提出の「小都市・鎮(町)における戸籍管理制度改革の推進に関する意見」(「関於推進小城鎮戸籍管理制度改革的意見」)が国務院によって認可され、全国に通達された。その主な内容は、①これまでの青色戸籍、地方有効戸籍、食糧自弁戸籍を「城鎮常住戸籍」(都市常住戸籍)に統一する、②安定した住所と収入があれば、本人およびその直系親族の戸籍を都市戸籍に変更できる、③農民は請負った土地の経営権を保留、または転売できる、④都市への移住者に対して入学、就職等において差別してはならない、⑤むやみに「都市建設費」を徴収してはならない、などとなっている[36]。この改革案は、農民の請負農地についてその経営権を保留・転

売できると規定した内容が注目されている。

　以上の1997、98、2001年の3つの改革案は、いずれも中小都市の戸籍改革を目的に、これまでにない大胆な改革内容を打ち出している。戸籍変更の条件として、安定した住所と収入が要求されているが、農村戸籍から都市戸籍に変更するのが不可能だった60〜70年代、また高学歴か高投資額のいずれかがなければ都市戸籍を入手できない80〜90年代前半に比べれば、「中・小都市に限定する」とはいえ、職業、住居を選択する自由はある程度実現できたことの意味が大きい。

　2001年に制定された第十次五ヵ年計画（2001〜05年）に、21世紀中国の都市化を推し進める重要な内容の一つとして、都市と農村の分断体制を打破し、市場経済システムのもとで新しい都市・農村間関係を確立することが強調され、都市に移住した農民に対する不必要な制限を取り除き、農村余剰労働力の都市への「秩序ある流動」を誘導するなど、戸籍改革の方針が改めて打ち出された[37]。中国政府は戸籍管理制度の改革に本腰を入れたと見てよかろう。

3　個別地域における戸籍管理制度改革の内容と特徴

(1) 河北省石家荘市の事例

　戸籍制度改革の実験は全国の中小都市・鎮において数多く行われているが、河北省の省都である石家荘市のように、都市戸籍を取得するためのほとんどすべての条件を撤廃し、同市の都市部全域を改革の対象としているケースは少ない。もっとも石家荘市の戸籍改革は、2001年まで中央政府の方針に合わせた漸進的なやり方であった。例えば、1984年の「食糧自弁戸籍」は市の中心部が対象外であるため、申請者は少数にとどまった。また92年の戸籍販売風潮の中で同市は購入者一人当たり3万元という高額の都市建設費を設定していたので、予想していた効果が現れなかったが、95年1万元に下げた結果、約5万人が石家荘市の戸籍を取得した。98年にも戸籍改革が全国範囲で行われ、石家荘市も独自の改革案を作ったが、市の戸籍の取得条件は、例えば配偶者と同居生活に入る場合は「結婚5年以上」、投資の場合

補　　章

は「投資 50 万元以上」「年間納税額 5 万元以上または 3 年累計納税額 10 万元以上」、住宅購入の場合は「住宅面積 100m² 以上または購入価格 20 万元以上」等となっており、依然として厳しかった。

　以上の過程を経て、2001 年 8 月石家荘市は思い切って大胆な改革を実行した。新しく開始された「戸籍移転新政策」によると、次の条件を満たしていれば石家荘市の戸籍を取得できる。すなわち、①市内に合法的な住所および市の戸籍を持つ職員・労働者、住民の配偶者・子女・父母（以上は同居が前提）、②市内で商業を営んでいる者およびその直系親族、③市内の企業・団体等により招聘または雇用され、管理者・技術者は 1 年以上、労働者は 2 年以上勤めている者、④市内住宅の購入者およびその直系親族、⑤大学卒業者のうち、師範系列は本科（四年制）、非師範系列は短大以上、特殊な専門系列では中等専門学校以上の卒業生で、市内単位（企業・機関等）に採用された者、⑥農業戸籍を持つ市内在住の女性が、市外の者と結婚し生まれた子ども、⑦第二環状路以内に居住している農村住民。

　98 年改革に比べ、2001 年改革は同居親族の年齢制限、被雇用者の就業年数制限、最低投資金額の規定、住宅面積の規定が削除され、市戸籍の取得条件が大幅に緩和された。改革の結果、2001 年 8 月〜03 年 6 月に 44 万 6500 人が石家荘市の戸籍を取得した。その内訳を見ると、就職者 8 万 7000 人(19.4 %)、市外大学生 1 万 5000 人 (3.3 %)、興業 5600 人 (1.3 %)、住宅購入 7200 人 (1.6 %) となっており、「就地農転非」（実質上都市で生活している区域内農民で、戸籍を農村戸籍から都市戸籍に変更するのみ）は最も多い 30 万 5000 人で、68.3 ％を占めている。しかし、市戸籍取得者数は新政策の実施による市内人口の膨張を危惧していた市政府の予想を大きく下回った。以上の改革の結果、石家荘市非農業人口の比率は 2001 年 7 月の 79 ％から 03 年 6 月の 95 ％に上昇した[38]。

　だが市戸籍取得者に対するサンプル調査によれば、23.6 ％の人は住宅、20.0 ％の人は社会保障、18.2 ％の人は収入、18.2 ％の人は子女の入学、9.1 ％の人は就職の悩みを抱えており、これらの問題の解決は、戸籍改革を断行した市政府にとって大きな課題となろう[39]。

(2) 広東省深圳市の事例

　深圳市は中国広東省南部の重要な港湾都市である。1980年に経済特区に指定されるなど、改革・開放政策の脚光を浴びて急成長を遂げた。人々は高所得と高生活水準を求めて、全国各地から集まってきた結果、経済成長とともに人口が急増し、現在700万人の常住人口を有するに至った。しかし、この中に深圳市戸籍を持っている人は151万人[40]にすぎず、残りの約550万人は暫住戸籍に登記されている暫住人口か、またはどちらにも登記されていない流動人口である。つまり、暫住人口・流動人口は深圳市戸籍人口の3～4倍という計算になる。このアンバランスな現象は全国でも珍しい。

　常住人口に比べ多すぎる暫住人口問題を解決するために、深圳市がとった方法は市の常住戸籍人口を増やすことであるが、具体的には5～10年間をかけて、暫住人口の中から一定の条件を満たす者を選別し、深圳戸籍を与えると同時に、全国から新たに投資家・技術者・高学歴者を誘致し、「入戸」させる（深圳戸籍を与える）方針を決定した。その内容は次のとおりである。

　第一、「技術入戸」。深圳市の経済と社会発展に必要な「技能型人員」——例えば技師以上の資格を持っている者——およびその配偶者に深圳戸籍を与える。

　第二、「美徳入戸」。これはかなり独特な政策といえる。すなわち、社会に貢献し、その成果が認められた人に深圳戸籍を与える規定である。例えば、2003年、表彰された90人の保安員（警備員）に深圳戸籍を与えた。また、献血は合計8000ml以上で、国家無償献血金賞を3度連続して獲得した深圳市在住・在勤の者に深圳戸籍を与える。

　第三、「納税入戸」。3年連続して30万元以上納税した企業の経営者、または5年連続して8万元以上納税した個人経営者に深圳戸籍を与える。ただ個人経営者の場合、中級技師以上の資格を持つ者に限定するという厳しい条件があるため、2002年現在クリアできた個人経営者は1人もいなかったという。この条件について深圳市は再検討中である。

　第四、「投資入戸」。毎年の投資額に対する規定は異なるが、2002年の規定では、投資額300万元以上、独立の法人資格を持ち、初年度に正常な経営

を行いかつ納税した法人企業（の出資者）に深圳戸籍を与えることになっている。また、200万元以上の出資者の配偶者に深圳戸籍を与える。投資による戸籍取得者は男性45歳以下、女性40歳以下に限定されている。

第五、「大学生入戸」。深圳市では新卒大学生への誘致は一貫して積極的に行われている。中国の高等教育機関への進学率は13％であり、日本の48％、アメリカの71％に遠く及ばない[41]。大学生に対する北京、上海、広州、深圳等の大都市間の争奪戦はますます激しくなってきている。2003年深圳市は1万5000人の大学卒業生を受け入れており、史上最多となったが、特に不足している電気情報、経済学、経営管理等を専門とする学生が優遇されるという[42]。

(3) 河南省鄭州市の事例

河南省の省都鄭州市は人口240万人を擁する大都市であり、戸籍改革は全国に先駆けて積極的に行われている。1987年、特技を有する人材は戸籍を変更せずに都市と農村間を行き来できる政策を率先して実施した。都市に活躍の場を得られない技術者は、本人の志望によって農村の郷鎮企業と自由に契約を結び、契約期間満了後に再び鄭州市に戻る方法である。この政策は反響を呼び、郷鎮企業に赴いた技術者は1420人に及んだという[43]。

14年後の2001年11月、鄭州市の戸籍取得条件は大幅に緩和され、次の3条件の中の一つさえ満たしていれば、市の戸籍を取得できるようになった。すなわち、

第一、住宅を購入する。購入住宅の面積により戸籍の取得人数は異なり、最低限の56m^{2}以上を購入すれば、本人およびその直系親族合計2人が市の戸籍を取得できる。90m^{2}以上は3人、120m^{2}以上は4人、150m^{2}以上は5人となっている。

第二、投資または納税する。鄭州市に投資、興業し、ビジネスに携わる市外の者で、3年以上市内で経営し、毎年納税額3万元以上、または1年間の納税額が10万元以上に達した者は、本人および同居する直系親族が鄭州市の戸籍を取得できる。外国人投資者の場合、10万ドルを投資するごとに1人が市の戸籍を取得できる。

第三、学歴を有している。博士号を持っている者は、職業の有無を問わず、鄭州市の戸籍を取得でき、その配偶者、子女の戸籍も取得できる。修士号の取得者および大卒者は、博士同様、職業の有無を問わず戸籍を取得できるが、本人に限定する。短大・専門学校等の卒業生は、受入れ先があり、かつ人事部門の許可を得られれば鄭州市の戸籍を取得できる。

　以上のいずれの条件で戸籍を取得しても、安定的住所、安定的職業・収入（鄭州市最低生活ライン以上）が必要である。この政策を実施した結果、鄭州市は約10万人増加した。

　続いて2003年8月、鄭州市は全国に先駆けてさらに大胆な改革に踏み出した。つまり、都市戸籍の制限をほぼ全廃し、市に居住している親戚や友人さえいれば、戸籍を取得できる新しい政策を発表した。この措置によって鄭州市はさらに15万人増加した。

　しかし、2年間に25万人が急増したため、さまざまな問題が発生した。例えば路線バスなどの交通手段は需要に追いつかず、交通難は市民の日常生活に影響を与えた。また学校の定員オーバーの問題もあった。2004年9月鄭州市小学校の新入生数は史上最高に達し、90人クラスを編成せざるをえない小学校もあったという。そして病院や公安機関も人口急増で混乱した。

　人口急増への対応に限界を感じた市政府は、2004年8月に通達を出し、03年8月より実施されてきた新戸籍政策をしばらく停止すると発表した[44]。共産党機関紙の『人民日報』は鄭州市の事例について、戸籍改革は農業戸籍を非農業戸籍に変更するだけで済むことではなく、教育、就職、都市インフラ建設などに関連する大きな社会変革であることが、鄭州市の事例によって証明されたと報じている[45]。

4　2010年以降の戸籍管理制度改革

　2010年6月、国務院発展研究センター（国務院直属の政府コンサルティング機関）社会発展研究部副部長貢森は今後の改革に関する研究結果を発表し、改革の基本姿勢を示した。その内容は次のとおりである。今後の戸籍制度改革の重点は新しい人口管理手段の構築と、都市戸籍に付随している権益および

補　　章

社会福祉を切り離すことに置かれる。現在、戸籍に付随している特権は20項目以上に上り、政治的権利、就学・就労上の特権、社会保障関係、計画出産政策、退役軍人の再就職、交通事故による損害賠償など、さまざまな面に及んでおり、都市戸籍はまさに都市住民の社会福祉を守る道具と化している。今までの改革は大都市、中小都市にかかわらず、都市戸籍を取得するために投資、住宅の購入、学歴・特技が必須条件として要求されてきたが、これらの条件は本来、国民が享受する基本的権利である。戸籍が金銭とリンクされ、商品化されたことは、すなわち国民のあるべき基本的権利が商品化されているのと同じである。こうした社会の公平・正義に反する風潮は断固として抑制しなければならない。

　また、今後の改革は「高門檻、一次性」（厳しい条件を1回でクリアする）から「低門檻、漸進式」（必要な条件を少しずつクリアしていく）への移行が必要である。具体的には改革を2段階に分け、最低限の居住条件を満たしていれば、「居住証」を発行し、都市住民と同等の選挙権、就労権、社会保障加入権、義務教育および最低限の衛生・保健サービスを受ける権利を享受できるようにすることである（第一段階）。だが、被選挙権、最低生活保障、住宅の保障を受けるためには、一定の社会保険加入期間と納税期間が必要である（第二段階）。このほかに、一部の大都市・特大都市において、特殊な職業への就職資格、大学入試資格などが都市戸籍とリンクされているが、これらについては、戸籍管理に取って代わる、より合理的な管理手段が必要である[46]。国務院発展研究センターのこうした見解は中央政府の改革方針にどこまで影響するか興味深い。

　改革のもう一つの動きはポイント制による都市戸籍の取得である。2010年6月、広東省政府は「農民工のポイント制による都市戸籍取得の指導意見について」を公布し、農民工100万人を目標に、ポイントを貯めて都市戸籍を取得させる実験を始めた[47]。その内容は農民工に対して取得ポイントの基準を設け、一定の点数（原則として60pt）を満たしていれば、勤務地または自宅所在地の都市戸籍を取得できるというものである。例えば、学歴・特技については高卒20pt、短大卒60pt、大卒80pt、中級技術者60pt、発明によ

288

る特許権については数百ptなどの基準が決まっており、これまでになかった項目として社会貢献活動の内容（地方政府の表彰を受けたら60pt、献血1回につき2pt、ボランティア活動50時間につき2ptなど）も対象とされたが、犯罪歴があれば減点される。金銭（投資・住宅購入）に比べて学歴・技能がより重視され、また個人の努力も認められるのがポイント制の特徴だが、農民に歓迎されるかどうかはまだ不明であり、その行方が注目されよう。

　中国の戸籍管理制度改革は1984年国務院通知から約30年が経過しているが、この間、数多くの政府改革案が制定・実施され、地方においてもさまざまな試みがなされ、その結果、農村戸籍から都市戸籍への変更は、条件つきではあるが可能となった。これは戸籍制度改革の顕著な成果であり、二重社会構造を根底から取り崩す重要な一歩となるだろう。しかし、現在進行中の戸籍制度改革は、中国の経済的・社会的矛盾や問題を緩和するための、いわば応急的・事後追認的な措置であるとのイメージが強い。言い換えれば、都市部に移住したい農民の強い願望と、大都市が受け入れられない現実との矛盾を緩和するために、差し当たり多くの小都市や町を作って、農村移入人口の受け皿として整備するにとどまり、北京などの特大都市では依然として「外来人口」の移入を厳しく制限している。戸籍制度改革の究極の目的はすべての条件を撤廃し、人々に居住・職業選択の自由を与えることでなければならない。今後は大都市・特大都市への自由移住を視野に入れた、一歩踏み込んだ改革が求められよう。中国は国際社会への仲間入りを果たすためにも、また国内の政治的・社会的安定と経済の持続的発展を図るためにも、都市住民と農民との身分上の格差を完全になくし、国民が享受すべき権利を保障しなければならない。そのためには新しい戸籍法の制定が緊急課題である。

注：
(1)　柯隆（2001）「中国の戸籍制度の改革——労働移動の自由化と経済発展の関係を軸に」『東亜』12月。
(2)　「三線」とは「三線建設」のことであり、毛沢東時代の経済発展戦略および対外的軍事防御構想である。すなわち全国を第一線（東北および沿海地域）、

補　　章

第二線（内陸の平野部）、第三線（内陸部の雲南省、貴州省、四川省、陝西省、甘粛省など全国土の3分の1に相当する西南・西北地域の11省）に分け、第三線への沿海の工業施設の分割移転と集中投資を通じて、新しい工業体系の形成と堅固な対外防御を目指すものであった。新中国建国後の人口移動・戸籍政策は基本的には内陸部への移入奨励と沿海部への移入制限を中心とするものであった。詳しくは呉 2002 を参照。

(3) 王海光（2003）「当代中国戸籍制度形成与沿革的宏観分析」『中共党史研究』第3期。
(4) 范 2003：188。
(5) 厳 2002：72 参照。
(6) 松戸 2002：18-19。
(7) 張 2001：211。
(8) 同上。
(9) 龍港鎮について、王汝亮（1994）『中国農民第一城』当代中国出版社、丁仕田（1994）『龍港鎮誌』漢語大詞典出版、李其鉄（1994）『龍港「農民城」的建設与発展』学苑出版社などの研究がある。
(10) 2003年11月中国国家統計局のサンプル調査によると、都市の治安問題として「外来人員違法犯罪」（移入者の犯罪）を挙げた都市住民は 25.4％に上り（農村住民 8.8％）、賭博（同 28.9％）に次いで2位であった（国家統計局人口和社会科技統計司編（2004）『中国人口統計年鑑』中国統計出版社、319頁）。
(11) 当時、沿海部の企業と内陸部の地方政府との契約による合法的な労働移動があった一方、沿海部の政府や企業の受入許可を受けない「非合法的」な労働流入も多かった。前掲柯 2001 を参照。
(12) 出稼ぎ先で暫住戸籍の手続きをするために、流出地（戸籍所在地）で受領する治安証、労務証、身分証、婚育証が必要である。王立英（1996）「試論我国城鎮暫住人口的管理」『人口与経済』第4期を参照。なお、2005年8月、筆者は中国 X 市公安局戸籍科を訪問し、担当者にインタビューした際、「暫住証」の手続きを行っていない外来人口は多数存在し、おそらく受領者の何倍もあろうと推測されている。この部分の外来人口をどう見つけ出すか分からず、その把握と管理に困惑しているという。筆者が X 市公安局で入手した「暫住証」は本人携帯用であり、日本の運転免許書とほぼ同サイズで、写真貼付、記入項目に姓名、性別、出生年月日、身分証番号、戸籍所在地住所、暫住地住所等がある。これとセットとなっているのは「暫住人口登記表」であり、「暫住証」にある項目のほかに、学歴、婚姻状況、暫住理由、元の職業、現在の職業、現住所、勤務先住所、責任者、家族全員の氏名、性別、出生年月日、（借宅の）大家の氏名、大家との関係等を記入しなければならない。これらの個人情報は公安局に保存・管理されている。「暫住証」の有効期間は1年であるが、「暫住人口登記表」は有効期限がなく、変更事項を追加記録するのみで

ある。
(13) 范 2003：1117（第3巻）。
(14) 藍海涛（2000）「我国戸籍管理制度的歴史淵源及国際比較」『人口与経済』第1期。
(15) 公安部治安管理局編（2004）『全国暫住人口統計資料彙編』中国人民公安大学出版社。
(16) 王 2001：130-135。
(17) 一部の市・区、県の公安局長や戸籍担当係官は、権力を濫用し、巨額の賄賂を受け取ったとして処罰された。広州市越秀区某派出所の民警某は悪質なため、死刑の判決を受けた例もある。田 2003：185-206（「戸口与犯罪」）を参照。
(18) 范 2003：189（第1巻）。
(19) 同上。
(20) 例えば、1992年3月、第7期全国人民代表大会第5回会議において、32人の代表は連名で「『農転非』（農業戸籍から非農業戸籍への変更）政策の改革に関する提案」を提出し、現行の戸籍制度は経済発展を束縛する桎梏であると主張し、新しい「戸籍法」の制定と都市・農村の二元的戸籍制度の廃止を要望した。翌93年3月、第8期全国人民代表大会第1回会議において、梁代表ら9人の連名で、また趙代表ら4人の連名で、それぞれ「『二元化』の戸籍制度は改革しなければならない」「国家の関係部署による戸籍管理の強化と改善を要望する」議案が大会に提出された。殷ほか 1996：55-60 を参照。
(21) 范 2003：193-194、204-205（第1巻）。
(22) 若林 2005：268。
(23) 以上は范 2003：190（第1巻）を参照。
(24) 戸籍販売について中国に優れた実証研究がある。この研究では、作者は1991～98年中国東部沿海地域にあるP市の戸籍販売過程、売・買者双方の動機、販売結果等を、戸籍購入者へのインタビューや市公安局の記録資料に基づいて明らかにし、戸籍販売のマイナス影響は大きく、これが決して戸籍改革の方向となってはならないと結論した（左鵬・周菁（2000）「戸口買売与戸籍制度改革——来自P市的調査」『中国人口科学』第2期）。
(25) 中国国家統計局編（2004）『中国統計摘要』中国統計出版社。
(26) 韓俊（1994）「当代農村経済形勢透視与近代改革的思路」『中国農村経済』第1期。
(27) 松戸 2002：19。
(28) 張効直（2003）「当代中国戸口制度的歴史及現状」田炳信『中国第一証件——中国戸籍制度調査手稿』広東人民出版社、25頁。
(29) 例えば、任文は「青色戸籍」政策が戸籍における根本的な問題を解決できないだけでなく、人材・資金がますます沿海地域に集中し、地域間の経済発

展のアンバランスをもたらすマイナスの影響が大きいと断言している（任文(1999)「市場経済下的戸籍制度改革」『中国人口科学』第1期）。
(30)　曹景椿（2001）「関於『藍印戸口』問題的思考」『人口与経済』第6期。
(31)　遼寧省の事例について、曹景椿（1993）「藍皮藍印戸口引発的思考」『人口与経済』第5期および前掲曹2001を参照。
(32)　班茂盛・祝成生（2000）「戸籍改革的研究状況及実際進展」『人口与経済』第1期を参照。
(33)　『中国検察報』1994年1月30日付、王建民・胡琪編（1996）『中国流動人口』上海財経大学出版社、263頁。
(34)　前掲王2003。
(35)　范2003：196（第1巻）。
(36)　范2003：197（第1巻）。
(37)　『人民日報』2001年6月18日付。
(38)　2002年現在、石家荘市の常住人口は211万人となっている（前掲人口和社会科技統計司2004：255）。
(39)　石家荘市の事例について、王文録（2003）「人口城鎮化背景下的戸籍制度変遷—石家荘市戸籍制度改革案例分析」『人口研究』第27巻6期（11月）、および中国研究所編（2004）『中国年鑑』創土社、162-163頁を参照。
(40)　前掲国家統計局人口和社会科技統計司2004：255。
(41)　World Bank, *World Development Indicators*, The World Bank, Washington, 2004.
(42)　深圳市の事例について、田2003：284-286を参照。
(43)　田2003：292（付録1）。原資料は新華通信社『国内動態清様』1988年6月3日、第1475期。
(44)　鄭州市の事例について、『河南商報』2001年11月4日付、『中文導報』2004年9月23日付を参照。
(45)　『人民日報（海外版）』2004年10月8日付。
(46)　「国研中心専家称発達地区応接納更多人口落戸」『中国青年報』2010年6月4日付。
(47)　人民網日本語版 http://j.people.com.cn/（閲覧日：2010年6月8日）、『経済観察報』2010年6月12日付。

引用・参考文献

日本語文献

阿部隆一（1965）「室町時代以前に於ける御注孝経の講誦伝流について」『斯道文庫論集』第4巻

天児慧（1999）『中華人民共和国史』岩波書店

飯野春樹（1992）『バーナード組織論研究』文眞堂

飯野春樹編（1988）『人間協働——経営学の巨人、バーナードに学ぶ』文眞堂

石田一良・金谷治校注（1975）『日本思想大系 28 藤原惺窩 林羅山』岩波書店

石田一良編（1980）『体系日本史叢書 23 思想史Ⅱ』山川出版社

石原享一（2004）「中国社会主義再考」加藤弘之・上原一慶編著『中国経済論』ミネルヴァ書房

磯村和人（2000）『組織と権威——組織の形成と解体のダイナミズム』文眞堂

板野長八（1955）「孝経の成立」『史学雑誌』第64巻第3号・4号

市来津由彦（1994）「山崎闇斎『大和小学』考」『国際文化研究科論集』創刊号

伊藤仁斎著、清水茂校注（1970）『童子問』岩波書店

稲葉襄（1991）『企業経営学要論』中央経済社

今井宇三郎・瀬谷義彦・尾藤正英校注（1973）『日本思想大系 53 水戸学』岩波書店

今井健一（2008）「『株式会社天国』としての中国」下谷政弘編著『東アジアの持株会社』ミネルヴァ書房

岩田龍子（1977）『日本的経営の編成原理』文眞堂

岩田龍子（1978）『現代日本の経営風土——その基盤と変化の動態を探る』日本経済新聞社

岩田龍子（1985）『日本の経営組織』講談社

岩田龍子（1995）「日本型経営システムと『組織圧力』——『高圧釜状況』とその変化」『産業精神保健』第3巻第4号

岩田龍子・沈奇志（1997）『国際比較の視点で見た現代中国の経営風土——改革・開放の意味を探る』文眞堂

ヴァンデルメールシュ，レオン著、福鎌忠恕訳（1987）『アジア文化圏の時代』大修館書店

ウィリアムソン編、飯野春樹監訳（1997）『現代組織論とバーナード』文眞堂

ウェーバー，マックス著、中村貞二・山田高生訳（1965）「新秩序ドイツの議会と

政府──官僚制度と政党組織の政治的批判」『世界の大思想 23 巻 政治・社会論集』河出書房新社

内田知行（1990）「戸籍管理・配給制度からみた中国社会──建国〜1980 年代初頭」毛里和子編『現代中国論Ⅰ 毛沢東時代の中国』日本国際問題研究所

内野熊一郎（1962）『新釈漢文大系 第 4 巻 孟子』明治書院

宇野精一（1984）『儒教思想』講談社

宇野哲人全訳注（1983）『大学』講談社

宇野哲人全訳注（1983）『中庸』講談社

王家驊（1988）『日中儒学の比較』六興出版

大梶俊夫（1984）「労働過程における階級非構造化──テイラー・システムと大衆の論理」『ソシオロジカ』第 9 巻第 1 号

王紅領著、中兼和津次・木崎翠・何立新訳（2000）「中国社会保障体系の確立と国有企業の改革」『海外社会保障研究』Autumn, No.132

大橋昭一・竹林浩志（2008）『ホーソン実験の研究──人間尊重的経営の源流を探る』同文舘出版

大橋英夫・丸川知雄（2009）『叢書 中国的問題群 6 中国企業のルネサンス』岩波書店

岡田武彦（1994）『儒教精神と現代』明徳出版社

岡本浩一（2005）『権威主義の正体』PHP 研究所

小倉紀蔵（2012）『入門朱子学と陽明学』筑摩書房

小倉紀蔵（2012）『朱子学化する日本近代』藤原書店

小野進（2011）「儒教の政治哲学と正義 下」『立命館経済学』第 59 巻第 6 号

貝塚茂樹（1967）『中国とは何か』朝日新聞社

加地伸行（1998）『家族の思想』PHP 研究所

加地伸行全訳注（2007）『孝経』講談社

加地伸行全訳注（2009）『論語』講談社

加藤弘之・上原一慶編（2004）『中国経済論』ミネルヴァ書房

加藤弘之・渡邉真理子・大橋英夫（2013）『21 世紀の中国 経済篇 国家資本主義の光と影』朝日新聞出版

金谷治訳注（1963）『論語』岩波書店

川井伸一（1996）『中国企業改革の研究──国家・企業・従業員の関係』中央経済社

川島武宜（2000）『日本社会の家族的構成』岩波書店

木崎翠（2000）「中国の社会保険導入の企業経営への影響」『海外社会保障研究』

Autumn, No.132
岸田民樹・田中政光（2009）『経営学説史』有斐閣
木下鉄矢（2013）『朱子学』講談社
清川雪彦（1994）「中国における企業改革の進展と職務意識の変化――天津市の機械工場における意識調査を通して」『経済研究』Vol.45, No.2
許婷婷（2008）「徳川日本における『六諭』道徳言説の変容と展開」『東京大学大学院教育学研究科紀要』第 47 巻
金日坤（1992）『東アジアの経済発展と儒教文化』大修館書店
桑原隲蔵（1977）『中国の孝道』講談社
厳善平（2002）『シリーズ現代中国経済 2 農民国家の課題』名古屋大学出版会
黄俊傑著、藤井倫明・水口幹記訳（2013）『東アジア思想交流史』岩波書店
幸田浩文（2013）『米英マネジメント史の探究』学文社
呉暁林（2002）『毛沢東時代の工業化戦略――三線建設の政治経済学』御茶の水書房
小島毅（2013）『朱子学と陽明学』筑摩書房
小島麗逸編（1978）『中国の都市化と農村建設』龍渓書舎
西条正（1984）「中国の档案制度――その管理・内容・利用について」高木誠一郎・石井編『中国の政治と国際関係』東京大学出版会
西条正（1986）「準人事档案と文化大革命」加々美光行編『現代中国のゆくえ――文化大革命の省察Ⅱ』アジア経済研究所
サイモン著、二村敏子・桑田耕太郎・高尾義明・西脇暢子・高柳美香訳（2011）『経営行動』ダイヤモンド社
相良亨（1965）『近世日本における儒教運動の系譜』理想社
相良亨編著（1966）『近世の儒教思想』塙書房
相良亨（2004）『武士の思想』ぺりかん社
相良亨（2010）『武士道』講談社
佐久間信夫・坪井順一編著（2013）『現代の経営管理論 第 2 版』学文社
澤井啓一（2014）『山崎闇斎』ミネルヴァ書房
篠崎恒夫（2000）『個人と組織の経営学』同文舘出版
柴彦威・劉志林（2003）「中国都市における単位制度の変化と生活活動および都市構造への影響」『東京大学人文地理学研究』第 16 巻
嶋田明（2004）『現代は儒教思想に学べ』新風舎
島田虔次（1967）『朱子学と陽明学』岩波書店
シャイン，エドガー・H. 著、二村敏子・三善勝代訳（2010）『キャリア・ダイナミ

クス』白桃書房
進藤勝美（1978）『ホーソン・リサーチと人間関係論』産業能率短期大学出版部
鈴木幸毅・池内守厚編著（1997）『バーナード理論と労働の人間化』税務経理協会
鈴木幸毅（1998）『バーナード組織理論の基礎』税務経理協会
鈴木秀一（1997）『増訂版 経営文明と組織理論』学文社
鈴木修次（1984）『中国の人と思想2 孟子』集英社
千石保・丁謙（1992）『中国人の価値観』サイマル出版会
園田茂人（2001）『中国人の心理と行動』日本放送出版協会
竹内照夫（1971）『新釈漢文大系 第27巻 礼記 上』明治書院
武内義雄（1982）『儒教の精神』岩波書店
竹村牧男・高島元洋編著（2013）『仏教と儒教』放送大学教育振興会
多田顕（2006）『武士道の倫理』麗澤大学出版会
谷川真一（1997）「中国における『単位』制度――毛沢東時期の政治体制についての考察」『中国研究月報』第51巻第3号
田原嗣郎・守本順一郎校注（1970）『日本思想大系32 山鹿素行』岩波書店
張英莉（2010）「中国における戸籍管理制度の過去と現在」政策科学学会『政策科学学会年報』創刊号
張英莉（2012）「中国の組織機構における権威と服従の様相」奥山忠信・張英莉編『現代社会における組織と企業行動』八千代出版
張玉林（2001）『転換期の中国国家と農民――1978〜1998』農林統計協会
ツェ，デイヴィッド・古田茂美著、鈴木あかね訳（2011）『グワンシ――中国人との関係のつくりかた』ディスカヴァー・トゥエンティワン
津田左右吉（1965）「儒教の実践道徳」『津田左右吉全集 第18巻』岩波書店
津田眞澂（1977）『日本的経営の論理』中央経済社
土田健次郎編（2010）『21世紀に儒教を問う』早稲田大学出版部
土田健次郎（2011）『儒教入門』東京大学出版会
土田健次郎（2012）『「日常」の回復――江戸儒学の「仁」の思想に学ぶ』早稲田大学出版部
土田健次郎（2014）『江戸の朱子学』筑摩書房
寺沢正雄（1985）「テイラーの科学的管理法」小林康助編著『アメリカ企業管理史』ミネルヴァ書房
ドーア，ロナルド著、田丸延男訳（1986）『貿易摩擦の社会学――イギリスと日本』岩波書店
唐亮（1997）『現代中国の党政関係』慶應義塾大学出版会

ドラッカー, ピーター著、上田惇生訳（2006）『ドラッカー名著集 3 現代の経営 下』ダイヤモンド社
長尾周也（1979）『組織体における権力と権威』大阪府立大学経済学部
中兼和津次（2002）『シリーズ現代中国経済 1 経済発展と体制移行』名古屋大学出版会
中川誠士（1983）「科学的管理成立の背景に関する一考察――内部請負制度を中心として」『経済論究』第 57 号
中川誠士編著、経営学史学会監修（2012）『テイラー』文眞堂
中村瑞穂（1976）『管理組織論の生成――組織理論の基礎』東京教学社
なだいなだ（2009）『権威と権力――いうことをきかせる原理・きく原理』岩波書店
西島和彦（2001）「戸籍法」西村幸次郎編『現代中国法講義』法律文化社
西順蔵・阿部隆一・丸山真男校注（1980）『日本思想大系 31 山崎闇斎学派』岩波書店
フーブラー, T&D. 著、鈴木博訳（1994）『儒教』青木社
藤井一弘編著（2011）『バーナード』文眞堂
ブラウン, アルヴィン著、安部隆一訳編（1963）『経営組織』日本生産性本部
古澤照幸・張英莉・村田和博・平野賢哉（2011）「中国企業組織の従業員の権威勾配」『埼玉学園大学紀要 経営学部篇』第 11 号
古澤照幸・張英莉・村田和博・平野賢哉（2012）「日中企業比較のための測定変数策定のための考察」『埼玉学園大学紀要 経営学部篇』第 12 号
古田茂美（2005）『4 つのパラダイムで理解する中華文化圏進出の羅針盤』ユニオンプレス
古田茂美（2011）『「兵法」がわかれば中国人がわかる』ディスカヴァー・トゥエンティワン
ベネディクト, ルース著、長谷川松治訳（2005）『菊と刀』講談社
ベラー, ロバート著、池田昭訳（1996）『徳川時代の宗教』岩波書店
堀勇雄（1959）『山鹿素行』吉川弘文館
堀勇雄（1964）『林羅山』吉川弘文館
前田比呂子（1993）「中華人民共和国における『戸口』管理制度と人口移動」『アジア経済』第 34 巻第 2 号
松岡芳恵（2009）「『六諭衍義大意』における経世済民の思想」『東洋大学大学院紀要』第 46 巻
松戸庸子（2002）「『離土離郷』と戸籍制度」熊谷苑子・桝潟俊子・松戸庸子・田嶋

淳子編著『離土離郷』南窓社
松本健一（2014）『「孟子」の革命思想と日本』論創社
松本芳男（1995）「中国企業における組織と個人――組織デザインの観点から」『組織科学』Vol.28, No.4
眞野脩（1987）『バーナードの経営理論』文眞堂
丸山真男（1980）「闇斎学と闇斎学派」西順蔵・阿部隆一・丸山真男校注（1980）『日本思想大系 31 山崎闇斎学派』岩波書店
丸山真男（1983）『日本政治思想史研究』東京大学出版会
丸山祐一（2006）『バーナードの組織理論と方法』日本経済評論社
三隅二不二（1966）『新しいリーダーシップ――集団指導の行動科学』ダイヤモンド社
溝口雄三（1989）『方法としての中国』東京大学出版会
溝口雄三（2010）『「中国思想」再発見』左右社
三戸公（1997）「人間、その行動――バーナードの全人仮説」『現代の学としての経営学』文眞堂
三戸公（2000）『科学的管理の未来』未来社
三戸公（2002）『管理とは何か――テイラー、フォレット、バーナード、ドラッカーを超えて』文眞堂
源了圓（1972）『徳川合理思想の系譜』中央公論社
源了圓（1973）『徳川思想小史』中央公論社
源了圓・厳紹璗編（1995）『日中文化交流史叢書 第 3 巻 思想』大修館書店
村田和博・古澤照幸・張英莉・平野賢哉（2015）「中国西安の日系企業でのヒアリング調査の報告――経営管理論の立場から」『下関市立大学論集』第 58 巻第 3 号
安室憲一・関西生産性本部・日中経済貿易センター・連合大阪共編（1999）『中国の労使関係と現地経営――共生の人事労務施策を求めて』白桃書房
矢吹晋（1989）『文化大革命』講談社
山井湧・山下龍二・加地伸行・尾藤正英校注（1974）『日本思想大系 29 中江藤樹』岩波書店
山鹿素行著、土田健次郎訳（2001）『聖教要録・配所残筆』講談社
山口信治（2008）「毛沢東による戦略転換としての新民主主義段階構想の放棄」『アジア研究』Vol.54, No.1
山田保（1983）『日本的経営と欧米的経営――バーナード近代組織論の新展開』中央経済社
吉川幸次郎（1969）『吉川幸次郎全集』筑摩書房

吉川幸次郎・清水茂校注（1971）『日本思想大系 33 伊藤仁斎 伊藤東涯』岩波書店
吉川幸次郎（1976）『論語について』講談社
吉田賢抗（1960）『新釈漢文大系 第1巻 論語』明治書院
吉原正彦編著、経営学史学会監修（2013）『メイヨー＝レスリスバーガー──人間関係論』文眞堂
ライシャワー著、國弘正雄訳（1979）『ザ・ジャパニーズ』文藝春秋
欒竹民・飯島典子・吉沅洪編（2012）『日中韓の伝統的価値観の位相──「孝」とその周辺』渓水社
李捷生（2000）『中国「国有企業」の経営と労使関係──鉄鋼産業の事例〈1950年代～90年代〉』御茶の水書房
李沢厚著、坂元ひろ子・佐藤豊・砂山幸雄訳（1989）『中国の文化心理構造』平凡社
若林敬子（1994）『中国 人口超大国のゆくえ』岩波書店
若林敬子（1996）『現代中国の人口問題と社会変動』新曜社
若林敬子（2005）『中国の人口問題と社会的現実』ミネルヴァ書房
渡辺浩（2010）『近世日本社会と宋学』東京大学出版会
渡辺浩（2010）『日本政治思想史──十七～十九世紀』東京大学出版会

中国語文献

白永秀・任保平・何愛平（2011）『中国共産党経済思想90年』人民出版社
宝鋼集団有限公司党委組織部・党委宣伝部・党校編著（2009）『中国国有企業の独特優勢──党組織的政治核心作用』人民出版社
卞歴南（2011）『制度変遷的邏輯──中国現代国営企業制度之形成』浙江大学出版社
薄一波（1997）『若干重大決策与事件的回顧 修訂本 上・下巻』人民出版社
蔡昉主編（2002）『人口与労働緑皮書 2002年 中国人口与労働問題報告──城郷就業問題与対策』社会科学文献出版社
丁水木（1989）「戸籍管理与社会控制──現行戸籍管理制度再議」『社会』3月
董輔礽主編（1999）『中華人民共和国経済史 上』経済科学出版社
董志凱（1996）『1949-1952年中国経済分析』中国社会科学出版社
范天吉主編（2003）『中華人民共和国居民身分証法与戸口管理実施手冊』吉林音像出版社
郭書田・劉純彬等（1990）『失衡的中国』河北人民出版社
侯海濤・富華主編（1996）『新編 工資与工資法規実務全書』企業管理出版社

黄光国（1985）「人情与面子——中国人の権力遊戯」李亦園・楊国枢・文崇一編『現代化与中国化論集』桂冠出版社（台北）

李漢林（2004）『中国単位社会』上海人民出版社

李漢林（2007）「転型社会中的整合与控制——関于中国単位制度変遷的思考」中国社会科学院社会学研究所公式HP「中国社会学網」http://www.sociology2010.cass.cn（閲覧日：2007年7月27日）

李漢林（2008）「変遷中的中国単位制度——回顧中的思考」『社会』第3期

李路路・李漢林（1999）「単位組織中的資源獲得」『中国社会科学』第6期

梁漱溟（1982）『中国文化要義』台北里仁出版社

凌文輇・陳龍・王登（1987）「CPM領導行為評価量表的構建」中国心理学会・中国科学院心理研究所『心理学報』第2期

凌文輇・方俐洛・艾卡児（1991）「内隠領導理論的中国研究——与美国的研究進行比較」中国心理学会・中国科学院心理研究所『心理学報』第3期

劉小萌（1998）『中国知識青年史』中国社会科学出版社

路風（1989）「単位——一種特殊的社会組織形式」『中国社会科学』第1期

路風（1993）「中国単位制度的起源和形成」『中国社会科学季刊』（香港）第4巻

陸益龍（2003）『戸籍制度——控制与社会差別』商務印書館

毛沢東（1948）『毛沢東選集』東北書店

毛沢東（1991）『毛沢東選集 第4巻』人民出版社

潘乃谷・馬戎編（1996）『社区研究与社会発展』天津人民出版社

上海証券交易所研究中心編（2004）『中国公司治理報告2003』復旦大学出版社

陝西省档案館・陝甘寧辺区財政経済史編写組編（1981）『抗日戦争時期陝甘寧辺区財政経済史料摘編 第3編』陝西人民出版社

田炳信（2003）『中国第一証件——中国戸籍制度調査手稿』広東人民出版社

汪海波編（1986）『新中国工業経済史』経済管理出版社

王新華主編（2001）『中国戸籍法律制度研究』中国人民公安大学出版社

新華半月刊編集部（1956）『新華半月刊』第3期

人民出版社編（1950～1957）『新華月報』新華月報社

薛暮橋（1979）『中国社会主義経済問題研究』人民出版社

楊伯峻（1984）『論語釈注』中華書局

楊中芳（2009a）『如何理解中国人——文化与個人論文集』重慶大学出版社

楊中芳（2009b）『如何研究中国人——心理学研究本土化論文集』重慶大学出版社

殷志静・郁奇虹（1996）『中国戸籍制度改革』中国法政大学出版社

俞徳鵬（2002）『城郷社会 従隔離走向開放——中国戸籍制度与戸籍法研究』山東人

民出版社

張慶五(1994)『戸口遷移与流動人口論叢』公安大学学報編輯部出版

趙徳馨編(1989)『中華人民共和国経済専題大事記 1949–1956』河南人民出版社

鄭功成(2001)「中国大陸労工保障制度的変遷与発展」『経済評論』第2期

中共中央組織部・国家档案局(1990)「幹部档案工作条例」http://www.51labour.com/lawcenter/lawshow-22645.html(閲覧日:2012年5月25日)

中国国家経済委員会経済法規局編(1984)『国営工業企業暫定条例講話』法律出版社

中国国家統計局編(1959)『偉大的十年——中華人民共和国経済和文化建設成就的統計』人民出版社

中国国家統計局編(各年度版)『中国統計年鑑』中国統計出版社

中国社会科学院・中央档案館編(1993)『中華人民共和国経済档案資料選編 1949–1952 工商体制巻』中国社会科学出版社

中国社会科学院・中央档案館編(1996)『中華人民共和国経済档案資料選編 1949–1952 工業巻』中国物資出版社

中華人民共和国国家档案局(1996)「中華人民共和国档案法」http://www.saac.gov.cn/xxgk/node_141.htm(閲覧日:2012年5月25日)

周翼虎・楊暁民(1999)『中国単位制度』経済出版社

英語文献

Barnard, Chester I., *The Functions of the Executive*, Harvard University Press, 1938.(山本安次郎・田杉競・飯野春樹訳『新訳 経営者の役割』ダイヤモンド社、1968年)

Bendix, R., *Work and Authority Industry: Ideologies of Management in the Course of Industrialization*, 2nd ed., Berkeley: University of California Press, 1974.(大東英祐・鈴木良隆訳『産業における労働と権限——工業化過程における経営管理のイデオロギー』東洋経済新報社、1980年)

Braverman, H., *Labor and Monopoly Capital: The Degradation of Work in the Twentieth Century*, New York: Monthly Review Press, 1974.(富澤賢治訳『労働と独占資本』岩波書店、1978年)

Cheng, Chu-yuan, *China's Economic Development: Growth and Structural Change* Boulder, Colo: Westview Press, 1982.

Crainer, S., *The Management Century: A Critical Review of 20th Century Thought & Practice*, Booz, Allen & Hamilton Inc, 2000.(嶋口充輝監訳、岸本義之・黒岩

健一郎訳『マネジメントの世紀 1901-2000』東洋経済新報社、2008年）

Gilson, M. B., "Book Review: Management and the Worker", *The American Journal of Sociology*, Vol.46, No.1, 1940.

Granick, David, *Chinese State Enterprises: A Regional Property Rights Analysis*, Chicago: University of Chicago Press, 1990.

Hoopes, J., *False Prophets: The Gurus Who Created Modem Management and Why Their Ideas Are Bad for Business Today*, Basic Books, 2003.（有賀裕子訳『経営理論 偽りの系譜──マネジメント思想の巨人たちの功罪』東洋経済新報社、2006年）

Kotter, J. P., *Power and Influence*, New York: Free Press, 1985.（加護野忠男・谷光太郎訳『パワーと影響力──人的ネットワークとリーダーシップの研究』ダイヤモンド社、1990年）

Lü, Xiaobo, "Minor Public Economy: The Revolutionary Origins of the Danwei", Lü, Xiaobo, Xiaobo and Perry, Elizabeth J., *Danwei: The Changing Chinese Workplace in Historical and Comparative Perspective*, Armonk, N.Y.: M.E. Sharpe, 1997.

Maslow, Abraham H., *Motivation and Personality*, 2nd Ed., Harper & Row, 1970.（小口忠彦訳『人間性の心理学──モチベーションとパーソナリティ』産業能率大学出版部、1987年）

Mayo, George Elton, *The Social Problems of an Industrial Civilization*, Harvard University, 1945.（藤田敬三・名和統一訳『アメリカ文明と労働』有斐閣、1951年）

Mayo, George Elton, *The Human Problems of an Industrial Civilization*, 2nd Ed., Division of Research Graduate School of Business Administration, Harvard University, Boston, The President and Fellows of Harvard College, 1946.（村本栄一訳『産業文明における人間問題』日本能率協会、1951年）

Mckelvey, J.T., *AFL Attitudes toward Production, 1900-1932*, New York: Cornell University Press, 1952.（小林康助・岡田一秀訳『経営合理化と労働組合』風媒社、1972年）

Milgram, S., *Obedience to Authority, An Experimental View*, Harper & Row, 1974.（山形浩生訳『服従の心理』河出書房新社、2008年）

Meyer, J. P., and Allen, N. J., "A Three-component Conceptualization of Organizational Commitment", *Human Resource Management Review*, Vol.1, 1991.

Perry, Elizabeth J., "State and Society in Contemporary China", *World Politics*

Vol.41, No.4, 1989.

Porter, L. W., Steers, R. M., Mowday, R. T., and Boulian, P. V., "Organizational Commitment, Job Satisfaction, and Turnover among Psychiatric Technicians", *Journal of Applied Psychology*, Vol.59, 1974.

Roethlisberger, F. J., and Dickson, W. J., *Management and the Worker*, Cambridge (MA): Harvard University Press, 1939.

Roethlisberger, Fritz Jules, *Management and Morale*, Cambridge (MA): Harvard University Press, 1941.（野田一夫・川村欣也訳『経営と勤労意欲』ダイヤモンド社、1954年）

Sirota, David, Louis A., Mischkind and Michael Irwin Meltzer, *The Enthusiastic Employee: How Companies Profit by Giving Workers What They Want*, Wharton School Publishing, 2005.（スカイライトコンサルティング訳『熱狂する社員――企業競争力を決定するモチベーションの3要素』英治出版、2006年）

Super, D. E., *The Psychology of Careers*. New York: Harper & Brothers, 1957.（日本職業指導学会訳『職業生活の心理学』誠信書房、1960年）

Taylor, F. W., "A Piece Rate System: A Step toward Partial Solution of the Labor Problem", *ASME Transactions*, Vol.16, 1895.（上野陽一訳編『科学的管理法』産能大学出版部、1995年）

Taylor, F. W., "Shop Management", *ASME Transactions*, Vol.24, 1903.（上野陽一訳編『科学的管理法』産能大学出版部、1995年）

Taylor, F. W., *The Principles of Scientific Management*, Harper & Brothers Publishers, 1911.（上野陽一訳編『科学的管理法』産能大学出版部、1995年）

Taylor, F. W., *Hearings before Special Committee of the House of Representatives to Investigate the Taylor and Other Systems of Shop Management*, Washington, 1912.（上野陽一訳編『科学的管理法』産能大学出版部、1995年）

Walder, Andrew G., *Communist Neo-Traditionalism: Work and Authority in Chinese Industry*, University of California Press, 1986.

Womack, Brantly, "Transfigured Community: Neo-Traditionalism and Work Unit Socialism in China", *China Quarterly*, Vol.126, 1991.

索　引

ア　行

会沢正志斎	101
青色戸籍	280
浅見絅斎	98
アドルノ	185
新井白石	93
アレン	212
按労分配	135
飯野春樹	57
石田梅岩	101
一流の労働者	12
一長制	155
インフォーマル集団	31, 42-3, 47
ウーマック	165
営業制	120
王陽明	77
『御定書百箇条』	93

カ　行

貝原益軒	101
下郷運動	264
課業管理	7
限られた選択力	63
郭書田	265
家族道徳	80
家父長的リーダーシップ	187
感情	39
──の論理	36, 44
感情型の関係	173
鑑定	152
官僚資本主義	115
機械的人間観	23
技術組織	49
擬制大家族	103
帰属意識	212
機能的職長	8
義務の平等性	72
崎門	97
協働	65
──体系	65
ギルソン	54
グワンシ	173, 187
君臣義合	84
軍隊式組織	8
敬	83
敬愛	79
計画出産政策	251
計画と執行の分離	11, 23
経済人	18
権威	181
権威受容説	182
権威的パーソナリティ	185
権責分離	131
孝	79
『孝経』	80
孝謙天皇	92
公股	117
高尚	155
公産	117
公私合営	118
公事公弁	174
孝重視	88
工賃制	121
孝の優位	86
拘幽操	102
戸口登記条例	260
個人	60
戸籍登記表	253

五定	176
五服	89
五保	176
混合型の関係	174
ゴンパーズ	13

サ　行

差別出来高給制度	5, 9
暫住戸籍	274
三線	273, 289
三反・五反運動	112
CPM理論	184
シーリン	186
時間研究	5
私企業の「社会主義改造」	118
四清運動	112
士道	99
シャイン	53, 232
社会規範	82
社会システムとしての経営組織	48
社会主義教育運動	113
社会人モデル	53
社会道徳	80
車間主任	131
借読費	275
『修身教科書』	100
修身論	74
儒教的価値観	69
儒教的行動原理	69
朱子学	76
シュミット	7, 22
蒋介石	109
小題大做	174
商品糧	262, 269
職位の権威	192
食糧自弁戸籍	273
処罰の差別化	89

自律的人格	63
シロタ	171
仁	70
──の原理	78
──の行動原理	86
親親相隠	93
仁政	73
仁徳	73
新民主主義革命	114
新民主主義経済	115
スーパー	211
政企不分	126
清算制	120
生産制限	13, 16
政治学習	169
積極分子	150, 163
全孝の心法	95
組織圧力	167
組織コミットメント	212
組織人格	62
組織成立の3要素	65
組織的怠業	6, 13
──の発生メカニズム	14
組織論的管理論	57
尊賢論	74

タ　行

大鍋飯	172
代管	117
怠業	6, 13
大行政区	123
太虚神明	94
大躍進	112
代理状態	180
代理人	180
他者愛	70
──義務	71

多労多得	135		**ハ　行**	
単位	128, 139			
――組織	140	八虐		92
――社会主義	165	林信篤		93
知識青年の「上山下郷」	257	林羅山		96
知青	264	混		172
忠	82	反右派闘争		112
忠孝一致	99	万物一体の仁		76
忠優先の本質	96	PM理論		182
罪の互隠	90	非指示的面接方法		37
鄭伯壎	187	表現		132
テイラー主義	4	フーブラー		69
鉄工資	143	フォーマル組織		47
転業	147	父子天合		84
天命論	97	不充足感の圧力		170
档案	151	ブラウン		136
党委員会指導制	155	フラハーティ		72
統一買付・統一販売	253	ブレイヴァマン		4, 17, 24
党企混同	131	文革		113
道義的責任	74	ベネディクト		100
等級給与制	149	ベラー		92
道具型の関係	174	返郷動員		263
動作研究	7	ベンディクス		17
統収統支	123	ホーソン効果		31
東部鉄道運賃率事件	6	ポーター		212
湯武放伐	97			
偸懶	172		**マ　行**	
		三隅二不二		182
ナ　行		3つの責任制		158
中江藤樹	94	ミルグラム		180
成行管理	6	民工潮		269
二重社会構造論	265	民本論		76
人間組織	49	メイヤー		212
人間有機体	61	面接計画		36
能率	64	磨		172
		毛沢東		109
		盲流		259

モチベーションの3要素	171	『六諭』	88
		立身	83
		律令の儒教化	88
		離土不離郷	272

ヤ　行

山鹿素行	99	龍港モデル	274
山崎闇斎	97	劉純彬	265
『大和小学』	98	劉少奇	119
有権無責	131	両地対調	273
有効性	64	糧票	259
有責無権	132	凌文軽	184
楊中芳	185	レディング	187
吉川幸次郎	90	労働観	211
吉田松陰	99	労働者性悪説	18
欲求階層説	170		

ラ　行

ライシャワー	104
羅瑞卿	261
リーダーシップの権威	192

ワ　行

若林強斎	98
ワルダー	162
——の3つの従属論	163

【著者紹介】

張　英莉（ちょう　えいり）

一橋大学大学大学院経済学研究科博士課程修了、博士（経済学）
一橋大学文部教官助手、埼玉学園大学経営学部助教授を経て、
現在、埼玉学園大学経済経営学部教授

主要著作

『「傾斜生産方式」と戦後統制期の石炭鉱業』雄松堂出版、2006 年
『現代社会の課題と経営学のアプローチ』（共編著）八千代出版、2009 年
『インドネシアとベトナムにおける人材育成の研究』（共著）八千代出版、
　2010 年
『現代社会における企業と市場』（共編著）八千代出版、2011 年
『現代社会における組織と企業行動』（共編著）社会評論社、2012 年
『現代社会における経済・経営のダイナミズム』（共編著）社会評論社、
　2014 年

訳書

『日本戦後史』（中村政則著『戦後史』岩波書店）中国人民大学出版社、
　2008 年

埼玉学園大学研究叢書　第 11 巻
中国企業における組織と個人の関係

2015 年 11 月 6 日　第 1 版 1 刷発行

著　者―張　　英　莉
発行者―森口恵美子
印刷所―美研プリンティング（株）
製本所―渡邉製本（株）
発行所―八千代出版株式会社

〒101-0061　東京都千代田区三崎町 2-2-13

TEL　03-3262-0420
FAX　03-3237-0723
振替　00190-4-168060

＊定価はカバーに表示してあります。
＊落丁・乱丁本はお取替えいたします。

ⓒ ZHANG Yingli 2015　　ISBN 978-4-8429-1664-4